应用型院校财会类专业核心课程规划教材
"互联网+"融媒体系列教材

高级财务会计学习指导书

迟甜甜　卜梦洁　主　编

图书在版编目(CIP)数据

高级财务会计学习指导书 / 迟甜甜，卜梦洁主编.
上海：立信会计出版社，2024.10. -- ISBN 978-7
-5429-7667-3

Ⅰ. F234.4

中国国家版本馆 CIP 数据核字第 2024E6A199 号

策划编辑　　郭　光
责任编辑　　郭　光
助理编辑　　张若凡
美术编辑　　吴博闻

高级财务会计学习指导书

GAOJI CAIWU KUAIJI XUEXI ZHIDAOSHU

出版发行	立信会计出版社		
地　　址	上海市中山西路 2230 号	邮政编码	200235
电　　话	(021)64411389	传　　真	(021)64411325
网　　址	www.lixinph.com	电子邮箱	lixinaph2019@126.com
网上书店	http://lixin.jd.com		http://lxkjcbs.tmall.com
经　　销	各地新华书店		
印　　刷	上海华业装潢印刷有限公司		
开　　本	787 毫米×1092 毫米　　1/16		
印　　张	14.25		
字　　数	359 千字		
版　　次	2024 年 10 月第 1 版		
印　　次	2024 年 10 月第 1 次		
书　　号	ISBN 978-7-5429-7667-3/F		
定　　价	39.00 元		

如有印订差错，请与本社联系调换

前 言

本书是《高级财务会计》的配套学习指导书。本书以就业为导向，以高素质应用型会计人才培养为目标，注重学用结合、理论联系实际，具有应用性、先进性、基础性和易学性的特点。本书既可作为高等财经院校教学的教材，又可作为企业管理人员学习的参考用书。

本书与《高级财务会计》同步设置10章，每章分别设置"内容概要""练习题"和"参考答案"三部分。其中，"内容概要"部分以图、表等形式对《高级财务会计》各章主要内容进行梳理总结，便于学生掌握知识脉络；"练习题"部分设置了单项选择题、多项选择题、判断题、实务题和资料题，便于学生从多个角度进行自我检测；"参考答案"部分提供了习题答案和详细解析，便于学生课后自学。

本书主要有以下亮点：

（1）时效性强。本书在编写过程中反映了《企业会计准则第7号——非货币性资产交换》《企业会计准则第12号——债务重组》《企业会计准则第21号——租赁》等具体会计准则及税收法律的规定，内容与时俱进，时效性强。

（2）易于自学。本书在内容设置上遵循"知识总结—自测练习—答疑解惑"的脉络，每章分别设置了"内容概要""练习题"和"参考答案"三部分，且"参考答案"部分提供了详细的解析，便于学生课后自主学习，查漏补缺。

（3）课证融合。本书"练习题"部分结合了会计专业技术资格考试历年考题，依据企业的实际业务精心设计练习题，便于学习者在学习过程中逐渐掌握考点。

（4）突出应用性。本书在习题设置上体现了应用型人才培养的目标定位，注重创设真实情境，考查学习者对所学知识的融会贯通和灵活运用。

本书由迟甜甜、卜梦洁担任主编，王雅群担任副主编，孔令一、朱淑梅、邹静、宿怡、李满林、刘燕、孔祥敏等人参与了本书的编写。在编写过程中，我们参考和借鉴了大量相关教材成果，得到了立信会计出版社的大力支持，在此表示诚挚谢意！

在本书的编写过程中，我们进行了多次研究讨论，力求内容编排合理、避免错误。由于作者水平有限，加之近年会计准则变化较快，本书如有考虑不周、表达不当之处，敬请读者不吝赐正，以使本书得到不断充实和完善。

编　者

2024年11月

目 录

第一章　外币折算	1
第一部分　内容概要	1
第二部分　练习题	4
第三部分　参考答案	14
第二章　股份支付	22
第一部分　内容概要	22
第二部分　练习题	25
第三部分　参考答案	37
第三章　租赁	48
第一部分　内容概要	48
第二部分　练习题	55
第三部分　参考答案	66
第四章　政府补助	77
第一部分　内容概要	77
第二部分　练习题	80
第三部分　参考答案	85
第五章　非货币性资产交换	92
第一部分　内容概要	92
第二部分　练习题	93
第三部分　参考答案	100
第六章　债务重组	107
第一部分　内容概要	107
第二部分　练习题	109
第三部分　参考答案	116
第七章　会计变更与差错更正	122
第一部分　内容概要	122
第二部分　练习题	123
第三部分　参考答案	129
第八章　资产负债表日后事项	136
第一部分　内容概要	136

第二部分　练习题 …………………………………………………………… 137
　　第三部分　参考答案 …………………………………………………………… 143
第九章　企业合并 …………………………………………………………………… 151
　　第一部分　内容概要 …………………………………………………………… 151
　　第二部分　练习题 …………………………………………………………… 156
　　第三部分　参考答案 …………………………………………………………… 166
第十章　合并财务报表 …………………………………………………………… 177
　　第一部分　内容概要 …………………………………………………………… 177
　　第二部分　练习题 …………………………………………………………… 186
　　第三部分　参考答案 …………………………………………………………… 200

第一章 外币折算

第一部分 内容概要

一、外币折算概述

(一) 外币与外汇

1. 外币

狭义的外币是指除本国货币以外的其他国家或地区的货币;广义的外币是指所有以外币表示的能够用于国际结算的支付手段。

2. 外汇

外汇是外币资金的总称。《中华人民共和国外汇管理条例》所称的外汇,是指以外币表示的用于国际结算的支付手段及可用于国际支付的特殊债券和其他货币性资产。

(二) 记账本位币

记账本位币的相关要求如图1-1所示。

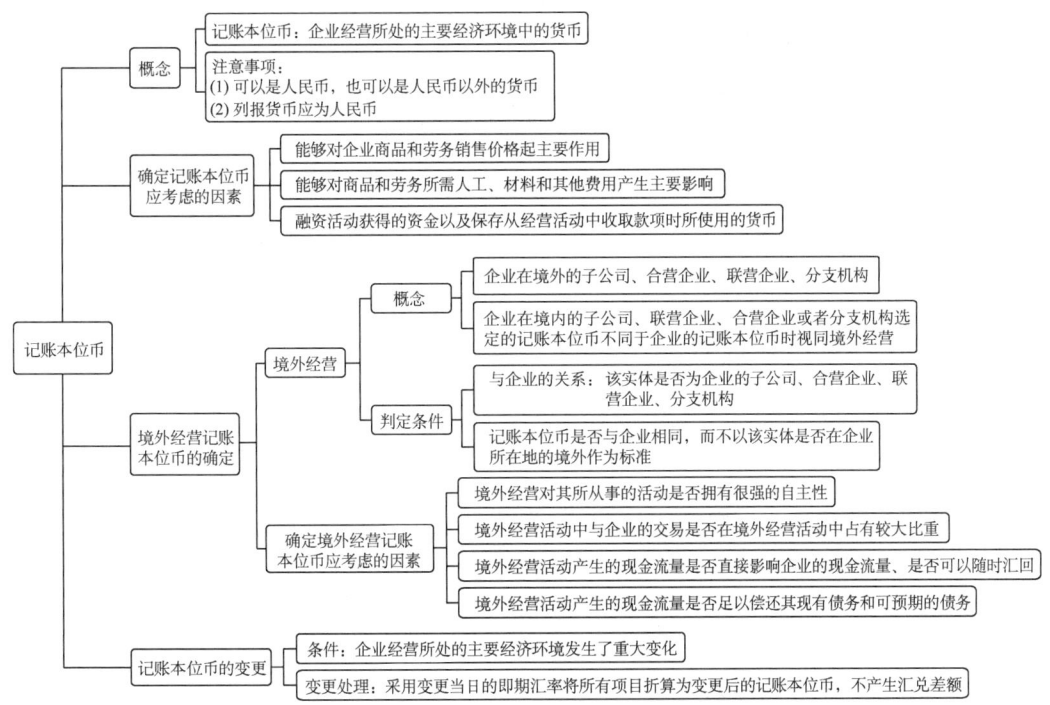

图1-1 记账本位币的相关要求

(三)汇率与汇兑损益

1. 汇率

汇率又称汇价,是指两种货币相兑换的比率,是一种货单位用另一种货币单位所表示的价格。汇率的标价方法如表1-1所示。

表1-1　　　　　　　　　　　　汇率的标价方法

汇率的标价方法	概念	特点
直接标价法	以一单位的外国货币为标准折算为一定数量的本国货币的标价方法	外币数额固定不变,本币币值的大小与汇率的高低成反比
间接标价法	以一单位的本国货币为标准折算为一定额的外国货币的标价方法	本币数额固定不变,本币币值的大小与汇率的高低成正比

2. 汇兑损益

汇兑损益的类型如图1-2所示。

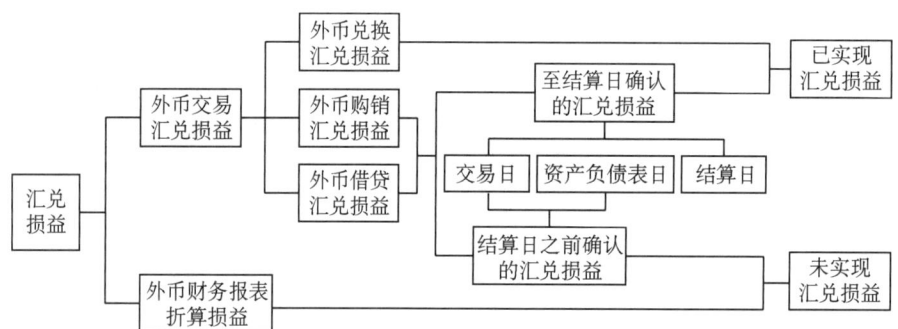

图1-2　汇兑损益的类型

二、外币交易的会计处理

(一)外币交易的记账方法

1. 外币统账制

外币统账制又称记账本位币法,是指企业在发生外币业务时,必须及时折算为记账本位币,并以此编制财务报表的方法。从我国目前的情况看,绝大多数企业采用外币统账制。

2. 外币分账制

外币分账制又称原币记账法,是指在外币业务发生时,直接用原币记入账户,资产负债表日,分货币性项目和非货币性项目进行调整的方法。货币性项目按资产负债表日即期汇率折算,非货币性项目按业务发生时的即期汇率折算;产生的汇兑差额计入当期损益。

(二)外币交易的初始确认

外币交易初始确认的会计处理规则如图1-3所示。

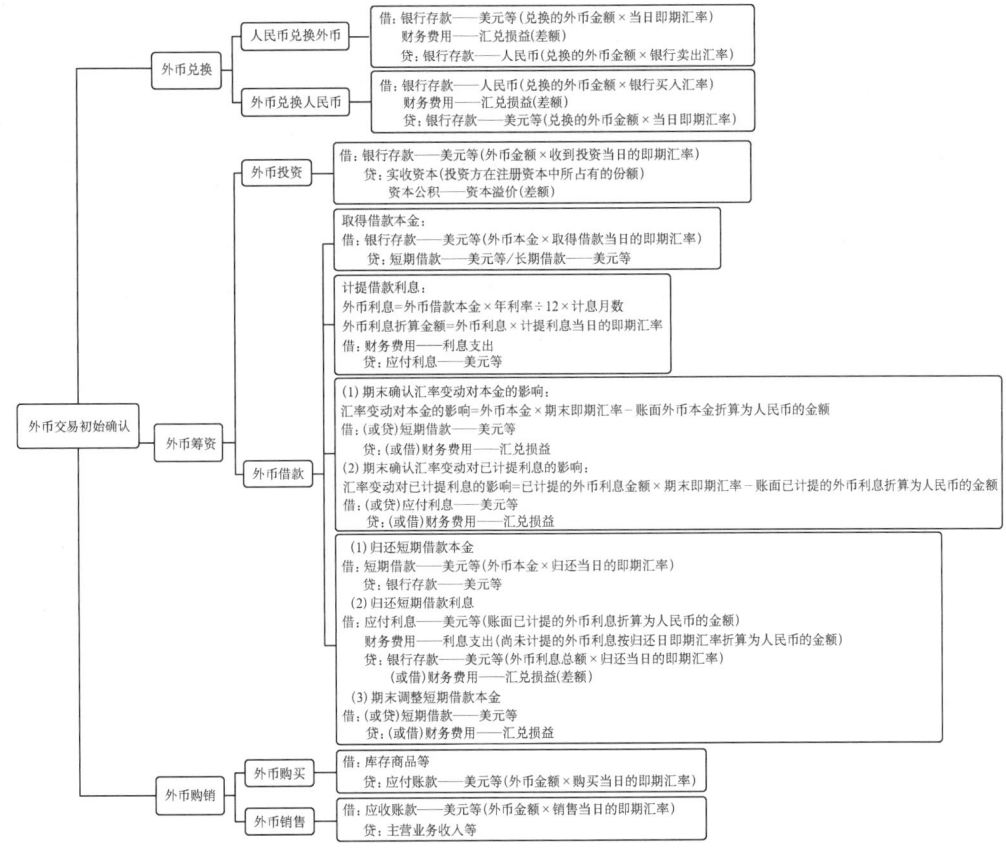

图1-3 外币交易初始确认的会计处理规则

(三) 外币交易的期末调整

1. 货币性项目

货币性项目是企业持有的货币或将以固定或可确定金额的货币收取的资产或偿付的负债。外币货币性项目期末调整的基本思路及其计算公式如下：

(1) 计算期末调整后记账本位币余额。

期末调整后记账本位币余额＝外币货币性项目期末余额×资产负债表日即期汇率

(2) 计算期末调整前记账本位币余额。

期末调整前记账本位币余额＝期初记账本位币余额＋本期增加的记账本位币发生额－本期减少的记账本位币发生额

(3) 计算汇兑差额。

汇兑差额＝调整后记账本位币余额－调整前记账本位币余额

2. 非货币性项目

非货币性项目是货币性项目以外的项目。具体调整原则如下：

(1) 以历史成本计量的外币非货币性项目。资产负债表日不改变原记账本位币金额，不产生汇兑差额。

(2) 以成本与可变现净值孰低计量的存货。对于以成本与可变现净值孰低计量的存货，如果可变现净值以外币确定，则在确定存货的期末价值时，先将可变现净值折算为记账本位币，再与以记账本位币反映的存货成本进行比较。

(3) 以公允价值计量的外币非货币性项目。对于以公允价值计量的外币非货币性项目，若期末的公允价值以外币反映，则应先将外币按照公允价值确定当日的即期汇率折算为记账本位币金额，再与原记账本位币金额进行比较，其差额作为公允价值变动损益或其他综合收益。该差额是金融资产市价变动和汇率变动的综合结果。

三、外币财务报表的折算

(一) 外币财务报表的折算方法

1. 境外经营财务报表的折算方法

境外经营财务报表折算方法有流动和非流动法、货币性和非货币性法、时态法和现行汇率法。

2. 我国企业会计准则规定的折算方法

(1) 资产负债表中的资产和负债项目，采用资产负债表日的即期汇率折算，所有者权益项目除"未分配利润"项目外，其他项目采用发生时的即期汇率折算。

(2) 利润表中的收入和费用项目，采用交易发生日的即期汇率或即期汇率的近似汇率折算。

(3) 产生的外币财务报表折算差额，在编制合并财务报表时，属于母公司的部分应在合并资产负债表中"其他综合收益"项目列示。

(二) 外币财务报表折算的其他规定

1. 境外经营的处置

在包含境外经营的财务报表中，将已列入其他综合收益的外币报表折算差额中与该境外经营相关的部分，从所有者权益项目转入处置当期损益；如果是部分处置境外经营，应当按处置的比例计算处置部分的外币报表折算差额，转入处置当期损益；处置的境外经营为子公司的，将已列入其他综合收益的外币报表折算差额中归属于少数股东的部分，视全部处置或部分处置分别予以终止确认或转入少数股东权益。

2. 外币折算的披露

企业应当在附注中披露与外币折算有关的下列信息：①企业及其境外经营选定的记账本位币及选定的原因；记账本位币发生变更的，说明变更理由。②采用近似汇率的，应说明近似汇率的确定方法。③计入当期损益的汇兑差额。④处置境外经营对外币财务报表折算差额的影响。

第二部分 练 习 题

一、单项选择题

1. 下列关于我国企业记账本位币的说法中，正确的是（   ）。

   A. 企业的记账本位币可以是人民币以外的货币

B. 企业在编制财务报表时可以采用人民币以外的货币
C. 企业可以同时采用两种或两种以上的货币作为记账本位币
D. 企业的记账本位币一经确定,可以随意变更

2. 甲公司的记账本位币是港元,下列交易中属于外币交易的是(　　)。
   A. 以港元支付购买材料的相关费用
   B. 以人民币购买一项专利权
   C. 在中国香港证券市场上购入以港元计价的股票100万股,作为交易性金融资产
   D. 销售一批产品以港元标价

3. 下列关于企业记账本位币的表述中,错误的是(　　)。
   A. 企业经营所处的主要经济环境发生重大变化,可以变更记账本位币
   B. 企业的记账本位币发生变更的,应当将变更所产生的汇兑差额计入当期损益
   C. 企业变更记账本位币时需要在附注中进行披露
   D. 企业确需变更记账本位币的,应当采用变更当日的即期汇率将所有项目折算为变更后的记账本位币,折算后的金额作为新的记账本位币计量的历史成本

4. 在企业采用外币业务发生时的即期汇率作为折算汇率的情况下,将人民币兑换成外币时所产生的汇兑损益是指(　　)。
   A. 当日市场汇率与银行买入价之差所引起的折算差额
   B. 当日银行卖出价与账面汇率之差所引起的折算差额
   C. 当日市场汇率与账面汇率之差所引起的折算差额
   D. 当日市场汇率与银行卖出价之差所引起的折算差额

5. 下列各项中,外币资产因汇率变动产生的影响不应计入当期损益的是(　　)。
   A. 应收账款   B. 交易性金融资产
   C. 债权投资   D. 其他权益工具投资

6. 下列关于企业外币业务汇率选择的表述中,错误的是(　　)。
   A. 外币交易应当在初始确认时,采用交易日的即期汇率将外币金额折算为记账本位币金额,不得采用按照系统合理方法确定的、与交易发生日即期汇率近似的汇率折算
   B. 资产负债表日,货币性项目应按照当日即期汇率进行调整
   C. 资产负债表日,以历史成本计量的外币非货币性项目,仍采用交易发生日即期汇率折算的金额计量
   D. 企业收到投资者以外币投入的资本,无论是否有合同约定汇率,都应采用交易发生日即期汇率核算

7. 下列关于境外经营的表述中,错误的是(　　)。
   A. 境外经营通常是指企业在境外的子公司、合营企业、联营企业及分支机构
   B. 某实体是否为企业境外经营应考虑该实体与企业的关系
   C. 某实体是否为境外经营应以该实体是否在境外作为标准
   D. 企业在境内的子公司、合营企业、联营企业及分支机构所选用的记账本位币不同于本企业的记账本位币时应视同境外经营

8. 下列各项中,外币报表折算时应按照资产负债表日的即期汇率折算的是(　　)。
   A. 股本   B. 资本公积   C. 固定资产   D. 营业收入

9. 企业对外币财务报表进行折算时,对于资产负债表中的资产项目应选择的折算汇率是(   )。
   A. 资产负债表日的即期汇率　　　　B. 交易发生日的即期汇率
   C. 即期汇率近似汇率　　　　　　　D. 全年加权平均汇率

10. 下列关于外币折算会计处理的表述中,正确的是(   )。
    A. 期末外币预收账款以当日即期汇率折算,并将由此产生的汇兑差额计入当期损益
    B. 以公允价值计量且其变动计入当期损益的外币交易性权益工具投资形成的汇兑差额计入财务费用
    C. 以公允价值计量且其变动计入其他综合收益的外币非交易性权益工具投资形成的汇兑差额计入其他综合收益
    D. 收到投资者以外币投资的资本时,外币投入资本与相应的货币性项目均按合同约定汇率折算,不产生外币资本折算差额

11. 甲公司的记账本位币为人民币,外币业务的记账汇率采用当日的市场汇率折算。2023 年 8 月 31 日,甲公司持有 20 000 美元,当日市场汇率为:1 美元=6.90 元人民币。2023 年 9 月 15 日,甲公司将其中的 3 000 美元出售给中国银行,当日中国银行美元买入价为:1 美元=6.80 元人民币,卖出价为:1 美元=6.84 元人民币,当日市场汇率为:1 美元=6.82 元人民币。甲公司出售该笔美元时应确认的汇兑损失为(   )元人民币。
    A. 0　　　　　　B. 200　　　　　　C. 60　　　　　　D. 140

12. 甲公司的记账本位币为人民币,外币交易采用交易发生日的即期汇率折算。2023 年 1 月 20 日,甲公司收到投资者的外币投资 200 万美元,当日的即期汇率为:1 美元=6.80 元人民币,2023 年 12 月 31 日的即期汇率为:1 美元=6.85 元人民币。则甲公司在 2023 年 12 月 31 日的资产负债表中列示的该项投资的实收资本金额为(   )万元人民币。
    A. 1 370　　　　B. 1 360　　　　C. 1 365　　　　D. 0

13. 甲公司为增值税一般纳税人,以人民币作为记账本位币,外币交易采用交易发生日的即期汇率折算。2022 年 12 月 3 日从境外购入一批存货,支付购买价款 100 万美元,当日即期汇率为:1 美元=6.82 元人民币,支付关税 62.2 万元人民币,支付进口增值税 116.31 万元人民币。2023 年 12 月 31 日该批存货的预计售价为 98 万美元,预计销售费用为 10 万元人民币,当日即期汇率为:1 美元=6.91 元人民币。则该批存货在 2023 年 12 月 31 日应计提的存货跌价准备为(   )万元人民币。
    A. 14.42　　　　B. 77.02　　　　C. 87.62　　　　D. 66.62

14. 甲公司是中外合资经营企业,以人民币作为记账本位币,外币业务采用业务发生日的即期汇率折算。注册资本为 800 万美元,该公司合同约定分 2 次投入,合同约定的折算汇率为:1 美元=7.25 元人民币。中外投资者分别于 2023 年 4 月 1 日和 2023 年 7 月 1 日投入 600 万美元和 200 万美元,2023 年 4 月 1 日、7 月 1 日、9 月 30 日和 12 月 31 日的即期汇率分别为:1 美元=6.40 元人民币、1 美元=6.45 元人民币、1 美元=6.44 元人民币、1 美元=6.40 元人民币。不考虑其他因素的影响,该公司 2023 年年末资产负债表中"实收资本"项目的金额为(   )万元人民币。
    A. 5 135　　　　B. 4 295.5　　　　C. 4 310　　　　D. 5 130

15. 甲公司为一般外贸企业,以人民币作为记账本位币,外币业务采用业务发生日的即期汇率折算,按季计算汇兑损益。2023年1月20日对外销售产品产生应收账款500万美元,当日的市场汇率为:1美元=6.7元人民币。3月31日的市场汇率为:1美元=6.75元人民币;6月1日的市场汇率为:1美元=6.68元人民币;6月30日的市场汇率为:1美元=6.76元人民币。7月10日收到该应收账款,当日市场汇率为:1美元=6.7元人民币。不考虑其他因素的影响,该应收账款6月份应当确认的汇兑收益为( )万元人民币。

    A. 5　　　　　　　　B. 10　　　　　　　　C. 20　　　　　　　　D. 30

16. 甲公司为增值税一般纳税人,以人民币作为记账本位币,其外币交易采用交易发生日的即期汇率折算,按月计算汇兑损益。2023年6月18日从境外购入一台管理用固定资产,价款为200万欧元,当日即期汇率为:1欧元=8.8元人民币,款项已支付。以人民币支付进口关税176万元,支付增值税329.12万元。2023年6月30日的即期汇率为:1欧元=8.7元人民币。下列各项中,会计处理正确的是( )。

    A. 固定资产的入账金额为1 760万元人民币
    B. 6月30日应冲减财务费用2万元人民币
    C. 固定资产的入账金额为2 265.12万元人民币
    D. 6月30日不改变该固定资产原记账本位币金额

17. 甲公司的记账本位币为人民币。2023年6月5日,甲公司以每股2美元的价格购入A公司10 000股股票作为公允价值计量且其变动计入当期损益的金融资产核算,当日即期汇率为:1美元=6.80元人民币,款项已经支付。2023年6月30日,当月购入的A公司股票市价变为每股2.2美元,当日即期汇率为:1美元=6.90元人民币。不考虑相关税费的影响,则甲公司期末因该交易性金融资产应计入公允价值变动损益的金额是( )元人民币。

    A. 13 800　　　　　B. 15 800　　　　　C. 136 000　　　　　D. 1 000

18. 下列各项中,不属于外币货币性项目的是( )。

    A. 应收账款　　　　　　　　　　　B. 交易性金融资产
    C. 长期应付款　　　　　　　　　　D. 债权投资

19. A公司以人民币作为记账本位币,下列关于A公司外币折算会计处理的表述中,正确的是( )。

    A. 对境外经营财务报表进行折算产生的外币财务报表折算差额在合并资产负债表所有者权益项目中单设项目列示
    B. 资产负债表日外币预付账款按即期汇率折算的人民币金额与其账面人民币金额之间的差额计入当期损益
    C. 为购建符合资本化条件的资产而借入的外币专门借款本金及利息发生的汇兑损益在资本化期间内计入所购建资产的成本
    D. 收到投资者投入的外币资本按合同约定汇率折算

20. 丙公司以人民币作为记账本位币,下列关于丙公司期末外币资产账户的外币账面价值折算为人民币的表述中,正确的是( )。

    A. 外币合同资产按照资产负债表日的即期汇率进行折算

B. 外币预收账款按照资产负债表日的即期汇率进行折算

C. 以公允价值计量且其变动计入其他综合收益的外币股权投资汇兑差额计入公允价值变动损益

D. 持有的按摊余成本计量的外币债券按照资产负债表日的即期汇率进行折算

二、多项选择题

1. 甲公司以人民币作为记账本位币，2023年发生的外币交易或事项如下：①外币美元资本投入，合同约定的折算汇率与投入美元资本当日的即期汇率不同。②支付应付美元货款，支付当日的即期汇率与应付美元货款的账面汇率不同。③年末折算汇率与交易发生时的账面汇率不同。不考虑应予资本化的金额及其他因素的影响，下列关于甲公司2023年外币交易或事项会计处理的表述中，错误的有（　　　）。

   A. 偿还美元货款时按偿还当日的即期汇率折算为人民币记账
   B. 收到外币美元资本投入时按合同约定的折算汇率折算的人民币记账
   C. 外币美元资本于年末按年末汇率折算的人民币金额调整其账面价值
   D. 各外币货币性项目按年末汇率折算的人民币金额与其账面人民币金额的差额计入当期损益

2. 企业在选定记账本位币时应考虑的因素有（　　　）。

   A. 该货币主要影响商品和劳务的销售价格，通常以该货币进行商品和劳务的计价和结算
   B. 该货币主要影响商品和劳务所需人工、材料和其他费用，通常以该货币进行上述费用的计价和结算
   C. 融资活动获得的货币及保存从经营活动中收取款项所使用的货币
   D. 根据管理层的需要选择记账本位币

3. 下列各项中，不属于货币性项目的有（　　　）。

   A. 长期股权投资　　　　　　　　B. 应收账款
   C. 其他应收款　　　　　　　　　D. 预付账款

4. 下列各项中，表述错误的有（　　　）。

   A. 当期期末即期汇率上升时，"其他应收款"账户会产生汇兑收益
   B. 当期期末即期汇率上升时，"实收资本"账户会产生汇兑收益
   C. 当期期末即期汇率下降时，"长期借款"账户会产生汇兑损失
   D. 当期期末即期汇率下降时，"应收账款"账户会产生汇兑收益

5. 下列关于外币交易会计处理的表述中，正确的有（　　　）。

   A. 企业对于发生的外币交易，应当将外币金额折算为记账本位币金额
   B. 外币交易在初始确认时，可以采用交易发生日的即期汇率或近似汇率将外币金额折算为记账本位币金额
   C. 外币交易在初始确认时，可以采用按照系统合理的方法确定的、与交易日即期汇率近似的汇率折算
   D. 企业在资产负债表日，应当将以历史成本计量的外币非货币性项目，仍采用交易发生日的即期汇率折算，不改变其记账本位币金额

6. 下列关于外币财务报表折算的表述中,正确的有(　　)。
   A. 资产负债表中的资产项目,应当采用资产负债表日的即期汇率折算
   B. 资产负债表中的所有者权益项目都应当采用交易发生时的即期汇率折算
   C. 利润表中的收入和费用项目应当采用交易发生日的即期汇率或即期汇率的近似汇率折算
   D. 外币财务报表折算差额中,母公司享有的部分应当在合并报表中"其他综合收益"项目列示

7. B公司和C公司均为A公司的境外子公司。A公司的记账本位币和列报货币均为人民币,B公司的记账本位币和列报货币均为港元,C公司的记账本位币和列报货币均为欧元。下列关于外币折算会计处理的表述中,错误的有(　　)。
   A. B公司个别财务报表中,以港元计价的销售和借款交易均应以港元计量和列报
   B. C公司个别财务报表中,以欧元购入的某德国公司股票应折算为人民币进行计量和列报
   C. A公司个别财务报表中,收到境外投资者的美元投资款,应将按合同汇率与按交易日即期汇率折算的差额计入当期损益
   D. A公司在编制合并财务报表时,应将B公司和C公司的财务报表各项目折算为人民币,产生的折算差额应计入当期损益

8. 企业在确定境外经营记账本位币时应考虑的因素有(　　)。
   A. 一般企业确定记账本位币时应考虑的因素
   B. 境外经营与企业的关系
   C. 境外经营的经营自主性
   D. 境外经营活动中现金流量对企业现金流量的影响

9. 下列金融资产或金融负债中,因汇率变动导致汇兑差额应计入当期财务费用的有(　　)。
   A. 外币应收账款   B. 外币债权投资产生的应收利息
   C. 外币衍生金融负债   D. 外币非交易性权益工具投资

10. 下列与指定为以公允价值计量且其变动计入其他综合收益的外币金融资产相关的经济业务中,应当直接计入发生当期损益的有(　　)。
    A. 由于汇率变动形成的汇兑差额
    B. 确认的外币股利收入(非投资成本收回)
    C. 由于市场风险变动引起公允价值的大幅下降
    D. 外币现金股利产生的汇兑差额

11. 根据企业会计准则规定,外币财务报表折算时,下列项目中不能采用资产负债表日即期汇率进行折算的有(　　)。
    A. 营业成本   B. 营业收入
    C. 未分配利润   D. 长期股权投资

12. 甲公司以人民币作为记账本位币。2023年12月1日,甲公司用100 000美元购买一批股票,指定为以公允价值计量且其变动计入其他综合收益的金融资产,当日的即期汇率为:1美元=6.5元人民币。2023年12月31日,该股票的公允价值为120 000美元,当

期的即期汇率为:1美元＝6.8元人民币。下列各项中,关于资产负债表日该金融资产数值说法正确的有(　　)。

A. 该金融资产在资产负债表日的期末报告价值为 816 000 元

B. 该公司 12 月 31 日确认的汇兑差额(利得)30 000 元

C. 该公司 12 月 31 日应确认公允价值变动利得 36 000 元

D. 该公司 12 月 31 日应将 166 000 元的汇兑差额计入其他综合收益

13. 《企业会计准则第 19 号——外币折算》规范的外币交易包括(　　)。

A. 买入或卖出以外币计价的商品或劳务

B. 借入或借出以外币资金

C. 其他以外币计价或结算的交易

D. 外币财务报表折算

14. 甲公司发生的外币交易及相应的会计处理如下:①为购建固定资产借入外币专门借款,资本化期间将该外币专门借款的利息和汇兑损益计入在建工程成本。②自境外市场购入的存货,期末按外币可变现净值与即期汇率计算的结果确定其可变现净值,并以此为基础计提存货跌价准备。③以外币计价的其他权益工具投资,期末按外币市价与即期汇率计算的结果确定其公允价值,并以此为基础计算确认公允价值变动计入其他综合收益。④收到投资者投入的外币资本,按照即期汇率近似汇率折算实收资本。不考虑其他因素的影响,甲公司对上述外币交易进行的会计处理中正确的有(　　)。

A. 以外币计价的其他权益工具投资公允价值变动的确认

B. 外币专门借款利息及汇兑损益的处理

C. 以外币计价的存货跌价准备的计提

D. 投资者作为出资投入的外币资本的折算

15. 丙公司为我国境内企业,其日常核算以人民币作为记账本位币。丙公司在英国和美国分别设有子公司,负责当日市场的运营,子公司的记账本位币分别为英镑和美元。丙公司在编制合并财务报表时,下列关于境外财务报表折算采用的汇率的表述中,错误的有(　　)。

A. 英国子公司的固定资产采用购入当时历史汇率折算为人民币

B. 英国子公司持有的作为以公允价值计量且其变动计入当期损益的金融资产的股票投资采用期末汇率折算为人民币

C. 美国子公司的未分配利润采用报告期平均汇率折算为人民币

D. 美国子公司的美元收入和成本采用报告期平均汇率折算为人民币

三、判断题

1. 外币交易是指以外币计价或结算的交易,外币是指人民币以外的货币。(　　)
2. 我国企业应当以人民币作为记账本位币。(　　)
3. 我国企业应当以人民币作为列报货币。(　　)
4. 境外经营活动产生的现金流量是否足以偿还其现有债务和可预期债务对企业确定境外经营记账本位币没有影响。(　　)
5. 企业选择的记账本位币一经确定,不得随意变更。(　　)
6. 以历史成本计量的外币非货币性项目,在资产负债表日应计算其产生的汇兑差额。(　　)

7. 企业收到投资者以外币投入的资本并将其折算为记账本位币时,应采用合同汇率进行折算。（　）
8. 我国大多数企业采用外币分账制。（　）
9. 外币报表折算时,盈余公积采用业务发生时的即期汇率折算。（　）
10. 在对境外经营财务报表进行折算时,股本采用股东出资日的即期汇率折算。（　）
11. 企业以人民币兑换外币,所支付的人民币应按银行卖出价计算。（　）
12. 根据我国企业会计准则的规定,外币财务报表折算差额应在合并利润表的"净利润"项目中单独反映。（　）
13. 预收账款属于货币性项目。（　）
14. 地理位置在境内的子公司不属于企业的境外经营。（　）
15. 其他权益工具投资公允价值变动计入其他综合收益,汇率变动产生的汇兑差额计入财务费用。（　）
16. 企业以外币兑换人民币,所收到的人民币应按银行卖出价计算。（　）
17. 企业因经营所处的主要经济环境发生重大变化,确需变更记账本位币的,应当采用变更日的即期汇率将所有项目折算为变更后的记账本位币。（　）
18. 我国境内企业的记账本位币与列报货币不一定相同。（　）
19. 外币兑换损益属于已实现损益。（　）
20. 直接标价法下,本币币值的大小与汇率的高低成正比。（　）

四、实务题

1. 甲公司以人民币作为记账本位币,其外币交易采用交易发生日的即期汇率折算,按月计算汇兑损益。甲公司在银行开设有欧元账户。2023年5月31日,甲公司银行存款外币账户余额为800 000欧元,当日即期汇率为:1欧元＝9.55元人民币。

    甲公司2023年6月发生的外币交易或事项如下:

    业务1:6月5日,以人民币向银行买入200 000欧元。当日即期汇率为:1欧元＝9.69元人民币,当日银行欧元的卖出价为:1欧元＝9.75元人民币,当日银行欧元的买入价为:1欧元＝9.63元人民币。

    业务2:6月12日,从国外W公司购入一批原材料,总价款为400 000欧元。该材料已验收入库,货款尚未支付。当日即期汇率为:1欧元＝9.64元人民币。另外,以银行存款支付该原材料的进口关税644 000元人民币,增值税765 000元人民币。

    业务3:6月16日,向M公司出口销售一批商品,销售价款为600 000欧元,货款尚未收到。当日即期汇率为:1欧元＝9.41元人民币。不考虑相关税费的影响。

    业务4:6月25日,收到X公司应收账款300 000欧元,款项已存入银行。当日即期汇率为:1欧元＝9.54元人民币。该应收账款系5月出口销售发生的。

    6月30日,即期汇率为:1欧元＝9.64元人民币。

    要求:若你是甲公司的财务人员,请根据上述资料,回答下列问题。

    (1) 请根据业务1—4进行会计处理。

    (2) 计算2023年6月30日外币银行存款因汇率变动产生的汇兑差额,并进行相应会计处理。

2. 乙公司以人民币作为记账本位币。2023 年 12 月 3 日,乙公司以 1.5 美元/股的价格购入 A 公司 1 000 股股票作为交易性金融资产,当日即期汇率为:1 美元＝6.67 元人民币,款项已通过银行付清。2023 年 12 月 31 日,由于股市价格变动,乙公司 12 月 3 日购入的 A 公司股票市价为 2 美元/股,当日即期汇率为:1 美元＝6.60 元人民币。2024 年 4 月 8 日,乙公司将所购 A 公司股票以 2.3 美元/股全部售出,款项已存入银行,当日即期汇率为:1 美元＝6.53 元人民币。

要求:若你是乙公司的财务人员,请根据上述资料,回答下列问题。

(1) 编制 2023 年 12 月 3 日购入交易性金融资产的会计分录。

(2) 编制 2023 年 12 月 31 日交易性金融资产公允价值变动的会计分录。

(3) 编制 2024 年 4 月 8 日出售交易性金融资产的会计分录。

3. 由中国母公司 100%拥有的境外子公司 A 公司以美元作为记账本位币,其 2023 年年末留存收益折算为 851 200 元人民币,2023 年度净利润折算为 289 504 元人民币,2023 年度分配现金股利折算为 183 264 元人民币。此外,A 公司股本发行及固定资产取得时的汇率为:1 美元＝6.60 元人民币。2024 年 1 月 1 日的存货是在 2023 年第四季度取得的(该企业采用先进先出法);购货、销货、其他费用及股利等在 2023 年内都是均匀发生的。2023 年度的汇率资料如表 1-2 所示。

表 1-2　　　　　　　　　　2023 年度汇率资料

| 2023 年 1 月 1 日 | $1＝¥6.65 | 2023 年 12 月 31 日 | $1＝¥6.70 |
| 2023 年平均汇率 | $1＝¥6.64 | 2023 年第四季度平均汇率 | $1＝¥6.60 |

要求:根据上述资料完成 A 公司 2023 年资产负债表的折算,具体如表 1-3 所示。

表 1-3　　　　　2023 年 12 月 31 日 A 公司资产负债表折算结果

项目	外币(美元)	折合本位币(元人民币)(写出计算过程)
资产		
货币资金	20 000	(1) _____
应收账款	40 000	(2) _____
存货	60 000	(3) _____
固定资产	320 000	(4) _____
资产总计	440 000	(5) _____
负债和所有者权益(或股东权益)		
应付账款	96 000	(6) _____
非流动负债	120 000	(7) _____
股份	80 000	(8) _____
留存收益	144 000	(9) _____
报表折算差额		(10) _____
负债和所有者权益(或股东权益)总计	440 000	(11) _____

五、资料题

兴茂公司是我国境内注册的一家股份有限公司,其80%的收入来自国内销售,其余收入来自出口销售;生产产品所用原材料有75%需要从国内购买,出口产品和进口原材料通常以美元结算。外币交易采用业务发生时的即期汇率折算。

2023年1月6日注册会计师在对兴茂公司2022年度的财务报表进行审计时,对下列会计事项提出疑问:

事项1:兴茂公司选定的记账本位币为人民币。

事项2:2022年3月17日,兴茂公司使用人民币兑换10 000美元存入银行,当日即期汇率为:1美元=6.82元人民币,银行的买入价为:1美元=6.80元人民币,银行卖出价为:1美元=6.84元人民币。兴茂公司进行的会计处理是:

  借:银行存款——美元   68 200
    贷:银行存款——人民币   68 200

事项3:2022年11月23日,兴茂公司购入M公司发行的股票10 000股作为其他权益工具投资,每股支付价款7欧元,另支付交易费用30 000元人民币,当时的即期汇率为:1欧元=8.12元人民币。2022年12月31日,M公司的股票的市场价格为每股8欧元,当日即期汇率为:1欧元=8.07元人民币。

(1)兴茂公司在2022年11月23日进行的会计处理是:

  借:其他权益工具投资——成本   568 400
    投资收益   30 000
    贷:银行存款——欧元   568 400
      ——人民币   30 000

(2)兴茂公司在2022年12月31日进行的会计处理是:

  借:其他权益工具投资——公允价值变动   47 200
    财务费用——汇兑损益   4 000
    贷:其他综合收益   51 200

事项4:2022年12月20日,因增资扩股收到境外投资者G公司投入的1 000 000美元,当日即期汇率为:1欧元=8.24元人民币,双方约定的汇率为:1欧元=8.2元人民币。其中,8 000 000元人民币作为注册资本入账。兴茂公司进行的会计处理是:

  借:银行存款——欧元   8 200 000
    贷:实收资本   8 000 000
     资本公积——资本溢价   200 000

要求:根据上述资料,运用所学知识,判断兴茂公司事项1—4的会计处理是否正确,如果不正确请说明原因,并提出正确的处理方式。

第三部分 参 考 答 案

一、单项选择题

1	2	3	4	5	6	7	8	9	10
A	B	B	D	D	A	C	C	A	C
11	12	13	14	15	16	17	18	19	20
C	B	B	D	A	D	B	B	C	D

难点解析：

1. 企业的业务收支以人民币以外的货币为主的，可以采用以人民币以外的货币作为记账本位币，但是编制的财务报表应当折算为人民币，因此选项 A 正确，选项 B 错误。企业的管理当局根据实际情况确定的记账本位币只有一种，该货币一经确定，不得随意变更，因此选项 CD 错误。

2. 外币是企业记账本位币以外的货币，外币交易是指以外币计价或结算的交易。甲公司以记账本位币港元以外的货币计价的交易属于外币交易，选项 B 正确。

3. 企业的记账本位币确需变更的，所有项目均采用变更当日的即期汇率进行折算，所以不会产生汇兑差额，选项 B 错误。

4. 企业将人民币兑换成外币是从银行买入外币，而银行是卖出外币，执行的是卖出价，企业买入外币需支付给银行的人民币数额是按银行卖出价折算的。收到所购外币入账时，外币账户按规定要求既要登记所收外币的数额，又要按记账汇率折合为人民币记账，而企业记账汇率采用的是业务发生时的即期汇率，所以应选择选项 D。

5. "应收账款"和"债权投资"账户因汇率变动产生的影响记入"财务费用——汇兑损益"账户，"交易性金融资产"账户因汇率变动产生的影响随公允价值变动产生的影响合并记入"公允价值变动损益"账户，"其他权益工具投资"账户因汇率变动产生的影响随公允价值变动产生的影响合并记入"其他综合收益"账户，因此选项 D 符合题干要求。

6. 外币交易在初始确认时，可以采用交易发生日的即期汇率将外币金额折算为记账本位币金额，也可以采用按照系统合理的方法确定的、与交易发生日即期汇率近似的汇率折算，因此选项 A 错误。

7. 境外经营通常是指企业在境外的子公司、合营企业、联营企业及分支机构，选项 A 正确。某实体是否为企业的境外经营不是以该实体是否在境外为标准，在判断境外经营时需要考虑该实体与企业的关系、该实体的记账本位币与企业记账本位币的关系，选项 B 正确，选项 C 错误。企业在境内的子公司、合营企业、联营企业及分支机构所选用的记账本位币不同于本企业的记账本位币时，应视同境外经营，选项 D 正确。

8. 外币报表折算时，资产负债表中的资产和负债项目，采用资产负债表日的即期汇率折算，所有者权益项目除"未分配利润"项目外，其他项目采用发生时的即期汇率折算；利润表中的收入和费用项目，采用交易发生日的即期汇率或即期汇率的近似汇率折算，因此选项 C 符合题干要求。

9. 企业对外币财务报表进行折算时，对于资产负债表中的资产项目采用资产负债表日的即期汇率折算,选项A正确。

10. 预收账款属于以历史成本计量的非货币性项目,期末不产生汇兑差额,选项A错误。以公允价值计量且其变动计入当期损益的外币交易性权益工具投资形成的汇兑差额计入公允价值变动损益,选项B错误。企业收到投资者以外币投入的资本,无论是否有合同约定汇率,均不得采用合同约定汇率和即期汇率的近似汇率折算,而是采用交易发生日即期汇率折算,选项D错误。

11. 企业以外币兑换人民币,所支付的外币按当日即期汇率折算,所收到的人民币按银行买入价折算。其会计处理如下:

借:银行存款——人民币(3 000×6.80)　　　　　　　　　　　　　　　　20 400
　　财务费用——汇兑损益　　　　　　　　　　　　　　　　　　　　　　60
　　贷:银行存款——美元(3 000×6.82)　　　　　　　　　　　　　　　　20 460

因此,甲公司出售该笔美元应确认的汇兑损失为60元人民币。

12. 企业收到投资者以外币投入的资本,应采用收到外币投资当日的即期汇率进行折算。因此,2023年12月31日,甲公司资产负债表中列示的实收资本金额为1 360万元人民币(200×6.80),选项B正确。

13. 甲公司应计提的存货跌价准备为77.02万元人民币[(100×6.82+62.2)−(98×6.91−10)]。

14. 对于所有者权益项目,除未分配利润外,一般是根据业务发生时的即期汇率确定期末金额。甲公司2023年年末资产负债表中"实收资本"项目金额为5 130万元人民币(600×6.40+200×6.45)。

15. 6月计算的第二季度的汇兑损益,用第二季度末(6月30日)的汇率和第一季度末(3月31日)的汇率计算。6月应收账款应确认的汇兑损益为5万元人民币[500×(6.76−6.75)]。其相关会计处理如下:

1月20日相关会计处理:

借:应收账款——美元(500×6.7×10 000)　　　　　　　　　　　　　　33 500 000
　　贷:主营业务收入　　　　　　　　　　　　　　　　　　　　　　　　33 500 000

3月31日相关会计处理:

借:应收账款——美元[(500×6.75−500×6.7)×10 000]　　　　　　　　250 000
　　贷:财务费用——汇兑损益　　　　　　　　　　　　　　　　　　　　250 000

6月30日相关会计处理:

借:应收账款——美元[(500×6.76−500×6.75)×10 000]　　　　　　　 50 000
　　贷:财务费用——汇兑损益　　　　　　　　　　　　　　　　　　　　50 000

7月10日相关会计处理:

借:银行存款——美元(500×6.7×10 000)　　　　　　　　　　　　　　33 500 000
　　财务费用——汇兑损益　　　　　　　　　　　　　　　　　　　　　　300 000
　　贷:应收账款——美元(500×6.76×10 000)　　　　　　　　　　　　33 800 000

16. 企业进口设备,关税应计入固定资产的初始入账成本,增值税可以抵扣不计入固定资产的初始入账成本,因此,甲公司固定资产入账金额为 1 936 万元人民币(200×8.8＋176),选项 AC 错误。甲公司与固定资产相关的会计处理如下:

借:固定资产　　　　　　　　　　　　　　　　　　　　　19 360 000
　　应交税费——应交增值税(进项税额)　　　　　　　　　　3 291 200
　　贷:银行存款——欧元(200×8.80×10 000)　　　　　　　17 600 000
　　　　　　　　——人民币[(176＋329.12)×10 000]　　　　　5 051 200

固定资产属于以历史成本计量的非货币性项目,在期末不改变其原记账本位币金额,选项 B 错误。

17. 甲公司期末因该交易性金融资产应计入公允价值变动损益额金额为 15 800 元人民币(2.2×10 000×6.90－2×10 000×6.80),选项 B 正确。

18. 货币性项目是企业持有的货币或将以固定或可确定金额的货币收取的资产或偿付的负债,因此选项 B 不符合题干要求。

19. 外币财务报表折算差额归属于母公司应分担的部分在合并资产负债表中所有者权益项目下"其他综合收益"项目列示,属于少数股东应分担的部分应并入"少数股东权益"项目列示,选项 A 错误。预付账款属于以历史成本计量的外币非货币性项目,已在交易发生日按当日即期汇率折算,资产负债表日不应改变其原记账本位币金额,不产生汇兑差额,选项 B 错误。企业收到投资者以外币投入的资本,无论是否有合同约定汇率,均不采用合同约定汇率和即期汇率的近似汇率折算,而是采用交易发生日即期汇率折算,选项 D 错误。

20. 合同资产和预收账款属于以历史成本计量的外币非货币性项目,期末不需要折算,选项 AB 错误。以公允价值计量且其变动计入其他综合收益的外币股权投资汇兑差额计入其他综合收益,选项 C 错误。以摊余成本计量的外币债券属于外币货币性项目,期末应按照资产负债表日即期汇率折算,选项 D 正确。

二、多项选择题

1	2	3	4	5	6	7	8	9	10
BC	ABC	AD	BCD	ABCD	ACD	BCD	ABCD	AB	BD
11	12	13	14	15					
ABC	AD	ABC	ABC	AC					

难点解析:

1. 企业收到投资者以外币投入的资本,应当采用交易发生日即期汇率折算,不得采用合同约定汇率和即期汇率的近似汇率折算,期末也无须对投资者投入的外币资本进行折算,选项 BC 错误。

2. 企业选定记账本位币,应当考虑下列因素:①该货币主要影响商品和劳务的销售价格,通常以该货币进行商品和劳务的计价和结算。②该货币主要影响商品和劳务所需人工、材料和其他费用,通常以该货币进行上述费用的计价和结算。③融资活动获得的货币及保存从经营活动中收取款项所使用的货币。选项 ABC 正确。

3. 货币性项目是企业持有的货币或将以固定或可确定金额的货币收取的资产或偿付的负债,因此选项 BC 属于货币性项目,选项 AD 属于非货币性项目。

4. 外币投入资本只能以实际收到出资日的即期汇率折算,期末不需要进行会计处理,不产生外币资本折算差额,选项 B 错误。当期期末即期汇率下降时,"长期借款"账户会产生汇兑收益,而"应收账款"账户会产生汇兑损失,选项 CD 错误。

6. 资产负债表中的所有者权益项目除"未分配利润"项目外,其他项目采用发生时的即期汇率折算,选项 B 错误。

7. C 公司个别财务报表中,以欧元购入的某德国公司股票应以欧元计量和列报,选项 B 错误。A 公司个别财务报表中,收到境外投资者的美元投资款,应按收款当日即期汇率折算,不产生外币资本折算差额,选项 C 错误。A 公司在编制合并财务报表时,应将 B 公司和 C 公司的财务报表各项目折算为人民币,产生的折算差额属于母公司的部分应计入其他综合收益,选项 D 错误。

9. 外币衍生金融负债应确认为交易性金融负债,汇率变动导致的汇兑差额应当计入公允价值变动损益,选项 C 不符合题干要求。外币非交易性权益工具投资由于汇率变动导致的汇兑差额,应当计入其他综合收益,选项 D 不符合题干要求。

10. 由于汇率变动形成的汇兑差额计入其他综合收益,选项 A 不符合题干要求。确认的外币股利收入(非投资成本收回),应当计入当期损益(投资收益),选项 B 符合题干要求。由于市场风险变动引起公允价值的大幅下降,计入其他综合收益,选项 C 不符合题干要求。非交易性权益工具投资的外币现金股利产生的汇兑差额,应当计入当期损益(财务费用),选项 D 符合题干要求。

11. 外币财务报表折算时,利润表中的收入和费用项目,可以采用交易发生日的即期汇率折算,也可以采用按照系统合理的方法确定的、与交易日即期汇率近似的汇率折算(近似汇率通常为平均汇率),因此选项 AB 不能采用资产负债表日即期汇率进行折算。对于资产负债表中的资产和负债项目,采用资产负债表日的即期汇率折算,所有者权益项目除"未分配利润"项目外,其他项目采用发生时的即期汇率折算,"未分配利润"项目无须折算,可以通过计算得到,因此选项 C 不能采用资产负债表日即期汇率进行折算。

12. 该外币计价的其他权益工具投资期末报告价值为 816 000 元人民币(120 000×6.80),该金融资产的初始入账成本为 650 000 元人民币(100 000×6.50),期末报告价值与初始确认金额两者之间的差额为 166 000 元人民币(816 000−650 000),该差额实际上是受证券市场价格变动和汇率变动两方面因素的影响,计入其他综合收益。因此,选项 AD 正确。

13. 外币交易和外币财务报表折算是《企业会计准则第 9 号——外币折算》进行会计规范的两类对象,因此选项 ABC 符合题干要求。

14. 企业收到投资者以外币投入的资本,无论是否有合同汇率,均不得采用合同汇率和即期汇率的近似汇率折算,而应采用交易日即期汇率,不产生折算差额,选项 D 错误。

15. 外币财务报表折算时,对于资产负债表中的资产和负债项目,采用资产负债表日的即期汇率折算,所有者权益项目除"未分配利润"项目外,其他项目采用发生时的即期汇率折算,"未分配利润"项目无须折算,可以通过计算得到,期末未分配利润=期初未分配利润+

本期净利润结转金额－本期提取盈余公积及分配现金股利减少金额等,选项 AC 错误,选项 B 正确。利润表中收入和费用项目,可以采用交易发生日的即期汇率折算,也可以采用按照系统合理的方法确定的、与交易日即期汇率近似的汇率折算,选项 D 正确。

三、判断题

1	2	3	4	5	6	7	8	9	10
×	×	√	×	√	×	×	×	√	√
11	12	13	14	15	16	17	18	19	20
√	×	×	×	×	×	√	√	√	×

难点解析：

1. 外币交易是指以外币计价或结算的交易；外币是指企业记账本位币以外的货币。

2. 我国企业通常应选择人民币为记账本位币。业务收支以人民币以外的货币为主的企业,可以按规定选定其中一种货币作为记账本位币。

4. 境外经营活动产生的现金流量是否足以偿还其现有债务和可预期债务,对确定境外经营记账本位币有影响。如果境外经营活动产生的现金流量在企业不提供资金的情况下,难以偿还其现有债务和正常情况下可预期的债务,境外经营应当选择与企业记账本位币相同的货币作为记账本位币；反之,应根据所处的主要经济环境选择记账本位币。

6. 以历史成本计量的外币非货币性项目,已在交易发生日按当日即期汇率折算,资产负债表日不应改变其原记账本位币金额,不产生汇兑差额。

7. 企业收到投资者以外币投入的资本,无论是否有合同约定汇率,均不得采用合同约定汇率和即期汇率的近似汇率折算,而是采用交易日的即期汇率折算。

8. 我国大多数涉及外币交易的企业采用外币统账制。外币分账制比较适用于外币交易较大、涉及外币币种较多的金融企业。

12. 根据我国企业会计准则的规定,产生的外币财务报表折算差额,在编制合并会计报表时,属于母公司的部分应在合并资产负债表中"其他综合收益"项目列示,属于少数股东应分担的部分应并入"少数股东权益"项目列示。

13. 预收账款属于非货币性项目。

14. 记账本位币与本企业不同的境内子公司,视同境外经营。

15. 其他权益工具投资产生的汇兑差额计入其他综合收益(包括汇率变动和公允价值的变动)；其他债权投资公允价值变动计入其他综合收益,汇率变动产生的汇兑差额计入财务费用。

16. 企业以外币兑换人民币,对于银行而言是买入外币,银行按照买入价向企业支付人民币。

20. 以一单位的外国货币为标准折算为一定数量的本国货币的标价方法。其特点是外国货币数额固定不变,本国货币币值的大小与汇率的高低成反比。

四、实务题

1. (1) 业务1—4的会计处理。

业务1:6月5日,买入欧元。

汇兑损失=200 000×9.75-200 000×9.69=12 000(元人民币)

借:银行存款——欧元(200 000×9.69)	1 938 000
财务费用——汇兑损益	12 000
贷:银行存款——人民币(200 000×9.75)	1 950 000

业务2:6月12日,购入原材料。

原材料成本=400 000×9.64+644 000=4 500 000(元人民币)

借:原材料	4 500 000
应交税费——应交增值税(进项税额)	765 000
贷:应付账款——欧元(400 000×9.64)	3 856 000
银行存款——人民币(644 000+765 000)	1 409 000

业务3:6月16日,销售商品。

借:应收账款——欧元(600 000×9.41)	5 646 000
贷:主营业务收入	5 646 000

业务4:6月25日,收到应收账款。

汇兑损失=300 000×9.55-300 000×9.54=3 000(元人民币)

借:银行存款——欧元(300 000×9.54)	2 862 000
财务费用——汇兑损益	3 000
贷:应收账款——欧元(300 000×9.55)	2 865 000

(2) 银行存款欧元户余额=800 000+200 000+300 000=1 300 000(欧元)

按当日即期汇率折算为人民币金额=1 300 000×9.64=12 532 000(元人民币)

汇兑差额=12 532 000-(800 000×9.55+1 938 000+2 862 000)
    =92 000(元人民币)

借:银行存款——欧元	92 000
贷:财务费用——汇兑损益	92 000

2. (1) 购入交易性金融资产。

借:交易性金融资产——成本(1.5×1 000×6.67)	10 005
贷:银行存款——美元	10 005

(2) 确定公允价值变动。

应确认的公允价值变动损益金额=2×1 000×6.60-1.5×1 000×6.67=3 195(元人民币)

借:交易性金融资产——公允价值变动	3 195
贷:公允价值变动损益	3 195

(3) 出售交易性金融资产。

借：银行存款——美元(2.3×1 000×6.53)　　　　　　　　　　　　15 019
　　贷：交易性金融资产——成本　　　　　　　　　　　　　　　　　10 005
　　　　　　　　　　　　——公允价值变动　　　　　　　　　　　　 3 195
　　　　投资收益　　　　　　　　　　　　　　　　　　　　　　　　 1 819

3. A公司2023年年末资产负债表的折算结果如表1-4所示。

表1-4　　　　　　　2023年12月31日A公司资产负债表折算结果

项目	外币(美元)	折合本位币(元人民币)(写出计算过程)
资产		
货币资金	20 000	(1) 20 000×6.70＝134 000
应收账款	40 000	(2) 40 000×6.70＝268 000
存货	60 000	(3) 60 000×6.70＝402 000
固定资产	320 000	(4) 320 000×6.70＝2 144 000
资产总计	440 000	(5) 134 000＋268 000＋402 000＋2 144 000＝2 948 000
负债和所有者权益(或股东权益)		
应付账款	96 000	(6) 96 000×6.70＝643 200
非流动负债	120 000	(7) 120 000×6.70＝804 000
股份	80 000	(8) 80 000×6.60＝528 000
留存收益	144 000	(9) 851 200＋289 504－183 264＝957 440
报表折算差额		(10) 2 948 000－643 200－804 000－528 000－957 440＝15 360
负债和所有者权益(或股东权益)总计	440 000	(11) 2 948 000

五、资料题

(1) 事项1的处理正确。

(2) 事项2的处理不正确。

理由：企业使用人民币兑换外币，"银行存款——美元"账户的借方发生额应当以当日的即期汇率计算，"银行存款——人民币"账户的贷方发生额应以当日的银行卖出价计算，两者之间的差额作为汇兑损益计入财务费用。

借：银行存款——美元(10 000×6.82)　　　　　　　　　　　　　68 200
　　财务费用——汇兑损益　　　　　　　　　　　　　　　　　　　　200
　　贷：银行存款——人民币(10 000×6.84)　　　　　　　　　　　68 400

(3) 事项3的(1)处理不正确。

理由：企业会计准则规定，为取得其他权益工具投资而发生的交易费用应计入成本。

借:其他权益工具投资——成本(10 000×7×8.12+30 000)　　　　　　　598 400
　　贷:银行存款——欧元(10 000×7×8.12)　　　　　　　　　　　　　　568 400
　　　　　　　　——人民币　　　　　　　　　　　　　　　　　　　　　 30 000

事项3的(2)处理不正确。

理由:对以公允价值计量的股票等非货币性项目,若期末公允价值以外币表示,则先将该外币金额按照公允价值确定当日的即期汇率折算为记账本位币金额,再与原记账本位币金额进行比较。属于其他权益工具投资的,折算后的记账本位币金额与原记账本位币金额之间的差额作为其他综合收益。

应确认的公允价值变动金额＝10 000×8×8.07－598 400＝47 200(元人民币)

借:其他权益工具投资——公允价值变动　　　　　　　　　　　　　　　47 200
　　贷:其他综合收益　　　　　　　　　　　　　　　　　　　　　　　　47 200

(4) 事项4的处理不正确。

理由:企业会计准则规定,企业收到投资者以外币投入的资本,应当采用交易发生日的即期汇率折算。

借:银行存款——欧元(1 000 000×8.24)　　　　　　　　　　　　　　8 240 000
　　贷:实收资本　　　　　　　　　　　　　　　　　　　　　　　　　8 000 000
　　　　资本公积——资本溢价　　　　　　　　　　　　　　　　　　　 240 000

第二章 股份支付

第一部分 内容概要

一、股份支付概述

(一) 股份支付的概念及特征

1. 股份支付的概念

股份支付是以股份为基础的支付的简称,是指企业为获取职工和其他方提供服务而授予权益工具或承担以权益工具为基础确定的负债的交易。

2. 股份支付的特征

股份支付主要有以下3个特征:

(1) 股份支付是企业与职工或其他方之间发生的交易。

(2) 股份支付是以获取职工或其他方服务为目的的交易。企业获取这些服务或权利的目的是用于正常生产经营,而不是转手获利。

(3) 股份支付交易的对价或其定价与企业自身权益工具未来的价值密切相关。

(二) 股份支付的主要环节

以薪酬性股票期权为例,典型的股份支付通常涉及4个主要环节,即授予日、可行权日、行权日和出售日。典型的股份支付交易环节如图2-1所示。

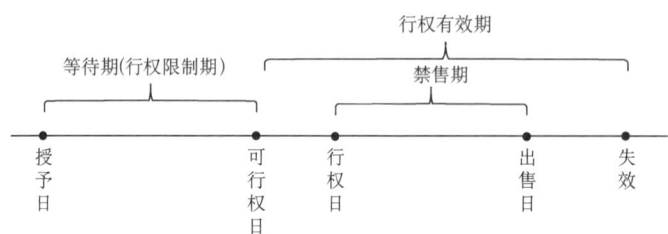

图2-1 典型的股份支付交易环节示意图

(1) 授予日。授予日是指股份支付协议获得批准的日期。

(2) 可行权日。可行权日是指可行权条件得到满足,职工或其他方具有从企业取得权益工具或现金权利的日期。从授予日至可行权日的时间段,是可行权条件得到满足的期间,因此称为等待期,又称行权限制期。

(3) 行权日。行权日是指职工和其他方行使权利、获取现金或权益工具的日期。

(4) 出售日。出售日是指股票的持有人将行使期权所取得的期权股票出售的日期。

(三) 股份支付的主要类型

1. 以权益结算的股份支付

以权益结算的股份支付是指企业为获取服务而以股份或其他权益工具作为对价进行结

算的交易,以权益结算的股份支付最常用的工具有 2 类,即限制性股票和股票期权。

2. 以现金结算的股份支付

以现金结算的股份支付是指企业为获取服务而承担的以股份或其他权益工具为基础计算的交付现金或其他资产的义务的交易。以现金结算的股份支付最常用的工具也有 2 类,即模拟股票和现金股票增值权。

(四)股份支付的可行权条件

可行权条件是指能够确定企业是否得到职工或其他方提供的服务,且该服务使职工或其他方具有获取股份支付协议规定的权益工具或现金等权利的条件;反之,为非可行权条件。可行权条件包括服务期限条件和业绩条件,业绩条件又可以分为市场条件和非市场条件。股份支付协议的条件如图 2-2 所示。

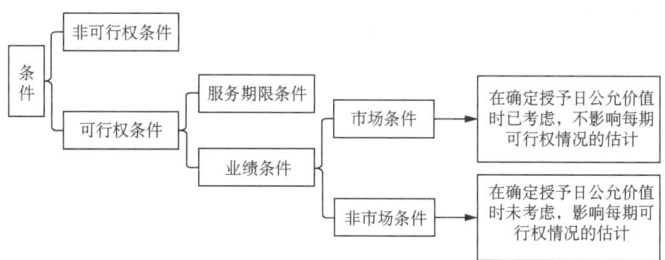

图 2-2 股份支付协议的条件

二、股份支付的会计处理

(一)以权益结算的股份支付的确认和计量

以权益结算的股份支付的确认和计量的会计处理规则如图 2-3 所示。

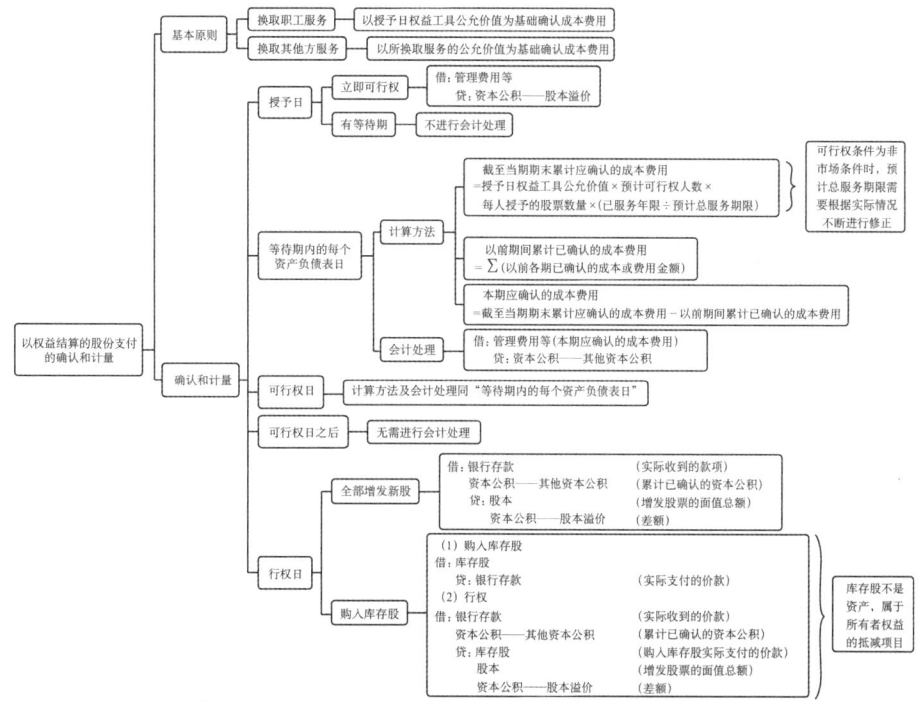

图 2-3 以权益结算股份支付的确认和计量的会计处理规则

(二) 以现金结算的股份支付的确认和计量

以现金结算的股份支付的确认和计量的会计处理规则如图2-4所示。

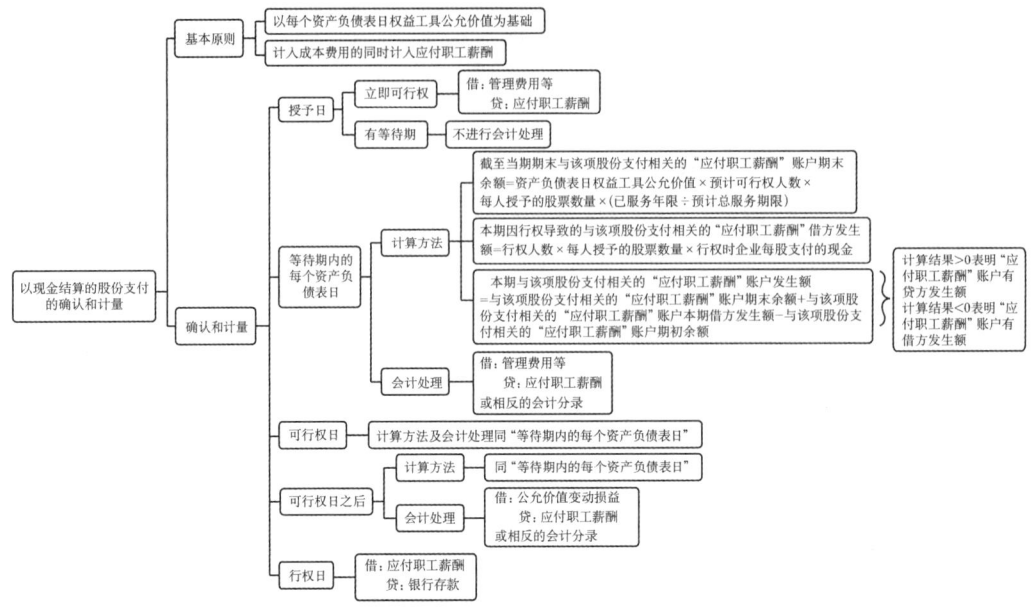

图2-4 以现金结算股份支付的确认和计量的会计处理规则

(三) 股份支付特殊问题的会计处理

股份支付特殊问题的会计处理规则如图2-5所示。

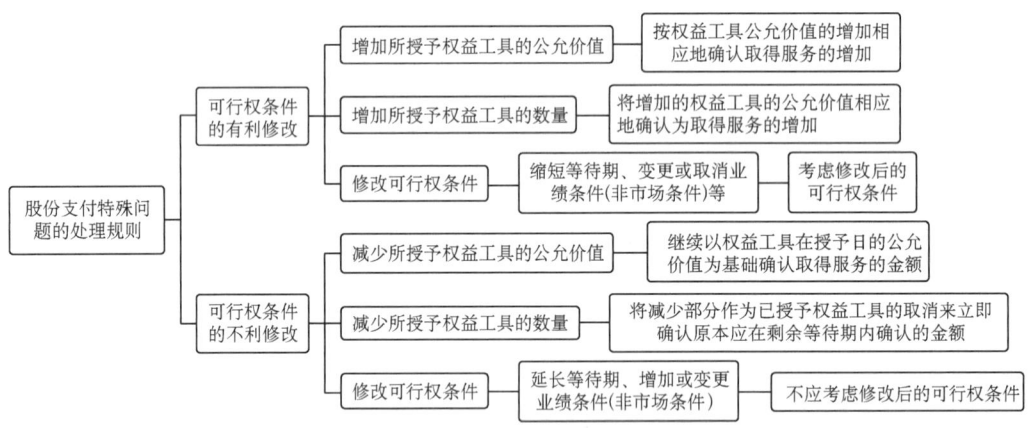

图2-5 股份支付特殊问题的会计处理规则

(四) 集团股份支付的会计处理

企业集团(由母公司和其全部子公司构成)内发生的股份支付交易,应当按照以下规定进行会计处理,具体如图2-6所示。

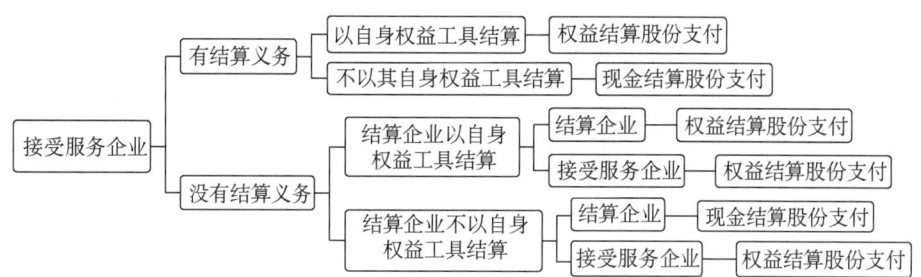

图 2-6 企业集团股份支付交易的会计处理规则

第二部分 练习题

一、单项选择题

1. 军蓬股份有限公司为一家上市公司,该公司为了激励员工,制定了一份股份激励计划。协议中规定军蓬股份有限公司将从市场上回购本公司股票,用于激励符合条件的高层管理人员。军蓬股份有限公司这一举动属于( )。
   A. 以权益结算的股份支付
   B. 以现金结算的股份支付
   C. 以负债结算的股份支付
   D. 以净资产结算的股份支付

2. 瑞丰公司为上市公司,2023 年 9 月 10 日,瑞丰公司股东大会提议一项股份支付的协议条款,条款内容如下:为公司 100 名中层以上管理人员每人授予 100 份现金股票增值权,这些人员从 2024 年 1 月 1 日起必须在该公司连续服务满 3 年,即可按照当时股价的增长幅度获得现金,该增值权应在 2027 年 12 月 31 日之前行使完毕。2023 年 11 月 30 日,该协议获得股东大会的批准。2024 年 1 月 1 日,瑞丰公司正式授予公司 100 名中层以上管理人员每人 100 份现金股票增值权。2026 年 12 月 31 日,假定瑞丰公司上述 100 名中层以上管理人员无一人离职,并且全部行权。不考虑其他因素的影响,则瑞丰公司这项股份支付协议的授予日为( )。
   A. 2023 年 9 月 10 日
   B. 2023 年 11 月 30 日
   C. 2024 年 1 月 1 日
   D. 2026 年 12 月 31 日

3. 企业授予高层管理者的以现金结算的股份支付,在可行权日之后至结算日前的每个资产负债表日因负债公允价值的变动应计入( )。
   A. 管理费用
   B. 公允价值变动损益
   C. 制造费用
   D. 资本公积

4. 下列各项中,应当作为以现金结算的股份支付进行会计处理的是( )。
   A. 以低于市价向员工出售限制性股票的计划
   B. 授予高管人员低于市价购买公司股票的期权计划
   C. 公司承诺达到业绩条件时向员工无对价定向发行股票的计划
   D. 授予高管人员以根据股价的上涨幅度为基础获得现金的计划

5. 下列关于以权益结算方式换取其他方服务的股份支付确认和计量的说法中,错误的是（　　）。

　A. 企业应当以股份支付所换取服务的公允价值计量

　B. 如果其他方提供服务的公允价值是能够可靠计量的，应当优先采用其他方提供服务在取得日的公允价值计量

　C. 如果其他方提供服务的公允价值不能可靠计量的，应当以权益工具的公允价值计量

　D. 企业应当按其他方服务在取得日公允价值确认其他综合收益

6. 下列关于股份支付可行权条件的说法中，正确的是（　　）。

　A. 可行权条件包括 2 类，即市场条件和非市场条件

　B. 职工按股份支付协议需要在企业服务一定期限属于非市场条件

　C. 股价上升至何种水平后职工可以取得相应的股份属于市场条件

　D. 企业税后利润达到某一水平可以行权属于市场条件

7. 下列关于以现金结算的股份支付的说法中，正确的是（　　）。

　A. 以现金结算的股份支付是指企业为获取服务承担交付股票的交易

　B. 以现金结算的股份支付是指企业为获取服务承担以股份或其他权益工具为基础计算确定的交付现金或其他资产义务的交易

　C. 以现金结算的股份支付是指企业为获取服务以其他权益工具为对价进行结算的交易

　D. 以现金结算的股份支付是指企业为获取服务在行权日支付一定现金的交易

8. 企业采用股票期权方式激励职工，在等待期内每个资产负债表日对取得职工提供的服务进行计量的基础是（　　）。

　A. 等待期内每个资产负债表日股票期权的公允价值

　B. 可行权日股票期权的公允价值

　C. 行权日股票期权的公允价值

　D. 授予日股票期权的公允价值

9. 下列关于换取职工服务的股份支付会计处理的表述中，不正确的是（　　）。

　A. 对于授予后立即可行权的现金结算的股份支付，授予日不需要进行会计处理

　B. 在等待期内，对于现金结算的涉及职工的股份支付，应当按照每个资产负债表日权益工具的公允价值重新计量，确定成本费用和应付职工薪酬

　C. 对于以现金结算的股份支付，企业在可行权日之后不再确认成本费用，负债（应付职工薪酬）公允价值的变动应当计入当期损益（公允价值变动损益）

　D. 除立即可行权的股份支付外，无论是以权益结算的股份支付还是以现金结算的股份支付，企业在授予日均不做会计处理

10. 下列关于等待期的表述中，不正确的是（　　）。

　A. 等待期是指可行权条件得到满足的期间

　B. 对于可行权条件为规定服务期间的股份支付，等待期为授予日至可行权日的期间

　C. 对于可行权条件为规定服务期间的股份支付，等待期为授予日至行权日的期间

　D. 对于可行权条件为规定业绩的股份支付，应当在授予日根据最可能的业绩结果预计等待期的长度

11. 2023 年 1 月 1 日，甲公司与职工达成以下协议：①以 2023 年 1 月 1 日为基准日，未来

3年内累计净利润超过20 000万元,超过部分按阶梯比例奖励现金。②向员工授予股票期权,在公司连续服务满4年的员工,即可以6元每股的价格购买20 000股甲公司股票,从而获益。③未来3年甲公司股价增长率超过40%,按股价增长幅度向职工支付奖励现金。④通过定向发行股票的方式向20名管理人员每人授予50万股限制性股票,每股面值1元,当日相关职工共支付认股款5 000万元,并设定锁定期为3年。不考虑其他因素的影响,上述交易或事项中不属于甲公司股份支付的是( )。

A. 基于累计净利润支付奖励款
B. 授予职工股票期权
C. 基于股价增长幅度支付奖励款
D. 授予职工限制性股票

12. 下列关于集团股份支付处理的表述中,错误的是( )。

A. 结算企业以其自身权益工具结算的,结算企业应当将该股份支付作为权益结算的股份支付处理
B. 结算企业是接受服务企业的非控股股东投资者的,结算企业应当按照授予日权益工具的公允价值或应承担负债的公允价值确认当期成本费用
C. 接受服务企业具有结算义务且授予本企业职工的是集团内其他企业权益工具的,应当将该股份支付交易作为现金结算的股份支付处理
D. 接受服务企业没有结算义务或授予本企业职工的是其本身权益工具的,应当将该股份支付交易作为权益结算的股份支付处理

13. 股份支付协议生效后,下列关于相关条款和条件修改的表述中,错误的是( )。

A. 如果修改减少了所授予的权益工具的公允价值,企业应当以权益工具减少后的公允价值为基础,确认取得服务的金额
B. 对于股份支付协议条款和条件的修改,应当由董事会作出决议并经股东大会审议批准,或者由股东大会授权董事会决定
C. 无论已授予的权益工具的条款和条件如何修改,企业都应至少确认按照所授予的权益工具在授予日的公允价值来计量获取的相应服务,除非不能满足权益工具的可行权条件(除市场条件外)而无法行权
D. 如果修改增加了所授予的权益工具的公允价值,企业应按照权益工具公允价值的增加,相应的确认取得服务的增加

14. 2023年4月18日,甲公司以1 000万元自市场回购本公司普通股股票,拟用于对高管人员进行股权激励。因甲公司的母公司乙公司于2023年7月1日与甲公司签订了股权激励协议,甲公司暂未实施本公司的股权激励计划。根据乙公司与甲公司高管人员签订的股权激励协议,乙公司对甲公司的20名高管人员每人授予100万份乙公司的股票期权。授予日每份股票期权的公允价值为3元。行权条件为自授予日起高管人员在甲公司服务满3年,即可免费获得乙公司100万份普通股股票。截至2023年12月31日,甲公司没有高管人员离开,预计未来3年也不会有高管人员离开。不考虑其他因素的影响,下列甲公司的会计处理中,正确的是( )。

A. 2023年应确认管理费用2 000万元
B. 2023年应确认资本公积2 000万元
C. 乙公司授予甲公司高管的股票期权,甲公司没有结算义务,作为以权益结算的股份支付处理

D. 回购本公司股票时应按实际支付的金额冲减资本公积 1 000 万元

15. 2021 年 12 月 20 日,经股东大会批准,甲公司向其 200 名高管人员每人授予 2 万股现金股票增值权。根据股份支付协议的规定,这些高管人员自 2022 年 1 月 1 日起在公司连续服务满 2 年,即可按照当时股价的增长幅度获得现金。甲公司普通股股票 2021 年 12 月 20 日的市场价格为每股 12 元,2021 年 12 月 31 日的市场价格为每股 15 元,2022 年 12 月 31 日的市场价格为每股 16 元,2023 年 12 月 31 日的市场价格为每股 14 元。甲公司在 2022 年确定与上述股份支付相关的费用时,应当采用的权益性工具的公允价值为每股( )元。

  A. 12   B. 15   C. 16   D. 14

16. 甲公司为一上市公司,2022 年 1 月 1 日,甲公司向本公司 100 名管理人员每人授予 200 份股票期权,根据股份支付协议规定,这些员工需自 2022 年 1 月 1 日起在本公司连续服务满 3 年,即可以 5 元每股的价格购买本公司 200 股股票,从而获益。甲公司估计每份期权在授予日的公允价值为 15 元;2022 年 12 月 31 日,每份期权公允价值为 18 元;2023 年 12 月 31 日,每份期权公允价值为 16 元。第一年有 10 名管理人员离开公司,预计 3 年中离开的管理人员比例将达到 30%,第二年甲公司将 3 年中预计的离职比例修正为 25%。则 2023 年 12 月 31 日甲公司累计确认的"资本公积——其他资本公积"账户的金额应为( )元。

  A. 160 000   B. 150 000   C. 76 000   D. 90 000

17. 2022 年 1 月 1 日,经股东大会批准,东方股份有限公司为其 50 名中层以上管理人员每人授予 100 份现金股票增值权,根据股份支付协议规定,这些职工从 2022 年 1 月 1 日起在该公司连续服务满 2 年,即可按照当时的股价增长幅度获得现金,该增值权应在 2024 年 12 月 31 日之前行使完毕。2022 年年末、2023 年年末和 2024 年年末股票增值权的公允价值分别为每份 15 元、16 元和 17 元。2022 年有 10 名管理人员离职,预计未来 1 年中还将有 5 名管理人员离开。2023 年实际有 4 名管理人员离开,当年年末有 20 名管理人员行使了股票增值权取得了现金,剩余 16 名管理人员在 2024 年年末也行使了股票增值权。假设管理人员行使股票增值权在每年年末,按照该年年末的股票增值权公允价值支付现金。不考虑其他因素的影响,则 2023 年应确认的管理费用金额为( )元。

  A. 25 600   B. 32 000   C. 31 350   D. 26 250

18. 2020 年 1 月 1 日,甲公司经股东大会批准的一项股份支付协议规定,甲公司为其 100 名中层以上管理人员每人授予 100 份现金股票增值权,条件是这些人员从授予日起必须为公司连续服务满 3 年,即可按照当时股价增长幅度获得现金,该增值权应在 2023 年 12 月 31 日之前行使完毕。2020 年年末、2021 年年末、2022 年年末和 2023 年年末该现金股票增值权的公允价值分别为每份 12 元、15 元、16 元和 18 元。2020 年有 10 名管理人员离开,预计未来 2 年还将有 8 名管理人员离开;2021 年实际有 5 名管理人员离开,预计 2022 年还将有 2 名管理人员离开;2022 年没有管理人员离开公司,同时有 30 名管理人员于当年年末行使股票增值权取得了现金;2023 年年末有 45 人行使股票增值权取得了现金。则甲公司 2023 年 12 月 31 日应确认的管理费用金额为( )元。

  A. 0   B. 32 800   C. 11 000   D. 48 800

19. 2023年1月1日,经股东大会批准,甲公司向50名高管人员每人授予1万份股票期权。根据股份支付协议规定,这些高管人员自2023年1月1日起在甲公司连续服务满3年,即可以每股5元的价格购买1万股甲公司普通股。2023年1月1日,每份股票期权的公允价值为15元。2023年没有高管人员离开公司,甲公司预计在未来2年将有5名高管离开公司。2023年12月31日,甲公司授予高管的股票期权每份公允价值为13元。甲公司因该股份支付协议在2023年应确认的"资本公积——其他资本公积"账户的金额是(　　)万元。
    A. 225   B. 216.67   C. 195   D. 250

20. 下列关于回购股份进行股权激励的处理中,不正确的是(　　)。
    A. 回购股份时应按照回购股份的全部支出作为库存股处理,同时进行备查登记
    B. 企业回购股份时,企业的所有者权益减少
    C. 企业注销回购的库存股时,所有者权益总额不变
    D. 按照现金结算的股份支付核算

二、多项选择题

1. 下列关于以权益结算方式换取职工服务的股份支付确认和计量原则的表述中,错误的有(　　)。
    A. 企业应当以股份支付所换取服务的公允价值计量
    B. 在等待期内的每个资产负债表日,应当按照权益工具在当天的公允价值将当期取得的服务计入相关资产成本或当期费用,同时确认资本公积(其他资本公积)
    C. 在授予日,企业无须进行会计处理
    D. 企业应当以股份支付所授予的权益工具的公允价值计量

2. 下列各项中,影响企业对股份支付预计可行权情况作出估计的有(　　)。
    A. 市场条件   B. 非可行权条件
    C. 非市场条件   D. 服务期限条件

3. 下列关于股份支付会计处理的表述中,正确的有(　　)。
    A. 以权益结算的股份支付,相关权益工具的公允价值在授予日后不再调整
    B. 除立即可行权外,无论是以现金结算的股份支付,还是以权益结算的股份支付,在授予日均无须处理
    C. 附市场条件的股份支付,应在所有市场及非市场条件均满足时确认相关成本费用
    D. 业绩条件为非市场条件的股份支付,等待期内应根据后续信息调整对可行权情况的估计

4. 下列关于企业以回购股份方式进行职工期权激励的表述中,正确的有(　　)。
    A. 企业回购的股份应作为库存股核算
    B. 企业以回购股份方式奖励本企业职工属于以现金结算的股份支付
    C. 企业应在等待期内按库存股的公允价值将取得职工的服务计入成本费用,同时增加资本公积
    D. 行权时企业应冲减实际行权部分的库存股及资本公积(其他资本公积)累计金额,同时调整资本公积(股本溢价)

5. 甲公司为乙公司的母公司,2023 年企业集团内发生以下与股份支付相关的交易或事项:甲公司与乙公司高管签订协议,授予乙公司高管 500 万份股票期权,乙公司高管可以以每股 6 元的价款自甲公司购买乙公司股票。乙公司授予其研发人员 20 万份现金股票增值权,这些研发人员在乙公司连续服务 3 年,即可按照乙公司股价的增值幅度获得现金。乙公司自市场回购本公司股票 100 万股,并与销售人员签订协议,如果未来 3 年销售业绩达标,销售人员将无偿取得该部分股票。乙公司向丁公司发行 500 万股本公司股票,作为支付丁公司为乙公司提供咨询服务的价款。不考虑其他因素的影响,下列各项中,乙公司应当作为以权益结算的股份支付的有(　　)。
   A. 乙公司高管与甲公司签订的股份支付协议
   B. 乙公司与本公司销售人员签订的股份支付协议
   C. 乙公司与本公司研发人员签订的股份支付协议
   D. 乙公司以定向发行本公司股票取得咨询服务的协议

6. 下列关于股份支付在可行权日之后的会计处理方法的表述中,正确的有(　　)。
   A. 对于以权益结算的股份支付,企业应在行权日根据行权情况,确认股本和股本溢价,同时结转等待期内确认的资本公积(其他资本公积)
   B. 对于以权益结算的股份支付,在可行权日之后不再对已确认的成本费用和所有者权益总额进行调整
   C. 对于以权益结算的股份支付,如果全部或部分权益工具未被行权而失效或作废,应在行权有效期截止日将资本公积(其他资本公积)冲减成本费用
   D. 对于以现金结算的股份支付,在可行权日之后负债(应付职工薪酬)公允价值的变动应当计入成本费用

7. 下列关于股份支付在等待期内成本费用确认的表述中,正确的有(　　)。
   A. 以权益结算的股份支付,应按授予日权益工具的公允价值计量
   B. 以现金结算的股份支付,应按等待期内每个资产负债表日权益工具的公允价值重新计量
   C. 以权益结算的股份支付,计入成本费用的同时计入资本公积(其他资本公积)
   D. 以现金结算的股份支付,计入成本费用的同时计入应付职工薪酬

8. 下列关于股份支付计量原则的表述中,正确的有(　　)。
   A. 不管是以权益结算的股份支付,还是以现金结算的股份支付,在等待期内的每个资产负债表日,都应根据职工人数变动情况等后续信息修正预计可行权的权益工具数量
   B. 以权益结算的股份支付换取其他方服务的,其他方服务的公允价值和权益工具的公允价值都不能可靠计量的,应当以内在价值计算,内在价值变动计入当期损益
   C. 市场条件是否得到满足,不影响企业对预计可行权情况的估计,但是非市场条件则会影响企业对预计可行权情况的估计
   D. 不管是以权益结算的股份支付,还是以现金结算的股份支付,可行权日之后的资产负债表日不再需要确认权益工具的预计可行权数量的变动

9. 下列关于不利修改的股份支付条款和条件的处理中,正确的有(　　)。
   A. 如果企业以不利于职工的方式修改条款和条件,企业仍应继续按原条款和条件对取

得的服务进行会计处理,如同该变更从未发生,除非企业取消了部分或全部已授予的权益工具

B. 如果修改减少了授予的权益工具的公允价值,企业应当继续以权益工具在授予日的公允价值为基础,确认取得服务的金额

C. 如果修改减少了授予的权益工具的数量,企业应当将减少部分作为已授予的权益工具的取消来进行处理

D. 如果企业以不利于职工的方式修改了可行权条件,如延长等待期、增加或变更业绩条件(非市场条件)等,企业在处理可行权条件时,不应考虑修改后的可行权条件

10. 乙公司、丙公司和丁公司均为甲公司的子公司。甲公司及其相关子公司经各自董事会批准,于2024年1月1日对甲公司及相关子公司管理人员或员工进行激励:①甲公司以自身普通股授予乙公司管理人员。②丙公司按照上年实现净利润的3%分配给在职员工。③丁公司以自身普通股授予其管理人员。④甲公司以其生产的产品分配给在职员工。下列各项中,有关甲公司及其相关子公司对其管理人员或员工进行激励的安排,应按《企业会计准则第11号——股份支付》进行会计处理的有(　　)。

A. 甲公司将其生产的产品分配给员工

B. 丙公司按上年净利润的3%分配给员工

C. 甲公司以自身普通股授予乙公司管理人员

D. 丁公司以自身普通股授予其管理人员

11. 2023年1月1日,甲公司的母公司(乙公司)将其持有的2 000万股甲公司普通股,以每股20元的价格转让给甲公司的10名高管人员;当日,甲公司的该10名高管人员向乙公司支付了40 000万元,办理完成股权过户登记手续,甲公司当日股票的市场价格为每股40元。根据股份转让协议约定,甲公司的该10名高管人员自2023年1月1日起需在甲公司服务满3年,否则乙公司将以每股20元的价格向该10名高管人员回购其股票。2023年12月31日,甲公司股票的市场价格为每股44元。截至2023年12月31日,甲公司该10名高管人员均未离职,预计未来3年内也不会有人离职。不考虑其他因素的影响,下列关于2023年度对上述交易或事项会计处理的表述中,正确的有(　　)。

A. 乙公司应按以现金结算的股份支付进行会计处理

B. 甲公司应按以权益结算的股份支付进行会计处理

C. 甲公司应于2023年1月1日一次性确认全部的股权激励费用,无须在等待期内分期确认

D. 乙公司不应确认股权激励费用

12. 2023年7月1日,甲公司实施一项向乙公司(甲公司的子公司)20名高管人员每人授予2万份乙公司股票期权的股权激励计划。甲公司与相关高管人员签订的协议约定:每位高管人员自期权授予之日起在乙公司连续服务4年,即可以从甲公司购买2万股乙公司股票,购买价格为8元/股。该股票期权在授予日(2023年7月1日)的公允价值为4元/份,2023年12月31日的公允价值为6元/份。截至2023年年末,20名高管人员中没有人离开乙公司,估计未来3.5年内将有2名高管人员离开乙公司。下列关于甲、乙公司2023年年末的会计处理中,正确的有(　　)。

A. 甲公司应该按照以权益结算的股份支付进行会计处理,确认长期股权投资18万元

B. 甲公司应该按照以现金结算的股份支付进行会计处理,确认应付职工薪酬 27 万元
C. 乙公司应该按照以权益结算的股份支付进行会计处理,确认资本公积 18 万元
D. 乙公司应该按照以现金结算的股份支付进行会计处理,确认应付职工薪酬 27 万元

13. 下列各项中,属于非市场业绩条件的有( )。
   A. 净利润增长率   B. 最低股价增长率
   C. 最低盈利目标   D. 最低销售目标

14. 下列各项中,不属于股份支付的有( )。
   A. 丙公司的主要客户在丙公司增资扩股中认购部分股份,入股价格与公司外部投资者一致,丙公司与该客户的销售业务的价格公允,合同条款处于正常商业范围内
   B. 丙公司向其子公司职工授予子公司股票期权
   C. 丙公司向投资者发放股票股利
   D. 丙公司向其高级管理人员授予股票期权

15. 根据《企业会计准则第 11 号——股份支付》规定,下列表述正确的有( )。
   A. 股份支付是指企业为获取职工或其他方提供的服务而授予权益工具或者承担以权益工具为基础确定的负债的交易
   B. 企业授予职工权益工具,包括期权、认股权证等衍生工具
   C. 无论是以权益结算的股份支付,还是以现金结算的股份支付,均以权益工具的公允价值为计量基础
   D. 以权益结算的股份支付,企业授予职工权益工具,实质上不属于职工薪酬的组成部分

三、判断题

1. 行权日是指可行权条件得到满足,职工或其他方具有从企业取得权益工具或现金权利的日期。 (   )
2. 以权益结算的股份支付最常用的工具有 2 类,即限制性股票和股票期权。 (   )
3. 可行权条件包括服务期限条件和市场条件。 (   )
4. 市场条件影响每期可行权情况的估计。 (   )
5. 企业以回购股份形式奖励本企业职工的,需要先用现金对股份进行回购,因此属于以现金结算的股份支付。 (   )
6. 附市场条件的股份支付,应在市场及非市场条件均满足时确认相关成本费用。 (   )
7. 授予后立即可行的换取职工提供服务的以权益结算的股份支付,应在授予日按照权益工具的公允价值,将取得的服务计入相关资产成本或当期费用,同时计入资本公积(股本溢价)。 (   )
8. 以权益结算的股份支付,在等待期内的每个资产负债表日,应以权益工具在授予日的公允价值为基础确认成本费用。 (   )
9. 当可行权条件为业绩条件中的非市场条件时,预计总服务期限需要根据实际情况不断进行修正。 (   )
10. 以权益结算的股份支付,应在可行权日之后根据股权公允价值的变动对已确认的成本费用和所有者权益总额进行调整。 (   )

11. 以现金结算的股份支付,应在可行权日之后根据股权公允价值的变动对已确认的成本费用和应付职工薪酬总额进行调整。（ ）
12. 企业授予研发人员以预期股价相对于基准日的上涨幅度为基础支付奖励款的计划属于以权益结算的股份支付。（ ）
13. 以现金结算的股份支付,等待期内应按每个资产负债表日权益工具的公允价值为基础计算确认成本费用。（ ）
14. 市场条件和非可行权条件是否得到满足,不影响企业对预计可行权情况的估计。（ ）
15. 如果可行权条件的修改缩短了等待期,企业应考虑修改后的可行权条件。（ ）
16. 以现金结算的股份支付在授予日不作会计处理,以权益结算的股份支付应予以处理。（ ）
17. 向投资者发放股票股利属于以权益结算的股份支付。（ ）
18. 如果企业按照不利于职工的方式修改条款和条件,企业应按照权益工具公允价值的减少相应地确认为取得服务的减少。（ ）
19. 企业集团内母公司向子公司的高管人员授予以其本身权益工具结算的股票期权,则接受服务企业(子公司)应当将该股份支付交易作为以权益结算的股份支付进行会计处理。（ ）
20. 企业集团内母公司向子公司的高管人员授予以其本身权益工具结算的股票期权,则结算企业(母公司)应当将该股份支付交易作为以权益结算的股份支付进行会计处理。（ ）

四、实务题

1. 2018年12月,鑫昊公司为其100名中层以上管理人员每人授予1 500份现金股票增值权,并规定这些职员从2019年1月1日起在该公司连续服务3年,即可按照当时股价的增长幅度获得现金,该增值权应在2023年12月31日之前行使。鑫昊公司估计的该增值权资产在负债结算之前的每一资产负债表日及结算日的公允价值和可行权后的每份增值权现金支出额,如表2-1所示。

表2-1　　　　各年公允价值与支付现金一览表　　　　金额单位:元

年份(年)	公允价值	支付现金
2019	26	—
2020	28	—
2021	34	30
2022	40	38
2023	—	48

第一年有10名职员离开鑫昊公司,鑫昊公司估计还将有12名职员离开;第二年又有10名职员离开公司,公司估计还将有5名职员离开;第三年又有8名职员离开。第三年年末,有40人行使股票增值权取得了现金;第四年年末,有20人行使了股票增值权;第五年年末,剩余12人也行使了股票增值权。

要求:若你是鑫昊公司的财务人员,请根据上述资料编制与股份支付相关的会计分录。

2. 盛恩股份有限公司(以下简称盛恩公司)为一家上市公司。2020 年 12 月,公司向其 150 名管理人员每人授予 200 股股票期权,这些人员从 2021 年 1 月 1 日起在该公司连续服务 3 年,即可以 10 元每股购买 200 股盛恩公司股票,从而获益。公司估计该期权在授予日的公允价值为 18 元/股。

第一年有 15 名管理人员离开盛恩公司,公司估计 3 年中离开的管理人员的比例将达到 20%;第二年有 20 名管理人员离开,公司将估计的管理人员离开比例修正为 30%;第三年又有 10 名管理人员离开。假设余下 105 名管理人员都在 2023 年 12 月 31 日行权,盛恩公司股票面值为 1 元。

要求:若你是盛恩公司的财务人员,请根据上述资料编制与股份支付相关的会计分录。

3. 韩泰公司对高管人员进行股权激励。具体情况如下:

(1) 2020 年 12 月 24 日,韩泰公司股东大会提议一项股份支付的协议条款。协议约定:韩泰公司向 50 名高管人员每人授予 120 000 份股票期权,每份期权于到期日可以 2 元的价格购买韩泰公司 1 股普通股。可行权条件为:2021 年年末,公司当年净利润增长率达到 15%;2022 年年末,公司 2021—2022 年净利润平均增长率达到 12%;2023 年年末,公司 2021—2023 年净利润平均增长率达到 10%。2021 年 1 月 2 日,该协议获得股东大会的批准,当日韩泰公司估计授予高管人员的股票期权公允价值为 5 元/股。

(2) 2021 年,韩泰公司实现净利润 12 000 万元,较 2020 年增长 12%,预计股份支付剩余等待期内净利润仍能够以同等速度增长。2021 年 12 月 31 日,韩泰公司所授予股票期权的公允价值为 4.5 元/股。2021 年,与韩泰公司签订了股权激励协议的高管人员没有离职,预计后续期间也不会离职。

(3) 2022 年,韩泰公司实现净利润 13 200 万元,较 2021 年增长 10%,预计 2023 年净利润将以 11% 的速度增长。2022 年有 1 名高管人员离职,预计后续期间不会有人离职。2022 年 12 月 31 日,韩泰公司所授予股票期权的公允价值为 3.5 元/股。

(4) 2023 年,韩泰公司实现净利润 14 660 万元,较 2022 年增长了 11%,满足可行权条件。2023 年,又有 1 名高管人员离职。2023 年 12 月 31 日,韩泰公司所授予股票期权的公允价值为 4.2 元/股。

(5) 2024 年 3 月 10 日,未离职的高管人员全部行权。

要求:若你是韩泰公司的财务人员,请根据上述资料,回答下列问题。

(1) 确定韩泰公司该项股份支付的授予日并说明理由。

(2) 根据股份支付的结算方式,确定该股份支付的种类并说明其含义。

(3) 计算 2021—2023 年韩泰公司每年就该股份支付应确认的费用金额,并编制相关会计分录。

(4) 编制 2024 年 3 月 10 日与高管人员行权相关的会计分录。

五、资料题

1. 深圳市汇川技术股份有限公司于 2023 年 7 月 25 日披露第六期股权激励计划(草案),拟向激励对象授予的股票权益(第一类限制性股票、第二类限制性股票和股票期权)合计不超过 2 322.21 万股,占总股本的 0.88%。该激励计划首次授予激励对象不超过 865 人,主要包括公司董事、高级管理人员、核心管理人员及核心技术(业务)骨干。该激励计划限制性股票(第一类限制性股票及第二类限制性股票)的授予价格(含预留)为 42.78 元/股,股票期权的行权价格(含预留)为 61.12 元/份。

要求:若你是深圳市汇川技术股份有限公司的财务人员,请根据上述资料,回答下列问题。

(1) 运用所学知识,分析深圳市汇川技术股份有限公司实施的股权激励计划属于哪一类股份支付;其股权激励股票来源有哪些(至少列举 2 种来源)。

(2) 运用所学知识,分析上市公司实施股权激励计划的意义。

2. 2023 年,王艳在审计过程中发现的与股份支付相关的经济业务资料如下:

资料一:2022 年 1 月 1 日,瑞天公司向在职的 50 名管理人员授予每人 1 万份股票期权,行权条件为连续服务满 4 年,即可以 8 元/股的价格购买瑞天公司股票。截至 2022 年 12 月 31 日,没有管理人员离职,瑞天公司预计未来 3 年的离职率为 2%。2023 年 12 月 31 日,瑞天公司将服务期限由 4 年变更为 3 年,当年没有管理人员离职,预计未来 1 年也不会有管理人员离职。2022 年 1 月 1 日,瑞天公司股票期权的公允价值为 12 元/股;2022 年 12 月 31 日,瑞天公司股票期权的公允价值为 14 元/股;2023 年 12 月 31 日,瑞天公司股票期权的公允价值为 15 元/股。

瑞天公司财务人员对于该项股份支付的会计处理观点如下:

观点 1:该项股份支付应作为权益结算的股份支付,等待期内应按每个资产负债表日权益工具的公允价值为基础确认成本费用。

观点 2:2022 年与该项股份支付相关的会计处理如下:

$$2022 年应确认的成本费用金额 = 50 \times (1-2\%) \times 10\,000 \times 14 \times (1 \div 4) - 0$$
$$= 1\,715\,000(元)$$

借:管理费用   1 715 000
  贷:资本公积——股本溢价   1 715 000

2023 年服务期限由 4 年变更为 3 年后,财务人员不知道该如何进行会计处理。

资料二:2021 年 1 月 1 日,经股东大会批准,东方公司为其 100 名中层以上管理人员每人授予 1 000 份现金股票增值权,根据股份支付协议规定,这些职工从 2021 年 1 月 1 日起在该公司连续服务满 2 年,即可按照当时的股价增长幅度获得现金,该增值权应在 2023 年 12 月 31 日之前行使完毕。2021 年 1 月 1 日、2021 年 12 月 31 日、2022 年 12 月 31 日和 2023 年 12 月 31 日股票增值权的公允价值分别为每份 13 元/股、15 元/股、16 元/股和 17 元/股。2021 年有 8 名管理人员离职,预计未来 1 年中还将有 6 名管理人员离开。2022 年实际有 5 名管理人员离开,当年年末有 40 名管理人员行使股票增值权取得了现金,剩余 47 名管理人员在 2023 年年末也行使了股票增值权。2022 年管理人员行权时,东方公司按照 14 元/股支付现金;2023 年管理人员行权时,东方公司按照 15 元/股支付现金。

东方公司财务人员对该项股份支付的会计处理观点如下:

观点 1:该项股份支付应作为以现金结算的股份支付,等待期内应按每个资产负债表日权益工具的公允价值为基础确认成本费用。

观点2:2023年12月31日,在确认股权公允价值变动产生的影响时,调整应付职工薪酬和管理费用。

资料三:经股东大会批准,悦尚公司2023年1月1日实施股权激励计划,其主要内容为:悦尚公司向其子公司A公司50名管理人员每人授予1000份现金股票增值权,行权条件为A公司2023年度实现的净利润较前一年增长6%,截至2024年12月31日,2个会计年度平均净利润增长率为7%;从达到上述业绩条件的当年年末起,每持有1份现金股票增值权可以从悦尚公司获得相当于行权当日悦尚公司股票每股市场价格的现金,行权期为2年。

A公司2023年度实现的净利润较前一年增长5%,本年度没有管理人员离职。2023年年末,悦尚公司预计A公司截至2024年12月31日,2个会计年度平均净利润增长率将达到7%,预计未来1年将有2名管理人员离职。

每份现金股票增值权公允价值如下:2023年1月1日为9元/股;2023年12月31日为10元/股。

悦尚公司财务人员对于该项股份支付的会计处理观点如下:

观点1:2023年12月31日,悦尚公司对该项股份支付的会计处理如下:

2023年悦尚公司应确认的长期股权投资金额=(50−2)×1000×9×(1÷2)−0
=216 000(元)

借:长期股权投资　　　　　　　　　　　　　　　　　　　216 000
　　贷:应付职工薪酬　　　　　　　　　　　　　　　　　　　　216 000

观点2:2023年12月31日,A公司对该项股份支付的会计处理如下:

2023年A公司应确认的成本费用金额=(50−2)×1000×9×(1÷2)−0=216 000(元)

借:管理费用　　　　　　　　　　　　　　　　　　　　　216 000
　　贷:应付职工薪酬　　　　　　　　　　　　　　　　　　　　216 000

要求:若你是审计人员王艳,请根据上述资料,回答下列问题。

(1) 根据资料一,判断瑞天公司财务人员的观点1和观点2是否正确;若不正确,请给出正确的处理方式。

(2) 根据资料一,指导瑞天公司财务人员作出2023年12月31日与股份支付相关的会计处理。

(3) 根据资料二,判断东方公司财务人员的观点1和观点2是否正确;若不正确,请给出正确的处理方式。

(4) 根据资料二,帮助东方公司财务人员作出2021年12月31日、2022年12月31日和2023年12月31日与股份支付相关的正确会计处理。

(5) 根据资料三,判断悦尚公司和A公司的股份支付类型。

(6) 根据资料三,判断悦尚公司财务人员的观点1和观点2是否正确;若不正确,请给出正确的处理方式。

第三部分 参 考 答 案

一、单项选择题

1	2	3	4	5	6	7	8	9	10
A	B	B	D	D	C	B	D	A	C
11	12	13	14	15	16	17	18	19	20
A	B	A	C	C	B	C	A	A	D

难点解析：

1. 股份支付包括以现金结算的股份支付和以权益结算的股份支付。军蓬股份有限公司从市场回购本公司股票用于行权，最终支付的是从市场上回购的本公司的股票，没有现金或其他资产流出企业，属于以权益结算的股份支付，选项 A 正确。

2. 授予日是指股份支付协议获得批准的日期，其中，获得批准是指企业与职工或其他方就股份支付的协议条款和条件已达成一致。该协议获得股东大会或类似机构的批准，选项 B 正确。

3. 以现金结算的股份支付应当按照每个资产负债表日权益工具的公允价值重新计量，确认其后续的公允价值变动，公允价值变动计入公允价值变动损益，选项 B 正确。

4. 股份支付包括以现金结算的股份支付和以权益结算的股份支付。其中，以权益结算的股份支付是指企业为获取服务而以股份或其他权益工具作为对价进行结算的交易。以权益结算的股份支付最常用的工具有 2 类，即限制性股票和股票期权。以现金结算的股份支付是指企业为获取服务而承担的以股份或其他权益工具为基础计算的交付现金或其他资产的义务的交易。以现金结算的股份支付最常用的工具也有 2 类，即模拟股票和现金股票增值权。选项 ABC 均应当作为以权益结算的股份支付进行会计处理，选项 D 应当作为以现金结算的股份支付进行会计处理。

5. 企业应当按其他方服务在取得日公允价值计入相关资产成本或当期损益，同时确认资本公积(其他资本公积)，选项 D 错误。

6. 可行权条件包括服务期限条件和业绩条件，选项 A 错误。职工按股份支付协议需要在企业服务一定期限属于服务期限条件，选项 B 错误。企业税后利润达到某一水平可以行权属于业绩条件中的非市场条件，选项 D 错误。

7. 以现金结算的股份支付是指企业为获取服务承担以股份或其他权益工具为基础计算确定的交付现金或其他资产义务的交易，选项 ACD 错误，选项 B 正确。

8. 企业采用股票期权方式激励职工，属于权益结算股份支付，在等待期内每个资产负债表日，应当按照授予日股票期权的公允价值对取得职工提供的服务进行计量，选项 D 正确。

9. 对于授予后立即可行权的以现金结算的股份支付，在授予日应进行会计处理，计入成本费用，同时计入应付职工薪酬，选项 A 不正确。

10. 对于可行权条件为规定服务期间的股份支付，等待期为授予日至可行权日的期间，选项C不正确。

11. 股份支付是指企业为获取职工和其他方提供服务而授予权益工具或承担以权益工具为基础确定的负债的交易。按照股份支付的方式和工具类型,股份支付可以分为以权益结算的股份支付和以现金结算的股份支付。以权益结算的股份支付常用的工具包括限制性股票和股票期权,选项BD属于股份支付;以现金结算的股份支付常用的工具包括现金股票增值权和模拟股票,基于股价增长幅度支付奖励款属于现金股票增值权,选项C属于股份支付;基于累计净利润支付奖励款属于利润分享计划,应按照《企业会计准则第9号——职工薪酬》的相关规定进行处理,选项A不属于股份支付。

12. 结算企业是接受服务企业的非控股股东投资者的,结算企业应按照授予日权益工具公允价值或应承担负债的公允价值确认对接受服务企业的长期股权投资,同时确认资本公积(其他资本公积)或负债,选项B错误。

13. 若修改减少了所授予权益工具的公允价值,企业应当继续以权益工具在授予日的公允价值为基础确认取得服务的金额,而不应考虑权益工具公允价值的减少,选项A错误。

14. 本题属于集团内股份支付。对于甲公司而言,其没有结算义务,应作为以权益结算的股份支付;对于乙公司而言,授予甲公司职工的是自身权益工具,应作为以权益结算的股份支付。2023年年末,甲公司应确认的成本费用为1 000万元[20×100×3×(1÷3)×(6÷12)],甲公司的会计处理如下:

借:管理费用   10 000 000
　　贷:资本公积——其他资本公积   10 000 000

选项AB错误。甲公司回购本公司股票时应按实际支付的金额计入库存股,选项D错误。

15. 甲公司向其高管人员授予现金股票增值权,属于以现金结算的股份支付。对于以现金结算的股份支付,应以每个资产负债表日权益工具的公允价值为基础确认成本费用。因此,甲公司在2022年确定与股份支付相关的费用时,应采用2022年12月31日权益工具的公允价值(16元/股)为基础进行计算,选项C正确。

16. 2023年12月31日,甲公司累计确认的"资本公积——其他资本公积"账户的金额为150 000元[200×15×100×(1−25%)×(2÷3)],选项B正确。

17. 东方股份有限公司2022年应确认的管理费用和应付职工薪酬金额为26 250元[100×(50−10−5)×15×(1÷2)],2023年应支付的现金为32 000元(20×16×100),2023年应付职工薪酬余额为25 600元[100×(50−10−4−20)×16×(2÷2)],2023年应确认的当期管理费用为31 350元(32 000+25 600−26 250),选项C正确。

18. 对于以现金结算的股份支付,企业在可行权日之后不再确认成本费用,负债(应付职工薪酬)公允价值的变动应当计入当期损益(公允价值变动损益)。本题中2022年年末等待期已经结束,故甲公司2023年12月31日应确认的管理费用为0,选项A正确。

19. 甲公司因该股份支付协议在2023年应确认的"资本公积——其他资本公积"账户的金额为225万元[(50−5)×15×(1÷3)],选项A正确。

20. 企业回购股份时,应按回购股份的全部支出作为库存股处理,同时进行备查登记,选项A正确。回购股份时,借记"库存股"账户,贷记"银行存款"账户,因"库存股"账户在借方,所有者权益总额减少,选项B正确。注销回购库存股时,借记"股本""资本公积——股本溢价"等账户,贷记"库存股"账户,持有权益总额不变,选项 C 正确。企业以回购股份形式奖励本企业职工的,属于以权益结算的股份支付,选项 D 错误。

二、多项选择题

1	2	3	4	5	6	7	8	9	10
ABC	CD	ABD	AD	ABD	AB	ABCD	ABC	ABCD	CD
11	12	13	14	15					
ABD	BC	ACD	AC	ABC					

难点解析:

1. 对于换取职工服务的股份支付,企业应当以股份支付所授予的权益工具的公允价值计量,选项 D 正确,选项 A 错误。在等待期内的每个资产负债表日,应当按照权益工具在授予日(而非资产负债表日)的公允价值,将当期取得的服务计入相关资产成本或当期费用,同时确认资本公积(其他资本公积),选项 B 错误。以权益结算的股份支付,在授予日是否进行会计处理,需要考虑是否属于立即可行权,若属于立即可行权,则在授予日需要进行会计处理;反之,无须进行会计处理,选项 C 错误。

2. 股份支付中通常涉及可行权条件,可行权条件包括服务期限条件和业绩条件,业绩条件具体又包括市场条件和非市场条件。市场条件和非可行权条件是否得到满足,不影响企业对预计可行权情况的估计,选项 AB 错误。而非市场条件和服务期限条件是否得到满足,会影响企业对预计可行权情况的估计,选项 CD 正确。

3. 以权益结算的股份支付,在等待期内按授予日权益工具的公允价值计量,可行权日之后不再对已确认的成本费用和所有者权益总额进行调整,选项 A 正确。除立即可行权的股份支付外,无论是以现金结算的股份支付,还是以权益结算的股份支付,在授予日均无须处理,选项 B 正确。附市场条件的股份支付,只要满足非市场条件,企业就应当确认相关成本费用,选项 C 错误。业绩条件为非市场条件的,后续信息需要调整对可行权情况估计的,应对前期估计进行修改,选项 D 正确。

4. 企业回购股份时,应按公允价值借记"库存股"账户,贷记"银行存款"等账户,选项 A 正确。以权益结算的股份支付是指企业为获取服务而以股份或其他权益工具作为对价进行结算的交易,企业以回购库存股的方式奖励本企业职工属于以权益结算的股份支付,选项 B 错误。企业应在等待期内按授予日权益工具的公允价值将取得职工的服务计入成本费用,同时增加资本公积,选项 C 错误。通过回购股份方式进行股票期权激励的,在行权时企业应编制的会计分录为:

借:银行存款(实际收到的价款)
　　资本公积——其他资本公积(等待期内累计确认的资本公积)
　贷:库存股
　　　资本公积——股本溢价(差额)

选项 D 正确。

5. 股份支付包括以现金结算的股份支付和以权益结算的股份支付。其中,以权益结算的股份支付是指企业为获取服务而以股份或其他权益工具作为对价进行结算的交易。以权益结算的股份支付最常用的工具有2类,即限制性股票和股票期权。以现金结算的股份支付是指企业为获取服务而承担的以股份或其他权益工具为基础计算的交付现金或其他资产的义务的交易。以现金结算的股份支付最常用的工具也有2类,即模拟股票和现金股票增值权。选项ABD属于以权益结算的股份支付,选项C属于以现金结算的股份支付。

6. 可行权条件为市场条件,对于以权益结算的股份支付,如果全部或部分权益工具未被行权而失效或作废,应在行权有效期截止日将其从资本公积(其他资本公积)转入资本公积(股本溢价),不冲减成本费用,选项C错误。对于以现金结算的股份支付,企业在可行权日之后不再确认成本费用,负债(应付职工薪酬)公允价值的变动应计入当期损益(公允价值变动损益),选项D错误。

7. 以权益结算的股份支付,等待期内确认成本费用时按授予日权益工具的公允价值为基础计量,确认成本费用的同时计入资本公积(其他资本公积),选项AC正确。以现金结算的股份支付,等待期内确认成本费用时按等待期内每个资产负债表日权益工具的公允价值为基础计量,确认成本费用的同时计入应付职工薪酬,选项BD正确。

8. 对于以权益结算的股份支付,可行权日之后的资产负债表日不再需要确认权益工具的预计行权数量的变动;对于以现金结算的股份支付,可行权日之后需要确认负债公允价值的变动,其预计行权数量会影响负债公允价值变动的总额,因此需要确认预计行权数量的变动,选项D错误。

10. 丙公司按上年净利润的3%分配给在职员工属于利润分享计划,甲公司以其生产的产品分配给员工属于非货币性福利,选项AB应按照《企业会计准则第9号——职工薪酬》进行会计处理。

11. 乙公司作为母公司,授予子公司(甲公司)高管2 000万股甲公司的普通股,应作为以现金结算的股份支付进行会计处理,选项A正确。甲公司作为子公司,不具有结算义务,应作为以权益结算的股份支付进行会计处理,以授予日权益工具的公允价值为基础确认管理费用和资本公积,选项B正确。由于可行权条件为服务期限条件,等待期为3年,甲公司应在3年内每个资产负债表日分期确认股权激励费用,选项C错误。激励对象在甲公司提供服务,甲公司应确认股权激励费用和资本公积,乙公司应确认长期股权投资和应付职工薪酬,选项D正确。

12. 甲公司向乙公司高管人员实施股权激励计划,属于集团内股份支付。其中,甲公司为母公司,授予乙公司员工的股份支付,应确认对乙公司的长期股权投资。甲公司支付的股票为乙公司的股票,即不以自身权益工具进行结算,因此甲公司应按照以现金结算的股份支付进行处理,2023年应确认的负债为27万元$[(20-2)×2×6×(1÷4)×(6÷12)]$,其会计分录为:

借:长期股权投资　　　　　　　　　　　　　　　　　　　　　　270 000
　　贷:应付职工薪酬　　　　　　　　　　　　　　　　　　　　　　270 000

乙公司作为接受服务企业,没有结算义务,应按照以权益结算的股份支付进行会计处理,2023年应确认的成本费用为18万元$[(20-2)×2×4×(1÷4)×(6÷12)]$,其会计分录为:

借:管理费用　　　　　　　　　　　　　　　　　　　　　　　　180 000
　　贷:资本公积——其他资本公积　　　　　　　　　　　　　　　　180 000

因此,选项 AD 错误,选项 BC 正确。

13. 选项 B,属于市场条件。

14. 丙公司与客户的日常销售价格公允,客户在日常业务中未向丙公司提供额外的服务,且客户入股属于自主市场商业行为、入股价格公允,则选项 A 不属于股份支付。不涉及职工或其他方提供额外服务,选项 C 不属于股份支付。

15. 企业授予职工期权等衍生工具或其他权益工具,对职工进行激励或补偿,以换取职工提供的服务,实质上属于职工薪酬的组成部分,选项 D 错误。

三、判断题

1	2	3	4	5	6	7	8	9	10
×	√	×	×	×	×	√	√	√	×
11	12	13	14	15	16	17	18	19	20
×	×	√	√	√	×	×	×	√	√

难点解析:

1. 可行权日是指可行权条件得到满足,职工或其他方具有从企业取得权益工具或现金权利的日期。行权日是指职工和其他方行使权利、获取现金或权益工具的日期。

3. 可行权条件包括服务期限条件和业绩条件,业绩条件又分为市场条件和非市场条件。

4. 企业在确定权益工具在授予日的公允价值时,应考虑市场条件的影响,不考虑非市场条件的影响;市场条件是否得到满足,不影响企业对预计可行权情况的估计,但非市场条件是否得到满足,则会影响企业对预计可行权情况的估计。

5. 以权益结算的股份支付是指企业为获取服务而以股份或其他权益工具作为对价进行结算的交易。企业以回购股份形式奖励本企业职工,最终授予职工的是股票,因此属于以权益结算的股份支付。

6. 附市场条件的股份支付,只要满足非市场条件,企业就应当确认相关成本费用。

10. 以权益结算的股份支付,在可行权日之后不再对已确认的成本或费用和所有者权益总额进行调整。

11. 以现金结算的股份支付,应在可行权日之后根据股权公允价值的变动调整应付职工薪酬,同时计入公允价值变动损益,但不能调整已确认的成本费用。

12. 以权益结算的股份支付是指企业为获取服务而以股份或其他权益工具作为对价进行结算的交易,以权益结算的股份支付最常用的工具有 2 类,即限制性股票和股票期权。以现金结算的股份支付是指企业为获取服务而承担的以股份或其他权益工具为基础计算的交付现金或其他资产的义务的交易。以现金结算的股份支付最常用的工具也有 2 类:模拟股票和现金股票增值权。以预期股价相对于基准日的上涨幅度为基础支付奖励款的计划属于现金股票增值权,属于现金结算的股份支付。

14. 非市场条件和服务期限条件影响企业对股份支付预计可行权情况的估计。但市场条件和非可行权条件是否得到满足,不影响企业对预计可行权情况的估计。

16. 除立即可行权的股份支付外,无论是以现金结算的股份支付,还是以权益结算的股份支付,在授予日均不作处理。

17. 股份支付是企业与职工或其他方之间发生的交易,向投资者发放股票股利属于利润分配,不属于股份支付。

18. 企业按照不利于职工的方式修改条款和条件,如修改减少了授予的权益工具的公允价值,企业应当继续以权益工具在授予日的公允价值为基础,确认取得服务的金额,而不应考虑权益工具公允价值的减少。

19. 接受服务企业没有结算义务或授予本企业职工的是其本身权益工具的,应当将该股份支付交易作为以权益结算的股份支付处理。本题中,接受服务企业没有结算义务,应作为权益结算的股份支付。

20. 结算企业以其本身权益工具结算的,应当将该股份支付交易作为以权益结算的股份支付处理;除此之外,应当作为以现金结算的股份支付处理。本题中,结算企业以其自身权益工具结算,应作为以权益结算的股份支付。

四、实务题

1. (1) 2019 年相关会计处理。

    2019 年 1 月 1 日与该项股份支付相关的"应付职工薪酬"账户余额 = 0

    2019 年 12 月 31 日与该项股份支付相关的"应付职工薪酬"账户期末余额
    $= 1\,500 \times (100 - 10 - 12) \times 26 \times (1 \div 3)$
    $= 1\,014\,000 (元)$

    2019 年因行权导致的与该项股份支付相关的"应付职工薪酬"账户借方发生额 = 0

    2019 年与该项股份支付相关的"应付职工薪酬"账户发生额
    $= 1\,014\,000 + 0 - 0$
    $= 1\,014\,000 (元)$

    借:管理费用   1 014 000
        贷:应付职工薪酬   1 014 000

    (2) 2020 年相关会计处理。

    2020 年 1 月 1 日与该项股份支付相关的"应付职工薪酬"账户余额 = 1 014 000(元)

    2020 年 12 月 31 日与该项股份支付相关的"应付职工薪酬"账户期末余额
    $= 1\,500 \times (100 - 10 - 10 - 5) \times 28 \times (2 \div 3)$
    $= 2\,100\,000 (元)$

    2020 年因行权导致的与该项股份支付相关的"应付职工薪酬"账户借方发生额 = 0

    2020 年与该项股份支付相关的"应付职工薪酬"账户发生额
    $= 2\,100\,000 + 0 - 1\,014\,000$
    $= 1\,086\,000 (元)$

    借:管理费用   1 086 000
        贷:应付职工薪酬   1 086 000

    (3) 2021 年相关会计处理。

2021年1月1日与该项股份支付相关的"应付职工薪酬"账户余额＝2 100 000(元)

2021年12月31日与该项股份支付相关的"应付职工薪酬"账户期末余额
＝1 500×(100－10－10－8－40)×34×(3÷3)
＝1 632 000(元)

2021年因行权导致的与该项股份支付相关的"应付职工薪酬"账户借方发生额
＝40×1 500×30
＝1 800 000(元)

2021年与该项股份支付相关的"应付职工薪酬"账户发生额
＝1 632 000＋1 800 000－2 100 000
＝1 332 000(元)

借：管理费用　　　　　　　　　　　　　　　　　　　　　　　1 332 000
　　贷：应付职工薪酬　　　　　　　　　　　　　　　　　　　　　　1 332 000
借：应付职工薪酬　　　　　　　　　　　　　　　　　　　　　　1 800 000
　　贷：银行存款　　　　　　　　　　　　　　　　　　　　　　　　1 800 000

(4) 2022年相关会计处理。

2022年1月1日与该项股份支付相关的"应付职工薪酬"账户余额＝1 632 000(元)

2022年12月31日与该项股份支付相关的"应付职工薪酬"账户期末余额
＝1 500×(100－10－10－8－40－20)×40
＝720 000(元)

2022年因行权导致的与该项股份支付相关的"应付职工薪酬"账户借方发生额
＝20×1 500×38
＝1 140 000(元)

2022年与该项股份支付相关的"应付职工薪酬"账户发生额
＝720 000＋1 140 000－1 632 000
＝228 000(元)

借：公允价值变动损益　　　　　　　　　　　　　　　　　　　　228 000
　　贷：应付职工薪酬　　　　　　　　　　　　　　　　　　　　　　　228 000
借：应付职工薪酬　　　　　　　　　　　　　　　　　　　　　　1 140 000
　　贷：银行存款　　　　　　　　　　　　　　　　　　　　　　　　1 140 000

(5) 2023年相关会计处理。

2023年1月1日与该项股份支付相关的"应付职工薪酬"账户余额＝720 000(元)

2023年12月31日与该项股份支付相关的"应付职工薪酬"账户期末余额＝0

2023年因行权导致的与该项股份支付相关的"应付职工薪酬"账户借方发生额
＝12×1 500×48
＝864 000(元)

2023年与该项股份支付相关的"应付职工薪酬"账户发生额
＝0＋864 000－720 000
＝144 000(元)

借：公允价值变动损益　　　　　　　　　　　　　　　　　　　　　144 000
　　贷：应付职工薪酬　　　　　　　　　　　　　　　　　　　　　　　　144 000

借：应付职工薪酬　　　　　　　　　　　　　　　　　　　　　　　　864 000
　　贷：银行存款　　　　　　　　　　　　　　　　　　　　　　　　　　864 000

2.（1）2021年相关会计处理。

　　　2021年年末累计应确认的成本费用金额＝150×(1－20％)×200×18×(1÷3)
　　　　　　　　　　　　　　　　　　　　　＝144 000(元)

　　　2021年以前累计已确认的成本费用金额＝0

　　　2021年应确认的成本费用金额＝144 000－0＝144 000(元)

借：管理费用　　　　　　　　　　　　　　　　　　　　　　　　　144 000
　　贷：资本公积——其他资本公积　　　　　　　　　　　　　　　　　　144 000

（2）2022年相关会计处理。

　　　2022年年末累计应确认的成本费用金额＝150×(1－30％)×200×18×(2÷3)
　　　　　　　　　　　　　　　　　　　　　＝252 000(元)

　　　2022年以前累计已确认的成本费用金额＝144 000(元)

　　　2022年应确认的成本费用金额＝252 000－144 000＝108 000(元)

借：管理费用　　　　　　　　　　　　　　　　　　　　　　　　　108 000
　　贷：资本公积——其他资本公积　　　　　　　　　　　　　　　　　　108 000

（3）2023年相关会计处理。

　　　2023年年末累计应确认的成本费用金额＝(150－15－20－10)×200×18×(3÷3)
　　　　　　　　　　　　　　　　　　　　　＝378 000(元)

　　　2023年以前累计已确认的成本费用金额＝144 000＋108 000＝252 000(元)

　　　2023年应确认的成本费用金额＝378 000－252 000＝126 000(元)

借：管理费用　　　　　　　　　　　　　　　　　　　　　　　　　126 000
　　贷：资本公积——其他资本公积　　　　　　　　　　　　　　　　　　126 000

（4）2023年12月31日，职工行权会计处理。

借：资本公积——其他资本公积　　　　　　　　　　　　　　　　　378 000
　　银行存款(10×200×105)　　　　　　　　　　　　　　　　　　210 000
　　贷：股本　　　　　　　　　　　　　　　　　　　　　　　　　　　　 21 000
　　　　资本公积——股本溢价　　　　　　　　　　　　　　　　　　　　567 000

3.（1）授予日：2021年1月2日。

理由：甲公司与高管人员在2021年1月2日签订了股份激励协议并经股东大会批准。

（2）种类：以权益结算的股份支付。

含义：以权益结算的股份支付是指企业为获得服务而以股份或其他权益工具作为对价进行结算的交易。

(3) 2021—2023年韩泰公司确认成本费用相关计算及会计处理。

2021年年末累计应确认的成本费用金额＝50×120 000×5×(1÷2)＝15 000 000(元)

2021年以前累计已确认的成本费用金额＝0

2021年应确认的成本费用金额＝15 000 000－0＝15 000 000(元)

借：管理费用　　　　　　　　　　　　　　　　　　　　　15 000 000
　　贷：资本公积——其他资本公积　　　　　　　　　　　　　　　15 000 000

2022年年末累计应确认的成本费用金额＝(50－1)×120 000×5×(2÷3)＝19 600 000(元)

2022年以前累计已确认的成本费用金额＝15 000 000(元)

2022年应确认的成本费用金额＝19 600 000－15 000 000＝4 600 000(元)

借：管理费用　　　　　　　　　　　　　　　　　　　　　4 600 000
　　贷：资本公积——其他资本公积　　　　　　　　　　　　　　　4 600 000

2023年年末累计应确认的成本费用金额＝(50－1－1)×120 000×5×(3÷3)＝28 800 000(元)

2022年以前累计已确认的成本费用金额＝15 000 000＋4 600 00＝19 600 000(元)

2022年应确认的成本费用金额＝28 800 00－19 600 000＝9 200 000(元)

借：管理费用　　　　　　　　　　　　　　　　　　　　　9 200 000
　　贷：资本公积——其他资本公积　　　　　　　　　　　　　　　9 200 000

(4) 2024年3月10日，与高管人员行权相关的会计分录。

借：银行存款(48×120 000×2)　　　　　　　　　　　　　11 520 000
　　资本公积——其他资本公积　　　　　　　　　　　　　28 800 000
　　贷：股本(48×120 000×1)　　　　　　　　　　　　　　　5 760 000
　　　　资本公积——股本溢价　　　　　　　　　　　　　　　　34 560 000

五、资料题

1.(1)深圳市汇川技术股份有限公司实施的股权激励计划属于以权益结算的股份支付。其股权激励股票可以来源于公司定向增发新股、回购股份、原有股东股份转让、留存股份。

(2)上市公司实施股权激励计划的意义如下：

一是激发员工动力，焕发企业活力。股权激励计划可以避免企业老员工躺在功劳簿上坐享分红而不拼搏，保证了只有长期的"奋斗者"才能持股获得收益。

二是股权稀释，财富增长。在现今的互联网创业企业中，股东百分百持有股权，想把事情做成的概率近乎为0，通过股权激励计划稀释股权，有利于实现财富增长。

三是战略实现，业绩增长。通过股权激励，将战略目标的实现和员工利益紧密关联，能最大程度激发员工的积极性和创造性，释放骨干团队的潜力，从而推动企业整体战略的实现。

四是留住人才，吸引人才。一方面，可以让员工分享企业成长所带来的收益，增强员工的归属感和认同感，激发员工的积极性和创造性；另一方面，当员工离开企业或有不利于企业的行为时，将会失去这部分收益，这就提高了员工离开公司或"犯错误"的成本。

五是"股权激励"是"薪酬绩效"的有力补充。"薪酬绩效"与"股权激励"带来的安全感不同：薪酬绩效使职业经理人更多的还是打工心态；股权激励是"有恒产者有恒心"，可以让职业经理人从"打工"心态转变为"主人翁"心态。

2.（1）瑞天公司财务人员的观点1不正确。

瑞天公司授予管理人员股票期权，属于以权益结算的股份支付，等待期内应按授予日权益工具的公允价值（12元/股）为基础确认成本费用。

瑞天公司财务人员的观点2不正确。

确认2022年的成本费用时，应以授予日权益工具公允价值（12元/股）为基础进行计算；以权益结算的股份支付，等待期内的每个资产负债表日，在确认成本费用的同时应记入"资本公积——其他资本公积"账户。

2022年应确认的成本费用金额＝50×（1－2％）×10 000×12×（1÷4）＝1 470 000（元）

借：管理费用　　　　　　　　　　　　　　　　　　　　　　　　　　1 470 000
　　贷：资本公积——其他资本公积　　　　　　　　　　　　　　　　　1 470 000

（2）瑞天公司将服务期限由4年变更为3年，缩短了等待期，属于按照有利于职工的方式修改可行权条件，在进行会计处理时，应考虑修改后的可行权条件。

瑞天公司应于2023年12月31日确认的管理费用金额＝50×10 000×12×（2÷3）－1 470 000
　　　　　　　　　　　　　　　　　　　　　　　　　　　　　　　　　＝2 530 000（元）

借：管理费用　　　　　　　　　　　　　　　　　　　　　　　　　　2 530 000
　　贷：资本公积——其他资本公积　　　　　　　　　　　　　　　　　2 530 000

（3）东方公司财务人员的观点1正确。

东方公司财务人员的观点2不正确。

以现金结算的股份支付在可行权日后，在确认股权公允价值变动产生的影响时，调整应付职工薪酬的同时计入公允价值变动损益，不再对已确认的成本费用进行调整。

（4）2021年12月31日，东方公司与股份支付相关的会计处理：

2021年1月1日与该项股份支付相关的"应付职工薪酬"账户余额＝0

2021年12月31日与该项股份支付相关的"应付职工薪酬"账户期末余额
＝1 000×（100－8－6）×15×（1÷2）
＝645 000（元）

2021年因行权导致的与该项股份支付相关的"应付职工薪酬"账户借方发生额＝0

2021年与该项股份支付相关的"应付职工薪酬"账户发生额＝645 000＋0－0＝645 000（元）

借：管理费用　　　　　　　　　　　　　　　　　　　　　　　　　　　645 000
　　贷：应付职工薪酬　　　　　　　　　　　　　　　　　　　　　　　　645 000

2022年12月31日，东方公司与股份支付相关的会计处理：

2022年1月1日与该项股份支付相关的"应付职工薪酬"账户余额＝645 000（元）

2022年12月31日与该项股份支付相关的"应付职工薪酬"账户期末余额
＝1 000×（100－8－5－40）×16×（2÷2）
＝752 000（元）

2022年因行权导致的与该项股份支付相关的"应付职工薪酬"账户借方发生额＝40×1 000×14
　　　　　　　　　　　　　　　　　　　　　　　　　　　　　　　　　　＝560 000（元）

2022年与该项股份支付相关的"应付职工薪酬"账户发生额＝752 000＋560 000－645 000
　　　　　　　　　　　　　　　　　　　　　　　　　　　　＝667 000（元）

借：管理费用 667 000
　　贷：应付职工薪酬 667 000

2023年12月31日，东方公司与股份支付相关的会计处理：

2023年1月1日与该项股份支付相关的"应付职工薪酬"账户余额＝752 000(元)

2023年12月31日与该项股份支付相关的"应付职工薪酬"账户期末余额＝0

2023年因行权导致的与该项股份支付相关的"应付职工薪酬"账户借方发生额＝47×1 000×15
＝705 000(元)

2023年与该项股份支付相关的"应付职工薪酬"账户发生额＝0＋705 000－752 000
＝－47 000(元)

借：应付职工薪酬 47 000
　　贷：公允价值变动损益 47 000

(5) 该项股份支付为集团内股份支付。其中，悦尚公司为结算企业，且不以自身权益工具进行结算，因此悦尚公司应将其作为以现金结算的股份支付；A公司为接受服务企业，且没有结算义务，因此A公司应将其作为以权益结算的股份支付。

(6) 悦尚公司财务人员的观点1不正确。

悦尚公司应作为现金结算的股份支付，2023年确认长期股权投资时应采用2023年12月31日权益工具的公允价值为基础进行计算。

2023年悦尚公司应确认的长期股权投资金额＝(50－2)×1 000×10×(1÷2)－0
＝240 000(元)

借：长期股权投资 240 000
　　贷：应付职工薪酬 240 000

悦尚公司财务人员的观点2不正确。

A公司应作为以权益结算的股份支付，在确认成本费用的同时，记入"资本公积——其他资本公积"账户。

借：管理费用 216 000
　　贷：资本公积——其他资本公积 216 000

第三章 租 赁

第一部分 内容概要

一、租赁概述

(一) 租赁的概念

租赁是指在一定期间内,出租人将资产的使用权让与承租人以获取对价的合同。如果合同一方让渡了在一定期间内控制一项或多项已识别资产使用的权利以换取对价,则该合同为租赁或包含租赁。在合同开始日,企业应当评估合同是否为租赁或包含租赁。

一项合同被分类为租赁,必须要满足三要素:①存在一定期间。在合同中,"一定期间"可以表述为已识别资产的使用量,如某项设备的产出量。②存在已识别资产。③资产供应方向客户转移对已识别资产使用权的控制。

(二) 租赁的识别

1. 已识别资产

(1) 对资产的指定。已识别资产可以由合同明确指定,也可以在资产可供客户使用时隐性指定。

(2) 物理可区分。如果资产的部分产能在物理上可区分(如建筑物的一层),则该部分产能属于已识别资产。如果资产的某部分产能与其他部分在物理上不可区分(如光缆的部分容量),则该部分不属于已识别资产,除非其实质上代表该资产的全部产能,使客户获得因使用该资产所产生的几乎全部经济利益的权利。

(3) 实质性替换权。即使合同已对资产进行指定,如果资产供应方在整个使用期间拥有对该资产的实质性替换权,则该资产不属于已识别资产。

同时符合下列条件时,表明资产供应方拥有资产的实质性替换权:①资产供应方拥有在整个使用期间替换资产的实际能力。例如,客户无法阻止供应方替换资产,且用于替换的资产对于资产供应方而言易于获得或可以在合理期间内取得。②资产供应方通过行使替换资产的权利获得经济利益。即替换资产的预期经济利益将超过替换资产所需成本。

2. 客户是否控制已识别资产使用权的判断

为确定合同是否让渡了在一定期间内控制已识别资产使用的权利,企业应当评估合同中的客户是否有权获得在使用期间因使用已识别资产所产生的几乎全部经济利益,并有权在使用期间主导已识别资产的使用。

(1) 客户是否有权获得因使用资产所产生的几乎全部经济利益。在评估客户是否有权获得因使用已识别资产所产生的几乎全部经济利益时,企业应当在约定的客户权利范围内考虑其所产生的经济利益。

(2) 客户是否有权主导资产的使用。存在下列情形之一的,可视为客户有权主导对已识别资产在整个使用期间的使用:①客户有权在整个使用期间主导已识别资产的使用目的和使用方式。②已识别资产的使用目的和使用方式在使用期间前已预先确定,并且客户有权在整个使用期间自行或主导他人按照其确定的方式运营该资产,或者客户设计了已识别资产(或资产的特定方面)并在设计时已预先确定了该资产在整个使用期间的使用目的和使用方式。

综上,合同开始日,评估合同是否为租赁合同或是否包含租赁的流程,如图3-1所示。

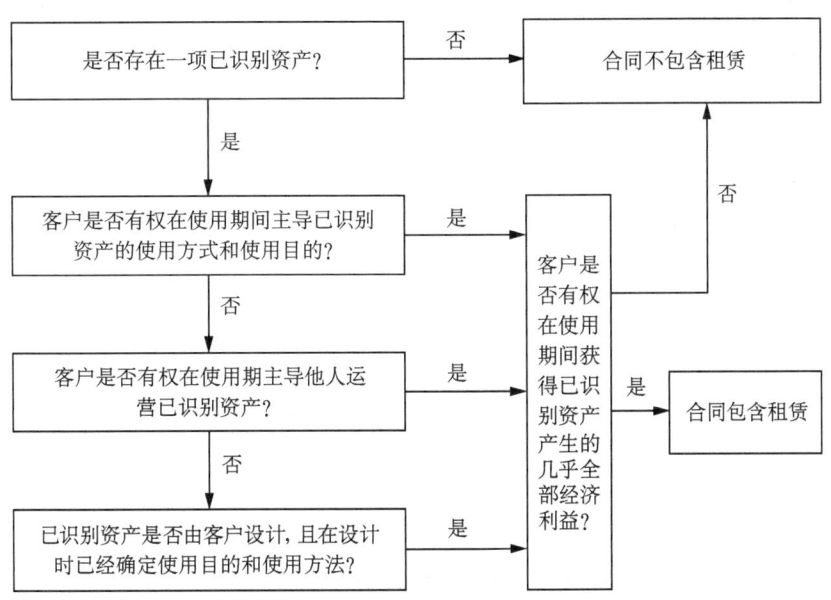

图3-1 评估合同是否为租赁合同或是否包含租赁的流程

(三) 租赁的分拆

当合同中同时包含多项单独租赁的,承租人和出租人应当将合同予以分拆,并分别各项单独租赁进行会计处理。合同中同时包含租赁和非租赁部分的,承租人和出租人应当将租赁和非租赁部分分拆,适用简化处理除外(全部作为租赁)。

(四) 租赁的合并

企业与同一交易方或其关联方在同一时间或相近时间订立的两份或多份包含租赁的合同,在满足下列条件之一时,应当合并为一份合同进行会计处理。

(1) 这两份或多份合同基于总体商业目的而订立并构成"一揽子"交易,若不作为整体考虑则无法理解其总体商业目的。

(2) 这两份或多份合同中的某份合同的对价金额取决于其他合同的定价或履行情况。

(3) 这两份或多份合同让渡的资产使用权合起来构成一项单独租赁。

两份或多份合同合并为一份合同进行会计处理的,仍然需要区分该一份合同中的租赁部分和非租赁部分。

（五）租赁期

1. 租赁期的基本规定

租赁期是指承租人有权使用租赁资产且不可撤销的期间。

承租人有续租选择权，且合理确定将行使该选择权的，租赁期还应当包含续租选择权涵盖的期间；承租人有终止租赁选择权，但合理确定将不会行使该选择权的，租赁期应当包含终止租赁选择权涵盖的期间。

2. 租赁期的特殊规定

发生承租人可控范围内的重大事件或变化，且影响承租人是否合理确定行使相应选择权的，承租人应当对其是否合理确定行使续租选择权、购买选择权或不行使终止租赁选择权进行重新评估，并根据重新评估结果修改租赁期。

二、承租人的会计处理

（一）初始计量

承租人应当对租赁确认使用权资产和租赁负债，应用短期租赁和低价值资产租赁简化处理的除外。

借：使用权资产
　　租赁负债——未确认融资费用
　贷：租赁负债——租赁付款额
　　　银行存款等（预付租金，支付的初始直接费用等）
　　　预计负债（拆除及复原支出）

其中，租赁负债和使用权资产的计量内容如表 3-1 所示。

表 3-1　　　　　　　　租赁负债和使用权资产的计量内容

项目	租赁负债	使用权资产
固定付款额及实质固定付款额	√	
取决于指数或比率的可变租赁付款额	√	
购买选择权的行权价格	√	√
行使终止租赁选择权需支付的款项	√	
承租人提供担保余值预计应支付的款项	√	
在租赁期开始日或之前支付的租赁付款额，存在租赁激励的，应扣除已享受的租赁激励相关金额	×	√
承租人发生的初始直接费用	×	√
承租人为拆卸及移除租赁资产、复原租赁资产所在场地或将租赁资产恢复至租赁条款约定状态预计将发生的成本	×	√

（二）后续计量

使用权资产和租赁负债的后续计量如表 3-2 所示。

表 3-2　　　　　　　　　　使用权资产和租赁负债的后续计量

会计账户	计量原则和会计处理
使用权资产	(1) 承租人应当采用成本模式对使用权资产进行后续计量。 　　借：管理费用、制造费用等 　　　　贷：使用权资产累计折旧 (2) 发生减值时。 　　借：资产减值损失 　　　　贷：使用权资产减值准备 　　使用权资产减值准备一经计提，不得转回。 (3) 行使购买选择权时。 　　借：固定资产 　　　　使用权资产累计折旧 　　　　租赁负债——租赁付款额 　　　　贷：使用权资产 　　　　　　租赁负债——未确认融资费用 　　　　　　银行存款等
租赁负债	(1) 确认租赁负债的利息时，增加租赁负债的账面金额。 　　借：财务费用等 　　　　贷：租赁负债——未确认融资费用 (2) 支付租赁付款额时，减少租赁负债的账面金额。 　　借：租赁负债——租赁付款额 　　　　贷：银行存款等 (3) 并非取决于指数或比率的可变租赁付款额，应当在实际发生时计入当期损益。但按规定应计入存货成本的，从其规定。 　　借：销售费用等 　　　　贷：银行存款等

当实质固定付款额发生变动、担保余值预计的应付金额发生变动、用于确定租赁付款额的指数或比率发生变动和购买选择权、续租选择权或终止租赁选择权的评估结果或实际行使情况发生变化时，应重新计量租赁负债。

(三) 短期租赁、低价值资产租赁的会计处理

对于短期租赁和低价值资产租赁，承租人可以选择不确认使用权资产和租赁负债。

1. 短期租赁

短期租赁是指在租赁期开始日，租赁期不超过 12 个月的租赁，包含购买选择权的租赁不属于短期租赁。

按照简化会计处理的短期租赁发生的租赁变更或其他原因导致租赁期发生的变化的，承租人应将其视为一项新租赁，重新按照上述原则判断该项新租赁是否可以选择简化会计处理。

2. 低价值资产租赁

低价值资产租赁是指单项租赁资产为全新资产时价值较低（40 000 元以下）的租赁。承租人在判断某项租赁是否是低价值资产租赁时，应基于租赁资产的全新状态下的价值进行评估，不应考虑资产已被使用的年限。

如果承租人已经或预期要把相关资产进行转租赁，则不能将原租赁按照低价值资产租赁进行简化会计处理。

低价值资产同时还应满足只有承租人能够从单独使用该低价值资产或将其与承租人易于获得的其他资源一起使用中获利，且该项资产与其他租赁资产没有高度依赖或高度关联关系时，才能对该资产租赁选择进行简化会计处理。

三、出租人的会计处理

出租人应当在租赁开始日将租赁分为融资租赁和经营租赁。一项租赁属于融资租赁还是经营租赁取决于交易的实质，而不是合同的形式。如果一项租赁实质上转移了与租赁资产所有权有关的几乎全部风险和报酬，出租人应当将该项租赁分类为融资租赁。出租人应当将除融资租赁以外的其他租赁分类为经营租赁。

（一）融资租赁的分类标准

一项租赁存在下列一种或多种情形的，通常分类为融资租赁：

（1）在租赁期届满时，租赁资产的所有权转移给承租人。

（2）承租人有购买租赁资产的选择权，所订立的购买价款预计将远低于行使选择权时租赁资产的公允价值，因而在租赁开始日就可以合理确定承租人将行使该选择权。

（3）资产的所有权虽然不转移，但租赁期占租赁资产使用寿命的大部分。实务中，这里的"大部分"一般指租赁期占租赁开始日租赁资产使用寿命的75%以上（含75%）。

（4）在租赁开始日，租赁收款额的现值几乎相当于租赁资产的公允价值。实务中，这里的"几乎相当于"，通常掌握在90%以上。

（5）租赁资产性质特殊，如果不进行较大改造，只有承租人才能使用。

一项租赁存在下列一项或多项迹象的，也可能分类为融资租赁：

（1）若承租人撤销租赁，撤销租赁对出租人造成的损失由承租人承担。

（2）资产余值的公允价值波动所产生的利得或损失归属于承租人。

（3）承租人有能力以远低于市场水平的租金继续租赁至下一期间。

（二）融资租赁的会计处理

1. 初始计量

在租赁期开始日，出租人应对融资租赁确认应收融资租赁款，并终止确认融资租赁资产。

借：应收融资租赁款——租赁收款额
　　贷：银行存款（初始直接费用）
　　　　融资租赁资产（账面价值）
　　　　应收融资租赁款——未实现融资收益
　　　　资产处置损益（融资租赁资产账面价值与公允价值的差额，或借方）

其中，租赁收款额包括以下5个部分：①承租人需支付的固定付款额及实质固定付款额。②取决于指数或比率的可变租赁付款额。③购买选择权的行权价格，前提是合理确定承租人将行使该选择权。④承租人行使终止租赁选择权需支付的款项，前提是租赁期反映出承租人将行使终止租赁选择权。⑤由承租人、与承租人有关的一方及有经济能力履行担保义务的独立第三方向出租人提供的担保余值。

2. 后续计量

(1) 出租人应当按照固定的周期性利率计算并确认租赁期内各个期间的利息收入。

借：银行存款
　　贷：应收融资租赁款——租赁收款额

借：应收融资租赁款——未实现融资收益
　　贷：租赁收入

(2) 出租人取得的未纳入租赁投资净额计量的可变租赁付款额，如与资产的未来绩效或使用情况挂钩的可变租赁付款额，应当在实际发生时计入当期损益。

借：银行存款
　　贷：租赁收入

(三) 经营租赁的会计处理

1. 租金的处理

在租赁期内各个期间，出租人应采用直线法或其他系统合理的方法将经营租赁的租赁收款额确认为租金收入。

2. 对经营租赁的激励措施

出租人提供免租期的，出租人应将租金总额在不扣除免租期的整个租赁期间内，按直线法或其他合理的方法进行分配，免租期内应确认租金收入。出租人承担了承租人某些费用的，出租人应将该费用从租金收入总额中扣除，按扣除后的租金收入余额在租赁期内进行分配。

3. 初始直接费用

出租人发生的与经营租赁有关的初始直接费用应当资本化至租赁标的资产的成本，在租赁期内按照与租金收入相同的确认基础分期计入当期损益。

4. 可变租赁付款额

出租人取得的与经营租赁有关的可变租赁付款额，如果是与指数或比率挂钩的，应在租赁期开始日计入租赁收款额；除此之外的，应当在实际发生时计入当期损益。

四、租赁变更的会计处理

(一) 承租人租赁变更的会计处理

1. 租赁变更作为一项单独租赁处理

租赁发生变更且同时符合下列条件的，承租人应当将该租赁变更作为一项单独租赁进行会计处理。

(1) 该租赁变更通过增加一项或多项租赁资产的使用权而扩大了租赁范围(加量)。

(2) 增加的对价与租赁范围扩大部分的单独价格按该合同情况调整后的金额相当(加价)。

需要说明的是，如果仅延长原租赁合同期限，并没有新增一项或多项租赁资产的，不满足租赁变更作为一项单独租赁的会计处理。

2. 租赁变更未作为一项单独租赁处理

承租人应区分以下情形进行会计处理:

(1) 租赁变更导致租赁范围缩小或租赁期缩短的,承租人应当调减使用权资产的账面价值,以反映租赁的部分终止或完全终止。承租人应将部分终止或完全终止租赁的相关利得或损失计入当期损益(资产处置损益)。

(2) 其他租赁变更,承租人应当相应调整使用权资产的账面价值。

租赁变更后,原折现率和修订后的折现率的选择如表 3-3 所示。

表 3-3 原折现率和修订后的折现率的选择

折现率	经济事项
原折现率	(1) 实质固定付款额发生变动 (2) 担保余值预计的应付金额发生变动 (3) 因用于确定租赁付款额的指数或比率(不含浮动利率)变动导致未来租赁付款额发生变动
修订后的折现率	(1) 因浮动利率变动导致未来租赁付款额发生变动 (2) 发生承租人可控范围内的重大事件或变化,且影响承租人是否合理确定将行使续租选择权、终止租赁选择权或购买选择权的 (3) 租赁变更未作为一项单独租赁处理的

(二) 出租人租赁变更的会计处理

1. 融资租赁变更作为一项单独租赁处理

同承租人租赁变更作为一项单独租赁的条件。

2. 融资租赁变更未作为一项单独租赁处理

出租人融资租赁发生租赁变更后,应分析变更后属于经营租赁,还是仍属于融资租赁。具体会计处理如下:

(1) 变更后为经营租赁的,出租人应当自租赁变更生效日开始将其作为一项新租赁进行会计处理,并以租赁变更生效日前的租赁投资净额作为租赁资产的账面价值。

(2) 变更后仍为融资租赁的,修改或重新议定租赁合同,未导致应收融资租赁款终止确认,但导致未来现金流量发生变化的,出租人应当重新计算该应收融资租赁款的账面余额,并将相关利得或损失计入当期损益。

五、特殊租赁业务的会计处理

(一) 转租赁

转租出租人在对转租赁进行分类时,应基于原租赁中产生的使用权资产进行分类,而不是租赁资产。

原租赁为短期租赁,且转租出租人作为承租人已按照企业会计准则的规定,采用简化会计处理方法的,应将转租赁分类为经营租赁。

(二) 生产商或经销商出租人的融资租赁

在租赁期开始日:①按照租赁资产公允价值与租赁收款额按市场利率折现的现值两者孰低确认收入。②按照租赁资产账面价值扣除未担保余值的现值后的余额结转销售成本。③取得融资租赁所发生的成本不计入租赁投资净额。

(三) 售后租回交易

1. 售后租回交易中的资产转让属于销售

卖方兼承租人应当按原资产账面价值中与租回获得的使用权有关的部分,计量售后租回所形成的使用权资产,并仅就转让至买方兼出租人的权利确认相关利得或损失。买方兼出租人根据其他适用的企业会计准则对资产购买进行会计处理,并根据《企业会计准则第 21 号——租赁》对资产出租进行会计处理。

如果销售对价的公允价值与资产的公允价值不同,或出租人未按市场价格收取租金,企业应当进行以下调整:①销售对价低于市场价格的款项作为预付租金。②销售对价高于市场价格的款项作为买方兼出租人向卖方兼承租人提供的额外融资。同时,承租人按照公允价值调整相关销售利得或损失,出租人按市场价格调整租金收入。

在进行上述调整时,企业应当按以下两者中较易确定者进行处理:①销售对价的公允价值与资产的公允价值的差异。②合同付款额的现值与按市场租金计算的付款额的现值的差异。

2. 售后租回交易中的资产转让不属于销售

卖方兼承租人不终止确认所转让的资产,则应当将收到的现金作为金融负债。买方兼出租人不确认被转让资产,则应当将支付的现金作为金融资产。

第二部分 练 习 题

一、单项选择题

1. 2023 年 6 月 30 日,甲公司与乙公司签订租赁合同,从乙公司租入一栋办公楼。根据租赁合同约定,该办公楼不可撤销的租赁期为 5 年,租赁期开始日为 2023 年 7 月 1 日,月租金为 25 万元,于每月月末支付,前 3 个月免付租金,在不可撤销的租赁期到期后,甲公司拥有 3 年按市场租金行使的续租选择权。从 2023 年 7 月 1 日起,该办公楼剩余使用寿命为 30 年。假定在不可撤销的租赁期结束时甲公司将行使续租选择权。不考虑其他因素的影响,甲公司对该办公楼计提折旧的年限是( )年。
   A. 5 B. 8 C. 30 D. 4.75

2. 2023 年 1 月 1 日,甲公司与乙公司签订商铺租赁合同,根据合同约定,乙公司在 2023 年 2 月 1 日前将商铺腾空并移交给甲公司,免租期为 2 个月。2023 年 3 月 1 日,甲公司在使用过程中发现商铺水管严重损坏需要维修,预计工期为 1 个月,与乙公司协商后,将免租期延长至 2023 年 5 月 1 日。上述合同满足《企业会计准则第 21 号——租赁》相关规定,该租赁合同的租赁期开始日是( )。
   A. 2023 年 1 月 1 日 B. 2023 年 2 月 1 日
   C. 2023 年 3 月 1 日 D. 2023 年 5 月 1 日

3. 甲公司租入一台预计使用寿命为 8 年的机器设备,该租赁合同不可撤销租赁期为 4 年。根据合同约定,甲公司每年支付固定租金 10 万元,在第四年年末,甲公司有 2 种选择:第一,支付价款 8 万元购买该设备;第二,以年租金 5 万元的价格续租 1 年。甲公司在租赁期开始日评估认为在第四年年末购买该设备是实惠的。假设不考虑其他因素的影响,下列关于甲公司确定租赁付款额的说法中,正确的是( )。

A. 应以每年固定租金 10 万元确定,无须考虑第四年年末的情况

B. 应以每年固定租金 10 万元与支付购买设备款 8 万元合计确定

C. 应以前 4 年固定租金 10 万元与第五年固定租金 5 万元合计确定

D. 应以每年固定租金 10 万元确定,待到第四年年末根据实际情况调整租赁付款额

4. 甲公司与乙公司签订租赁合同,根据合同约定,甲公司租赁乙公司 1 000 平方米的办公场所,租赁期为 5 年。在第五年年末,甲公司和乙公司协商变更了原租赁合同,将租赁期延长 3 年,每年租金不变,延长租期的租金部分单独价格与调整后的金额相当。不考虑其他因素的影响,下列说法正确的是( )。

A. 甲、乙公司的租赁合同变更,应与原租赁合同合并处理

B. 甲、乙公司的租赁合同变更,应将延长租赁期作为一项单独的租赁进行处理

C. 甲、乙公司的租赁合同变更,应将尚未履行部分与变更后的租赁合同合并作为一项新合同进行处理

D. 甲、乙公司的租赁合同变更,应采用变更后的折现率对变更后的租赁付款额进行折现,重新计量租赁负债

5. 甲公司从乙公司租赁一间商铺,甲公司初始确认的租赁负债金额为 1 200 万元,在签订租赁协议之前已向乙公司支付不可退还的保证金 10 万元,支付原租户搬迁补偿款 6 万元(乙公司同意补偿其中的 3 万元)。不考虑其他因素的影响,甲公司应确认的使用权资产入账金额为( )万元。

A. 1 200   B. 1 216   C. 1 210   D. 1 213

6. 甲公司将一台设备融资租赁给乙公司,根据合同约定,租赁期 5 年,年租金 100 万元,如果乙公司年销售额超过 10 000 万元,应额外向甲公司支付租金 30 万元。租赁期结束时乙公司拥有以 50 万元购买该设备的选择权,甲公司无法合理确定乙公司是否行使购买选择权。不考虑其他因素的影响,甲公司"应收融资租赁款——租赁收款额"账户的入账金额是( )万元。

A. 500   B. 550   C. 530   D. 580

7. 甲公司与客户签订租赁合同,向客户提供设备租赁服务(该设备预计使用寿命为 5 年),同时签订补充协议,约定租赁期结束后将设备销售给客户。合同约定,客户将设备用于隧道工程施工,租期一般为 6~12 个月,合同总租金为设备价款 70%以上;设备运抵现场后,客户按照设备价款 30%预付 6 个月的租金,剩余租金在剩余租赁期间内分月支付;客户在付款期内未按约定支付全部租金,甲公司有权解除合同并收回设备。租赁期满后,客户以设备的销售价格扣除已支付租金后余值购买租赁设备,全部价款支付完毕,设备所有权转让给客户。不考虑其他因素的影响,下列说法正确的是( )。

A. 甲公司应将该合同分类为经营租赁并进行会计处理

B. 甲公司应将该合同分类为融资租赁并进行会计处理

C. 甲公司应将该合同作为分期收款销售商品进行会计处理

D. 甲公司应将该合同作为短期租赁进行会计处理

8. 甲公司将商铺经营租赁给乙公司,租期自 2023 年 1 月 1 日起至 2025 年 12 月 31 日止。租期内第一个半年为免租期,之后每半年租金为 30 万元,于每年年末支付。除租金外,如果租赁期内租赁商铺销售额累计达到 3 000 万元,甲公司将获得额外 90 万元经营分

享收入。2023年商铺实现的销售额为1 000万元。甲公司2023年应确认的租赁收入是（　　）万元。

  A. 30   B. 50   C. 60   D. 80

9. 2023年7月1日，甲公司采用经营租赁方式出租一台大型设备，租期为4年，租赁期开始前3个月免租金，年租金480万元，按年支付。当日，甲公司收到扣除免租期后的租金360万元。不考虑其他因素的影响，甲公司2023年应确认的租金收入为（　　）万元。

  A. 480   B. 360   C. 240   D. 225

10. 2023年1月1日，甲公司与乙公司签订租赁合同，将一栋物业租赁给乙公司作为商场使用。根据合同约定，物业的租金为每月50万元，于每季度末支付；租赁期为5年，自合同签订日开始算起；租赁期前3个月为免租期，乙公司免予支付租金；如果乙公司每年的营业收入超过10亿元，乙公司应向甲公司支付经营分享收入100万元。乙公司2023年实现营业收入12亿元。甲公司认定上述租赁为经营租赁。不考虑增值税及其他因素的影响，上述交易对甲公司2023年营业利润产生影响的金额是（　　）万元。

  A. 570   B. 600   C. 670   D. 700

11. 下列各项中，满足《企业会计准则第21号——租赁》构成已识别资产条件的是（　　）。

  A. 甲公司租赁A公司经营管道的30%部分
  B. 乙公司租赁B公司拥有的卡车，B公司有大量类似的卡车可以满足合同要求
  C. 丙公司租赁C公司拥有的光缆传输量的50%，C公司拥有多条可供租赁的光缆
  D. 丁公司租赁D公司拥有的办公楼中的一层，D公司仅有一层满足合同要求

12. 甲公司为一家大型连锁超市，乙公司为某快消品生产厂商，甲、乙公司达成协议，乙公司租赁甲公司超市中某一固定面积的区域，用于销售自己生产的产品。不考虑其他因素的影响，下列关于甲公司会计处理的表述中，错误的是（　　）。

  A. 甲公司在整个租赁期内如果有变更乙公司租赁区域的实际能力，且通过变更甲公司将获得经济利益，则该合同中不存在已识别资产，不构成租赁
  B. 甲公司在发生极特殊情况时，与乙公司协商一致后可以变更租赁区域，则该合同中不存在已识别资产，不构成租赁
  C. 甲公司在合同中明确不得变更乙公司租赁的区域，则该合同中存在已识别资产，满足其他条件时应将其识别为一项租赁
  D. 甲公司在整个租赁期内可以随时变更乙公司租赁的区域，但需要向乙公司支付大量的装修赔偿，该赔偿金额对甲公司而言不经济，则该合同中存在已识别资产，满足其他条件时应将其识别为一项租赁

13. 甲公司从乙公司租入一辆汽车，租赁期为2年，同时乙公司同意在整个租赁期内为甲公司免费维修该辆汽车，甲公司共支付租赁费用20万元。乙公司对从本公司购买相似汽车的客户提供2年汽车租赁，可观察对价为固定金额20万元，提供2年维修服务，可观察对价为固定金额5万元。不考虑折现及简化处理等因素的影响，下列关于上述租赁交易会计处理的表述中，正确的是（　　）。

  A. 乙公司按照《企业会计准则第21号——租赁》的规定，每月确认租赁收入0.83万元
  B. 甲公司按接受服务进行会计处理

C. 乙公司分拆租赁部分和非租赁部分,按照相关规定分摊合同对价

D. 乙公司按照《企业会计准则第14号——收入》的规定,每月确认服务收入0.83万元

14. 承租人甲公司与出租人乙公司签订了一份机器设备租赁合同,租赁期开始日甲公司计算租赁付款额现值时,应首选的折现率是(　　)。

   A. 承租人增量借款利率

   B. 使出租人租赁收款额现值等于租赁资产公允价值的折现率

   C. 银行同期贷款利率

   D. 出租人的租赁内含利率

15. 甲公司从乙公司租赁一台通用设备,根据合同约定,租赁期为2年,每年年末支付固定租金100万元。同时,如果使用该设备年产能达到10万件,甲公司每年需要额外支付10万元租金;如果使用该设备年产能不足5万件,乙公司需要每年退还甲公司10万元租金。甲公司无法确定租赁内含利率,其增量借款年利率为5%。不考虑其他因素的影响,甲公司应确认的租赁负债金额是(　　)万元。[$(P/A,5\%,2)=1.859$]

   A. 185.9　　　　　B. 204.5　　　　　C. 167.3　　　　　D. 148.7

16. 下列甲公司持有的租赁资产中,通常无法构成低价值资产租赁的是(　　)。

   A. 饮水机　　　　　　　　　　　B. 厢式货车

   C. 员工通讯电话　　　　　　　　D. 办公椅

17. 下列关于承租人对租赁业务会计处理的表述中,正确的是(　　)。

   A. 租赁变更导致租赁期缩短至1年内的,应改按短期租赁进行简化处理

   B. 当承租人与出租人签订租赁期为1年的租赁合同时,应将其按照短期租赁进行简化处理

   C. 包含购买选择权的租赁,若租赁期不超过12个月,可以按照短期租赁进行简化处理

   D. 租赁变更导致租赁期缩短至1年内的,承租人应调减使用权资产的账面价值,将部分终止租赁的相关利得或损失计入资产处置损益

18. 甲公司与乙公司签订融资租赁协议,根据协议约定,甲公司向乙公司出租一台通用设备,租赁期为6年,年租金为100万元,于每年年末支付。租赁期开始日该设备的公允价值为491.73万元,出租内含利率为6%。在第二年年初,甲公司和乙公司协商将设备租金调整为每年90万元,甲公司内含利率仍为6%。此付款变更在租赁开始日生效,甲公司将租赁类别仍分类为融资租赁。不考虑其他因素的影响,甲公司因上述合同变更对当期损益的影响金额为(　　)万元。[$(P/A,6\%,5)=4.2124$]

   A. 42.11　　　　　B. 50.00　　　　　C. 10.00　　　　　D. 31.58

19. 甲公司的一项使用权资产租赁业务,在租赁期开始日之前支付的租赁付款额为20万元,租赁期开始日尚未支付的租赁付款额的现值为200万元,甲公司发生的初始直接费用为2万元,已享受的租赁激励为5万元。则甲公司该项使用权资产的初始成本为(　　)万元。

   A. 220　　　　　B. 222　　　　　C. 217　　　　　D. 197

20. 在融资租赁合同中,如果承租人违约,按租赁合同出租人没收保证金时,应将没收的保证金计入(　　)。

   A. 租赁收入　　　B. 其他综合收益　　　C. 营业外收入　　　D. 其他收益

二、多项选择题

1. 企业在判断客户是否有权主导资产的使用时,应考虑客户是否有权在整个使用期间主导已识别资产的使用目的和使用方式。下列各项中,能够证明客户能够主导已识别资产的使用目的和使用方式的有(   )。
   A. 甲运输公司能够决定将集装箱用于运输商品还是储存商品
   B. 乙制造企业能够决定机器的运行时间
   C. 丙零售企业能够决定在店铺区域销售的产品类型
   D. 丁能源企业能够决定是否使用发电厂发电及发电量的多少

2. 下列关于资产供应方拥有的实质性替换权的表述中,正确的有(   )。
   A. 资产供应方因资产运行状况不佳进行修理而替换资产,具有实质性替换权
   B. 难以确定资产供应方是否拥有实质性替换权,应视为资产供应方对该资产没有实质性替换权
   C. 资产供应方替换资产的预期经济利益未超过替换资产所需成本,资产供应方不具有实质性替换权
   D. 资产供应方在特定事件发生日拥有替换资产的权利,资产供应方不具有实质性替换权

3. 假设合同中约定资产均为已识别资产,下列各项中,不影响客户能够控制对已识别资产在整个使用期间使用的有(   )。
   A. 合同规定租赁汽车在使用期间仅限在某一特定区域使用
   B. 合同规定客户使用零售区域需要向供应方支付零售收入一定比例作为对价
   C. 合同规定客户使用生产设备的最大工作量
   D. 合同规定客户不能在高风险海域使用合同中约定的船只

4. 客户与供应商签订3年期的衬衫购买合同,合同明确规定了衬衫的类型、数量和质量。供应商仅有一家工厂符合客户要求,无法用其他工厂生产的衬衫供货或从第三方购买衬衫。工厂的产能超过客户签订合同的产量,由供应商作出有关工厂运营的决策,包括工厂运行的生产水平,以及将工厂的额外产能用于履行其他客户的合同。假定不考虑其他条件,下列关于该交易会计处理的表述中,正确的有(   )。
   A. 工厂不属于已识别资产,该合同不构成一项租赁
   B. 工厂在合同中被隐含指定,属于已识别资产
   C. 客户无法获得使用工厂所产生的几乎全部经济利益,该合同不构成一项租赁
   D. 客户无权主导3年期内工厂的使用方式和使用目的,该合同不构成一项租赁

5. 2023年1月1日,甲公司与乙公司签订租赁合同,根据合同约定,甲公司向乙公司租赁大型处理器,该处理器的价值为1 000万元,租赁期为5年。2023年1月3日,甲公司与乙公司的母公司丙公司签订合同,根据合同约定,甲公司向丙公司租赁该大型处理器的配套保护元件,同时由丙公司负责维修。不考虑其他因素的影响,下列关于甲公司对该交易会计处理的表述中,正确的有(   )。
   A. 甲公司应当将与乙公司和丙公司签订的合同合并为一项租赁合同进行会计处理
   B. 甲公司与乙公司、甲公司与丙公司签订的合同分别作为不同合同进行会计处理

C. 甲公司必须将与丙公司签订合同中租赁部分与非租赁部分分拆,分别进行会计处理

D. 甲公司可以不分拆合同中的租赁部分和非租赁部分,将其作为租赁业务进行会计处理

6. 下列关于租赁负债后续计量的说法中,正确的有( )。

A. 确认租赁负债的利息时,增加租赁负债的账面金额

B. 支付租赁付款额时,减少租赁负债的账面金额

C. 因重估或租赁变更等原因导致租赁付款额发生变动时,重新计量租赁负债的账面价值

D. 并非取决于指数或比率的可变租赁付款额,应当在实际发生变化时重新计量租赁负债的账面价值

7. 企业发生的下列事项中,需要重新计量租赁负债的有( )。

A. 实质固定付款额发生变动

B. 担保余值预计的应付金额发生变动

C. 用于确定租赁付款额的指数发生变动

D. 终止租赁选择权的评估结果发生变化

8. 下列关于使用权资产的表述中,正确的有( )。

A. 承租人按照有关规定重新计量租赁负债的,应当相应调整使用权资产的账面价值

B. 使用权资产一般按月计提折旧

C. 使用权资产减值准备一经计提,不得转回

D. 承租人发生的租赁资产改良支出,应计入使用权资产

9. 下列关于短期租赁和低价值资产租赁的说法中,正确的有( )。

A. 如果承租人对某类租赁资产作出了简化会计处理的选择,未来该类资产下所有的短期租赁都应采用简化会计处理

B. 按照简化会计处理的短期租赁发生租赁变更或其他原因导致租赁期发生变化的,承租人应当将其视为一项新租赁

C. 承租人在判断是否是低价值资产租赁时,应基于租赁资产的目前状态下的价值进行评估

D. 如果承租人已经或预期要把相关资产进行转租赁,则不能将原租赁按照低价值资产租赁进行简化会计处理

10. 下列各项中,甲公司应确认使用权资产和租赁负债的有( )。

A. 合同的不可撤销期间为9个月,包含4个月的续租选择权,甲公司合理确定将行使续约选择权

B. 甲公司预期将租入的设备进行转租,该设备单独价格为8 000元

C. 甲公司租入服务器组件,这些组件单独价格为2 000元,需要添加到租入的大型服务器以维护正常使用

D. 甲公司租入打印机,并在6个月租赁期结束时可选择以低价购买该设备

11. 甲公司的主要经营业务为租赁业务。不考虑其他因素的影响,甲公司发生的下列经济业务中,通常应作为融资租赁进行会计处理的有( )。

A. 甲公司将一台设备租赁给乙公司,在租赁期满时该设备所有权转移给乙公司

B. 甲公司将一条生产线租赁给丙公司,该生产线在租赁开始日的公允价值为1 000万元,租赁收款额的现值为950万元

C. 甲公司将一台专用设备租赁给丁公司,该设备是专门为丁公司定制的,如果不作较大改造,其他承租人将无法使用

D. 甲公司将一部预计可以使用10年,但已使用5年的仪器租赁给戊公司,租赁期为3年

12. 下列各项中,可能导致租赁被分类为融资租赁的有(   )。

A. 若承租人撤销租赁,撤销租赁对于出租人造成的损失由承租人承担

B. 资产余值的公允价值波动所产生的利得或损失归属于承租人

C. 承租人有能力以远低于市场水平的租金继续租赁至下一期间

D. 承租人有购买租赁资产的选择权,购买价款预计远低于行使选择权时租赁资产的公允价值

13. 甲公司与乙公司签订融资租赁合同,根据合同约定,甲公司向乙公司出租一台通用设备,租赁期为6年,年租金为100万元,于每年年末支付。租赁期开始日该设备的公允价值为491.73万元,出租内含利率为6%。在第二年年初,甲公司和乙公司协商将设备租赁期修改为3年,于每年年末支付租金,租金变更为每年120万元。合同变更后不再符合融资租赁条件,将其变更为经营租赁。不考虑其他因素的影响,下列关于甲公司会计处理的表述中,正确的有(   )。

A. 该设备应作为固定资产入账,其入账金额为500万元

B. 应冲减应收融资租赁款421.23万元

C. 第二年年末收取租金时,应确认租赁收入120万元

D. 应根据合同变更日甲公司的内含利率计算应冲减的应收融资租赁款

14. 下列关于转租赁的说法中,正确的有(   )。

A. 原租赁为短期租赁,且已按照简化会计处理方法的,应将转租赁分类为经营租赁

B. 原租赁形成使用权资产的,转租赁形成融资租赁的,应终止确认使用权资产,同时确认应收融资租赁款

C. 原租赁形成使用权资产的,转租赁形成经营租赁的,中间出租人应在资产负债表中继续保留使用权资产和租赁负债

D. 原租赁形成使用权资产的,转租赁形成融资租赁的,中间出租人既要确认转租赁的融资收益,也要确认原租赁的利息费用

15. 下列关于生产商出租人的融资租赁会计处理的表述中,正确的有(   )。

A. 该交易产生的损益应相当于按照适用的交易量或商业折扣后的正常售价直接销售标的资产所产生的损益

B. 生产商出租人在租赁期开始日应当按照租赁资产公允价值与租赁收款额按出租人内含利率折现的现值两者孰低确认收入

C. 生产商出租人取得融资租赁所发生的成本不属于初始直接费用,不计入租赁投资净额

D. 按照租赁资产账面价值扣除未担保余值的现值后的余额结转销售成本

三、判断题

1. 承租人应当分拆租赁部分和非租赁部分,根据《企业会计准则第 14 号——收入》关于交易价格分摊的规定分摊合同对价。（ ）
2. 承租人需区分经营租赁和融资租赁,并分别进行会计处理。（ ）
3. 出租人提供免租期的,免租期内不应确认收入。（ ）
4. 售后租回交易中的资产转让不属于销售时,卖方兼承租人不终止确认所转让的资产。（ ）
5. 如果承租人对某类租赁资产作出了简化会计处理的选择,未来该类资产下所有的短期租赁都应采用简化会计处理。（ ）
6. 承租人在判断某项租赁是否是低价值资产租赁时,应基于租赁资产的目前状态下的价值进行评估。（ ）
7. 实质固定付款额发生变动时,企业需要重新计量租赁负债。（ ）
8. 承租人应自租赁期开始日的当月起对使用权资产计提折旧。（ ）
9. 租赁是指在一定期间内,出租人将资产的所有权让与承租人以获取对价的合同。（ ）
10. 已识别资产必须由合同明确指定。（ ）
11. 企业难以确定资产供应方是否拥有实质性替换权的,应视为资产供应方没有对该资产的实质性替换权。（ ）
12. 租赁期自租赁开始日起计算。（ ）
13. 发生承租人可控范围内的重大事件或变化,且影响承租人是否合理确定将行使相应选择权的,承租人应当对其是否合理确定将行使续租选择权、购买选择权或不行使终止租赁选择权进行重新评估,并根据重新评估结果修改租赁期。（ ）
14. 租赁负债应当按照租赁期开始日尚未支付的租赁付款额进行初始计量。（ ）
15. 在租赁期开始日,承租人应评估是否合理确定将行使购买标的资产的选择权。无论承租人是否可以合理确定将行使购买标的资产的选择权,租赁付款额中都应包含购买选择权的行权价格。（ ）
16. 在租赁期开始日,承租人应评估是否合理确定将行使终止租赁的选择权。如果承租人合理确定将行使终止租赁选择权,则租赁付款额中应包含行使终止租赁选择权需支付的款项,并且租赁期不应包含终止租赁选择权涵盖的期间。（ ）
17. 为评估是否签订租赁而发生的差旅费、法律费用等属于初始直接费用,此类费用应当在发生时计入使用权资产。（ ）
18. 在租赁期开始日后,承租人应当采用公允价值模式对使用权资产进行后续计量,无须计提折旧和减值。（ ）
19. 出租人应当在租赁开始日根据租赁条件判断该项租赁是经营租赁还是融资租赁,并根据不同的租赁进行会计处理。（ ）
20. 租赁内含利率是指使出租人的租赁收款额的现值与未担保余值的现值之和(即租赁投资净额)等于租赁资产公允价值与出租人的初始直接费用之和的利率。（ ）

四、实务题

1. 2023—2024 年,甲公司与租赁业务相关的资料如下:
   (1) 2023 年 1 月 1 日,甲公司与出租人乙公司签订了一份办公楼租赁合同,约定每年的租赁付款额为 50 000 元,于每年年末支付,租赁期开始日为当日;合同约定不可撤销租赁期为 5 年,合同约定在第五年年末,甲公司有权选择以每年 50 000 元租金续租 5 年,也有权选择以 1 000 000 元的价格购买该办公楼。甲公司在租赁期开始时合理确定将行使续租选择权。甲公司对该办公楼使用年限平均法计提折旧。
   (2) 甲公司为获得该办公楼向前任租户支付款项 15 000 元,向促成此项租赁交易的房地产中介支付佣金 5 000 元。乙公司同意补偿 5 000 元佣金,作为对甲公司的激励。
   (3) 根据合同约定,租赁期间若甲公司年销售额超过 10 000 000 元,当年应再按销售额的 1% 额外支付一笔租金,于当年年末支付。2024 年甲公司的年销售额为 12 000 000 元,相关支出与甲公司销售活动有关。

   已知:①甲公司无法确定租赁内含利率,可以确定其增量借款利率为 5%。②$(P/A,5\%,5)=4.33,(P/A,5\%,10)=7.72$。③不考虑相关税费及其他因素的影响。
   要求:若你是甲公司的财务人员,请根据上述资料,回答下列问题。
   (1) 计算租赁负债的入账成本。
   (2) 计算使用权资产的成本并编制相关会计分录。
   (3) 编制 2023 年年末支付租金时的相关会计分录。
   (4) 计算 2024 年年末使用权资产的账面价值及租赁负债的账面余额。
   (5) 编制 2024 年年末发生可变租赁付款额时的相关会计分录。

2. 2023 年 12 月 31 日,甲公司与乙公司签订一份租赁合同,甲公司向乙公司出租一项设备,租赁期开始日为 2024 年 1 月 1 日,相关资料如下:
   (1) 该租赁合同租赁期为 3 年,自租赁期开始日起乙公司于每年年末支付租金 100 000 元。甲公司将该租赁业务整体确认为融资租赁。
   (2) 该设备为全新设备,预计使用年限为 5 年。2024 年 1 月 1 日,设备的账面价值和公允价值均为 260 000 元。甲公司发生初始直接费用 10 000 元。
   (3) 根据合同规定,乙公司应于 2025 年年末向甲公司按全年销售收入的比例额外支付租金 50 000 元,款项尚未收到。

   已知:①租赁内含利率为 5.46%,担保余值和未担保余值均为 0。②不考虑相关税费及其他因素的影响。
   要求:若你是甲公司的财务人员,请根据上述资料,回答下列问题。
   (1) 计算租赁投资净额并编制租赁期开始日的相关会计分录。
   (2) 编制 2024 年年末收到租金并确认利息的相关会计分录。
   (3) 编制 2025 年年末收到租金并确认利息的相关会计分录。
   (4) 编制 2025 年年末确认乙公司按销售收入额外支付租金的相关会计分录。

3. 2023—2026 年,甲公司与租赁业务相关的资料如下:
   (1) 2023 年 1 月 1 日,甲公司从乙公司租入一台生产用设备,租赁期为 3 年,租赁期为 2023 年 1 月 1 日至 2025 年 12 月 31 日,租金按下列两项中孰高的金额于每年年末支付:①固定租金 10 万元。②以每吨 10 元的价格乘以该设备所生产产品的当年销量确认应支付的租金。甲公司预计租赁期 3 年内该设备所生产产品的每年销量分别是 1 万吨、1.2 万吨和 1.3 万吨。租赁期结束后,甲公司有权按照当时的市价继续续租,或以 50 万元的优惠价格购入该设备。该设备预计剩余使用年限为 10 年。租赁期开始日,甲公司管理层经合理评估后认为租赁到期时将按优惠价购入该设备。甲公司按直线法对使用权资产计提折旧,预计净残值为 0。2023 年 1 月 1 日,乙公司确认的租赁内含利率为 5%。甲公司租入该设备后用于生产产品,2023 年甲公司的生产产量为 1 万吨,所生产的产品至年末已全部对外出售。

(2) 2026 年 1 月 1 日,甲公司以 50 万元的价格购入该设备。

(3) 2026 年 12 月 31 日,甲公司以 40 万元的价格将该设备对外出售,同时以每年 16 万元的价格租回该设备,租赁期为 3 年,租赁期满后该设备归甲公司所有。假定售后租回交易中资产的转让不属于销售。

已知:①$(P/A,5\%,3)=2.7232$,$(P/F,5\%,3)=0.8638$。②不考虑增值税及其他因素的影响。

要求:若你是甲公司的财务人员,请根据上述资料,回答下列问题。

(1) 计算租赁期开始日租赁负债和使用权资产的初始确认金额,并编制相关会计分录。

(2) 计算 2023 年对设备计提折旧的金额;计算 2023 年年末租赁负债账面价值及该业务对利润总额的影响金额;编制 2023 年年末与租赁负债相关的会计分录。

(3) 说明甲公司 2026 年 12 月 31 日售后租回业务的会计处理原则,并编制相关会计分录。

4. 2023 年,甲公司发生的与租赁相关的交易或事项如下:

(1) 2023 年 1 月 1 日,承租方甲公司与出租方乙公司签订一栋写字楼的租赁合同,双方约定该写字楼的年租金为 1 000 万元,于每年年末支付,不可撤销的租赁期限为 6 年,不存在续租选择权,租赁手续于当日完成,租赁期开始日为 2023 年 1 月 1 日。甲公司无法确定租赁内含利率,其增量借款年利率为 5%。

(2) 甲公司于租赁期开始日将该写字楼作为行政管理大楼投入使用,当月开始采用直线法对使用权资产计提折旧,折旧年限与租赁期相同。

(3) 2023 年 12 月 31 日,甲公司以银行存款支付租金 1 000 万元。

已知:①$(P/A,5\%,6)=5.0757$。②不考虑相关税费及其他因素的影响。

要求:若你是甲公司的财务人员,请根据上述资料,回答下列问题。

(1) 计算 2023 年 1 月 1 日租赁负债和使用权资产的初始入账金额,并编制相关会计分录。

(2) 计算 2023 年应计提的使用权资产折旧金额,并编制相关会计分录。

(3) 计算 2023 年应确认的租赁负债利息费用,并编制相关会计分录。

(4) 编制 2023 年 12 月 31 日支付租金的会计分录。

五、资料题

甲公司为境内上市公司,注册会计师在对甲公司 2023 年财务报表进行审计时发现以下交易或事项,需要与甲公司管理层进行沟通。

资料一:2023 年 1 月 1 日,甲公司与乙公司(非关联方)签订租赁协议,根据协议约定,甲公司从乙公司租赁一组服务器,租赁期为 4 年,年租金为 100 万元,于每年年初支付。租赁期满时甲公司拥有续租选择权,即以年租金 80 万续租服务器 2 年,付款时间不变。该服务器位于乙公司,且乙公司有大量类似的服务器群组可以满足协议要求。甲公司增量借款利率为 6%,甲公司具体会计处理如下:

借:使用权资产　　　　　　　　　　　　　　　　　3 673 000
　　租赁负债——未确认融资费用　　　　　　　　　　327 000
　　贷:租赁负债——租赁付款额　　　　　　　　　　　　3 000 000
　　　　银行存款　　　　　　　　　　　　　　　　　　1 000 000

借:财务费用　　　　　　　　　　　　　　　　　　　160 400
　　贷:租赁负债——未确认融资费用　　　　　　　　　　160 400

已知:①$(P/A,6\%,3)=2.6730,(P/A,6\%,5)=4.2124,(P/A,6\%,6)=4.9173$。
②不考虑相关税费及其他因素的影响。

资料二:甲公司 2023 年 1 月 1 日签订一项租赁合同,租入一栋物业作为直营店铺使用。租赁合同约定:租赁期为 10 年,租赁期开始日为合同签订当日,年租金为 50 万元,于每年年初支付;租金每年年末按照过去 12 个月消费者价格指数的上涨幅度上调一次,租赁期开始日的消费者价格指数为 125;甲公司按照店铺年销售额的 1%,另支付提成款。甲公司基于租赁期开始日的消费者价格指数确定租赁付款额,并确认租赁负债和使用权资产。2023 年 12 月 31 日,消费者价格指数为 135。甲公司 2023 年所租商铺产生的销售额为 800 万元。甲公司按照消费者价格指数上涨幅度和年销售额计算确定需要额外支付的租金为 12 万元[50×(135÷125-1)+800×1%],计入发生时的当期损益。

资料三:甲公司 2023 年年初以 1 800 万元的公允价值向某公司出售一栋物业,交易前该物业的账面原值为 1 200 万元,已计提折旧 200 万元,未计提减值准备。同时,由于经营所需,A 公司与该公司签订合同,取得该物业 10 年的使用权(该物业剩余使用年限为 40 年),年租金为 120 万元,于每年年末支付。根据合同约定,甲公司转让建筑物符合销售成立的条件。甲公司按照未来 10 年租赁付款额的现值确认使用权资产,同时将销售物业的公允价值与账面价值的差额 800 万元[1 800-(1 200-200)]计入资产处置损益。

资料四:2017 年 1 月 1 日,甲公司与出租人就 2 000 平方米的办公场所签订了一项为期 10 年的租赁合同。年租赁付款额为 10 万元,于每年年末支付。甲公司无法确定租赁内含利率,在租赁期开始日的增量借款利率为 6%。2023 年 1 月 1 日,双方同意对原租赁合同进行变更,将租赁期延长 4 年。每年的租赁付款额不变(即在第 7 年至第 14 年的每年年末仍支付 10 万元)。甲公司在租赁变更生效日的增量借款利率为 7%。甲公司采用修订后的折现率 7% 计算得出租赁变更后的租赁负债,将变更后租赁负债的账面价值与变更前的账面价值的差额计入当期损益。

资料五:2023 年 1 月 1 日,甲公司与出租人签订了一份租赁合同,合同约定的租赁资产包括:①供员工个人使用的笔记本电脑、桌面打印机和手机等,全新时的单独价格均不超过 2 万元。②网络服务器,全新时的单独价格约 10 万元;另外,还包括若干增加服务器储存容量的内存卡,全新时的单独价格约 2 000 元。甲公司将上述各项作为低价值资产租赁进行会计处理。

要求:若你是该注册会计师,请根据上述资料,回答下列问题。

(1) 针对资料一,假定不考虑其他条件的影响,指出甲公司的会计处理是否存在不当之处。如果存在不当之处,简要说明理由。

(2) 针对资料二至资料五,假定不考虑其他条件的影响,指出甲公司的会计处理是否存在不当之处。如果存在不当之处,提出恰当的处理意见(不考虑相关税费或递延所得税的影响)。

第三部分 参考答案

一、单项选择题

1	2	3	4	5	6	7	8	9	10
B	B	B	D	D	A	C	B	D	C
11	12	13	14	15	16	17	18	19	20
D	B	C	D	A	B	D	A	C	C

难点解析:

1. 承租人无法合理确定租赁期届满时能够取得租赁资产所有权的,应当在租赁期与租赁资产剩余使用寿命两者孰短的期间内计提折旧。租赁期应包括续租选择权的涵盖期间,由于甲公司在租赁期开始日合理确定将行使续租选择权,租赁期应为8年(5+3),资产剩余使用寿命为30年,甲公司对该办公楼计提折旧的年限为8年,选项B正确。

2. 租赁期开始日是指出租人提供租赁资产使其可供承租人使用的起始日期。承租人(甲公司)自2023年2月1日起已取得对商铺使用权的控制,因此租赁期开始日为2023年2月1日,即租赁期包含出租人给予承租人的免租期,故选项B正确,选项ACD错误。

3. 在租赁期开始日,承租人应评估是否合理确定将行使购买标的资产的选择权。在评估时,承租人应考虑对其行使或不行使购买选择权产生经济激励的所有相关事实和情况,选项AD错误;如果承租人合理确定将行使购买标的资产的选择权,则租赁付款额中应包含购买选择权的行权价格,本例中,甲公司如果购买该设备需支付8万元,仍可以继续使用该设备,同时,甲公司评估认为该项购买是经济的,所以应在租赁期开始日将行使购买选择权价格计入租赁付款额中,选项B正确,选项C错误。

4. 租赁发生变更且同时符合下列条件的,承租人应当将该租赁变更作为一项单独租赁进行会计处理:①该租赁变更通过增加一项或多项租赁资产的使用权而扩大了租赁范围。②增加的对价与租赁范围扩大部分的单独价格按该合同情况调整后的金额相当。题目所述租赁变更未能同时满足上述条件(租赁范围没变),租赁变更不能作为一项单独租赁处理。在租赁变更生效日,承租人应当按照有关租赁分拆的规定对变更后合同的对价进行分摊,按照有关租赁期的规定确定变更后的租赁期,并采用变更后的折现率对变更后的租赁付款额进行折现,以重新计量租赁负债,选项D正确,选项ABC错误。

5. 使用权资产的入账金额=租赁负债的初始计量金额+在租赁之前支付的租赁付款额+初始直接费用—租赁激励相关款项=1 200+10+6-3=1 213(万元),选项D正确。

6. 租赁收款额＝固定付款额＋取决于指数或比率的可变租赁付款额＋合理确定承租人将行使购买选择权的行权价格＋承租人行使终止租赁选择权需支付的款项＋由承租人、与承租人有关的一方及有经济能力履行担保义务的独立第三方向出租人提供的担保余值＝$100×5+0+0+0+0=500$(万元)，选项A正确。

7. 尽管该交易的法律形式是租赁合同，但该交易主要目的是销售商品，交易的实质是分期收款销售，租金仅是分期收款的一种方式。从该交易的租赁期安排来看，该设备预计使用寿命为5年，6~12个月收取设备价款的70%作为租金，明显不是常规租赁交易下租金的公允价值。该情形应当按照实质重于形式的原则，作为分期收款销售商品处理以反映交易的本质。企业将商品交付购货方，通常表明与商品所有权有关的风险和报酬已经转移给购货方，在满足收入确认条件时，应当根据应收账款的公允价值(或现行售价)一次确认收入。另外，企业对于合同或协议价款的收取采用递延方式，实质上具有融资性质的，应当按照应收的合同或协议价款的公允价值(通常按照其未来现金流量现值或商品现销价格计算确定)确定销售商品收入金额。应收的合同或协议价款与其公允价值之间的差额，应当在合同或协议期间内采用实际利率法进行摊销，计入当期损益，选项C正确，选项ABD错误。

8. 出租人提供免租期的，出租人应将租金总额在不扣除免租期的整个租赁期内，按直线法或其他合理的方法进行分配。2023年1月1日至2025年12月31日，甲公司应收租金总额为150万元($30×5$)，2023年应分摊的租赁收入金额为50万元($150÷3$)；在租赁期内商铺累计销售额是否能够达到3 000万元尚不确定，与经营业绩相关的可变租赁付款额不应计入2023年租赁收入，因此甲公司2023年应确认的租赁收入金额为50万元，选项B正确。

9. 甲公司应收取的租金总额为1 800万元($360+480×3$)，2023年租期为6个月，因此，甲公司2023年应确认的租金收入为225万元$[1 800÷(4×12)×6]$，选项D正确。

10. 租入取得的与经营租赁有关的可变租赁付款额，如果是与指数或比率之外挂钩的，应当在实际发生时计入当期损益，该租赁对甲公司2023年营业利润的影响金额为670万元$[50×(5×12-3)÷60×12+100]$，选项C正确。

11. 根据《企业会计准则第21号——租赁》的规定，构成已识别资产应同时满足3个条件：①对资产进行指定。②物理可区分。③资产供应方在整个使用期间对资产不具有实质性替换权。经营管道的30%部分、光缆传输量的50%，无法与其他部分在物理上进行区分，且不代表该资产的全部产能，因此客户未获得因使用该资产所产生的几乎全部经济利益的权利，不满足构成已识别资产的条件，选项AC错误。卡车虽物理可区分，但由于B公司具有大量类似卡车可以满足合同要求，可以推断B公司具有实质性替换权，不满足构成已识别资产的条件，选项B错误。办公楼中的一层同时满足上述3个条件，构成已识别资产，选项D正确。

12. 若资产供应方拥有对资产的实质性替换权，则合同中不存在已识别资产，即该合同不属于租赁合同。资产供应方拥有对资产的实质性替换权需要同时满足2个条件：①资产供应方拥有在整个使用期间替换资产的实际能力。②资产供应方通过行使替换资产的权利将获得经济利益。选项A所述情形，属于资产供应方拥有在整个使用期间资产的实质性替换权，则该区域不属于已识别资产，不构成租赁，选项A正确。选项B所述情形，对于资产供应方而言，不存在替换资产的实际能力(需要与客户协商一致)，不具有实质性替换权，合同中存在已识别资产，在满足其他条件时构成租赁，选项B错误。选项C所述情形，对于资产供应方而言,不具有替换资产的实际能力(合同中明确不得变更),不具有实质性替换权,合同中存在已识别资产,满足其他条件时构成租赁,选项 C 正确。选项 D 所述情形,对于资产供应方而言,行使替换权不能获得经济利益,不具有实质性替换权,合同中存在已识别资产,满足其他条件时构成租赁,选项 D 正确。

13. 根据甲乙公司签订的合同,其同时包含租赁部分(租赁汽车)和非租赁部分(接受维修服务),此时,承租人和出租人应将租赁和非租赁部分进行分拆,在分拆时,租赁部分应按照《企业会计准则第 21 号——租赁》进行会计处理,非租赁部分按照适用的企业会计准则进行会计处理,选项 ABD 错误,选项 C 正确。

14. 在计算租赁付款额的现值时,承租人应当采用租赁内含利率作为折现率;无法确定租赁内含利率的,应当采用承租人增量借款利率作为折现率,因此在确定折现率时应首选出租人的租赁内含利率,选项 D 正确。

15. 租赁负债应当按照租赁期开始日尚未支付的租赁付款额的现值进行初始计量,可变租赁付款额中,仅取决于指数或比率的可变租赁付款额纳入租赁负债的初始计量中,包括与消费者价格指数挂钩的款项、与基准利率挂钩的款项和为反映市场租金费率变化而变动的款项等。本题中,与未来产能挂钩的可变租赁付款额不计入租赁负债的初始入账金额,因此,甲公司应确认的租赁负债为 185.9 万元(100×1.859),选项 A 正确。

16. 低价值资产租赁是指单项租赁资产为全新资产时价值较低的租赁,承租人在判断是否是低价值资产租赁时,应基于租赁资产的全新状态下的价值进行评估,不应考虑资产已被使用的年限。通常情况下,符合低价值资产租赁的资产全新状态下的绝对价值应低于 40 000 元。箱式货车的价值一般在 40 000 元以上,通常无法构成低价值资产租赁,选项 B 正确。饮水机、员工通信电话、办公椅等全新状态下的绝对价值一般低于 40 000 元,符合低价值资产租赁的判断标准,选项 ACD 错误。

17. 租赁变更导致租赁期缩短至 1 年内的,承租人应调减使用权资产的账面价值,将部分终止租赁的相关利得或损失计入资产处置损益。企业不得改按短期租赁进行简化处理或追溯调整,选项 D 正确,选项 A 错误。当承租人与出租人签订租赁期为 1 年的租赁合同时,应当基于所有相关事实和情况判断可强制执行合同的期间及是否存在实质续租、终止等选择权以合理确定租赁期,不能简单认为租赁期为 1 年,选项 B 错误。包含购买选择权的租赁,即使租赁期不超过 12 个月,也不属于短期租赁,选项 C 错误。

18. 如果融资租赁的变更未作为一项单独租赁进行会计处理,且满足假如变更在租赁开始日生效,该租赁会被分类为融资租赁条件的,修改或重新议定租赁合同,未导致应收融资租赁款终止确认,但导致未来现金流量发生变化的,应当重新计算该应收融资租赁款的账面余额,并将相关利得或损失计入当期损益。不考虑其他因素,租赁期开始日该设备的公允价值=应收融资租赁款账面价值。第一年年末,应收融资租赁款账面价值为 421.23 万元[491.73×(1+6%)-100],租赁合同变更后应收融资租赁款的账面价值为 379.12 万元(90×4.212 4),影响损益金额为 42.11 万元(421.23-379.12),选项 A 正确。

19. 使用权资产的成本包括以下 4 项:①租赁负债的初始计量金额。②在租赁期开始日或之前支付的租赁付款额,存在租赁激励的扣除租赁激励。③承租人发生的初始直接费用。④承租人为拆卸及移除租赁资产、复原租赁资产所在场地或将租赁资产恢复至租赁条款约定状态预计将发生的成本。因此,甲公司该项使用权资产的初始成本为 217 万元

[200＋(20－5)＋2],选项C正确。

20. 承租人违约,按租赁合同或协议规定没收保证金属于非日常事项,出租人应作为利得计入营业外收入,选项C正确。

二、多项选择题

1	2	3	4	5	6	7	8	9	10
ABCD	BCD	ABCD	BCD	AD	ABC	ABCD	ABC	ABD	ABCD
11	12	13	14	15					
ABC	ABCD	BC	ABCD	ACD					

难点解析:

1. 客户有权在整个使用期间主导已识别资产的使用目的和使用方式,其包括:变更资产产出类型的权利;变更资产的产出时间的权利;变更资产的产出地点的权利;变更资产是否产出及产出数量的权利。甲运输公司能够决定将集装箱用于运输商品还是储存商品和丙零售企业能够决定在店铺区域销售的产品类型,属于客户拥有变更资产产出类型的权利,选项AC正确。乙制造企业能够决定机器的运行时间,属于客户拥有变更资产的产出时间的权利,选项B正确。丁能源企业能够决定是否使用发电厂发电及发电量的多少,属于客户拥有变更资产是否产出及产出数量的权利,选项D正确。

2. 因资产运行状况不佳进行维修而替换资产不具有实质性替换权,选项A错误。难以确定资产供应方是否拥有实质性替换权的,应视为资产供应方没有对该资产的实质性替换权,选项B正确。资产供应方替换资产的预期经济利益未超过替换资产所需成本,不考虑其他条件时,资产供应方不具有实质性替换权,选项C正确。如果合同仅赋予资产供应方在特定日期或者特定事件发生日或之后拥有替换资产的权利或义务,考虑到资产供应方没有在整个使用期间替换资产的实际能力,资产供应方的替换权不具有实质性,选项D正确。

3. 在判断客户是否控制已识别资产使用权时,需要考虑以下2个因素:①客户是否有权获得因使用资产所产生的几乎全部经济利益。在评估客户是否有权获得因使用已识别资产所产生的几乎全部经济利益时,企业应当在约定的客户权利范围内考虑其所产生的经济利益,选项A应选;合同规定客户应向资产供应方或另一方支付因使用资产所产生的部分现金流量作为对价,该现金流量仍应视为客户因使用资产而获得的经济利益的一部分,如合同规定客户使用零售区域需要向供应方支付零售收入一定比例作为对价,该条款本身并不妨碍客户拥有获得使用零售区域所产生的几乎全部经济利益的权利,选项B应选。②客户是否有权主导资产的使用。合同规定的最大工作量及不能在高风险海域使用合同中约定的船只,属于保护性条款,虽然对客户使用资产权利的范围作出了限定,但其本身不足以否定客户拥有主导资产使用的权利,选项CD应选。

4. 一项合同要被分类为租赁,必须满足3个要素:①存在一定期间。②存在已识别资产。③资产供应方向客户转移对已识别资产使用权的控制。工厂在合同中进行了隐性指定,且仅有一家工厂符合客户要求,属于已识别资产,选项A错误,选项B正确。供应方可以将工厂额外的产能用于履行其他客户合同,意味着客户无法获得在使用期间所产生的几乎全部经济利益,也无权主导工厂的使用目的和方式,客户并未控制已识别资产的使用权,所以该合同不属于租赁,选项CD正确。

5. 企业与同一交易方或其关联方在同一时间或相近时间订立的两份或多份包含租赁的合同,基于总体商业目的而订立并构成一揽子交易,应当合并为一份合同进行会计处理。甲公司与乙公司、丙公司(乙公司的关联方)签订的租赁合同属于一揽子交易,应进行合并,选项A正确,选项B错误。甲公司(承租人)为简化处理,可以选择将合同中包含的租赁部分和非租赁部分不进行分拆,按照《企业会计准则第21号——租赁》进行会计处理,选项D正确,选项C错误。

6. 确认租赁负债的利息时,应借记"财务费用"账户,贷记"租赁负债——未确认融资费用"账户,增加租赁负债的账面金额,选项A正确。支付租赁付款额时,应借记"租赁负债——租赁付款额"账户,贷记"银行存款"账户,减少租赁负债的账面金额,选项B正确。因重估或租赁变更等原因导致租赁付款额发生变动时,重新计量租赁负债的账面价值,选项C正确。并非取决于指数或比率的可变租赁付款额,应当在实际发生时计入当期损益,但按规定应计入存货成本的从其规定,选项D错误。

7. 在租赁期开始日后,当发生下列4种情形时,承租人应当按照变动后的租赁付款额的现值重新计量租赁负债:①实质固定付款额发生变动,选项A正确。②担保余值预计的应付金额发生变动,选项B正确。③用于确定租赁付款额的指数或比率发生变动,选项C正确。④购买选择权、续租选择权或终止租赁选择权的评估结果或实际行使情况发生变化,选项D正确。

8. 承租人按照有关规定重新计量租赁负债的,应当相应调整使用权资产的账面价值,选项A正确。使用权资产一般按月计提折旧,选项B正确。使用权资产减值准备一经计提,不得转回,选项C正确。承租人发生的租赁资产改良支出不属于使用权资产,应当记入"长期待摊费用"账户,选项D错误。

9. 对于短期租赁,承租人可以按照租赁资产的类别做出简化会计处理的选择,如果承租人对某类租赁资产作出了简化会计处理的选择,未来该类资产下所有的短期租赁都应采用简化会计处理,选项A正确。按照简化会计处理的短期租赁发生租赁变更或其他原因导致租赁期发生变化的,承租人应当将其视为一项新租赁,重新按照相关规定判断该项租赁是否可以进行简化处理,选项B正确。承租人在判断是否属于低价值资产租赁时,应基于租赁资产的全新状态下的价值进行评估,不应考虑资产已被使用的年限,选项C错误。如果承租人已经或者预期要把相关资产进行转租赁,则不能将原租赁按照低价值资产租赁进行简化会计处理,选项D正确。

10. 甲公司能够合理确定行使续租选择权的,续租期间应构成租赁期,所以租赁期为13个月(超过12个月),不能作为短期租赁处理,不适用简化模型,应确认使用权资产和租赁负债,选项A正确。如果承租人已经或者预期要把相关资产进行转租赁,则不能将原租赁按照低价值资产租赁进行简化处理,应确认使用权资产和租赁负债,选项B正确。低价值资产应同时满足只有承租人能够从单独使用该低价值资产或将其与承租人易于获得的其他资源一起使用中获利,且该项资产与其他租赁资产没有高度依赖或高度关联关系时,才能对该资产租赁选择进行简化会计处理(虽然,租入单价2 000元的资产,但该项资产需要添加到大型服务器使用,存在高度依赖或高度关联关系,不适用简化模型),应确认使用权资产和负债,选项C正确。包含购买选择权的租赁不属于短期租赁,不适用简化模型,应确认使用权资产和负债,选项D正确。

11. 一项租赁存在下列一种或多种情形的,通常分类为融资租赁:①在租赁期届满时,租赁资产的所有权转移给承租人,选项A正确。②承租人有购买租赁资产的选择权,所订立的购买价款预计将远低于行使选择权时租赁资产的公允价值,因而在租赁开始日就可以合理确定承租人将行使该选择权。③资产的所有权虽然不转移,但租赁期占租赁资产使用寿命的大部分。实务中,这里的"大部分"一般指租赁期占租赁开始日租赁资产使用寿命的75%以上(含75%),如果租赁资产是旧资产,在租赁前已使用年限超过资产自全新时起算可使用年限的75%以上的,则这条判断标准不适用,不能使用这条标准确定租赁的分类,选项D错误。④在租赁开始日,租赁收款额的现值几乎相当于租赁资产的公允价值,这里的"几乎相当于",通常掌握在90%以上,选项B正确。⑤租赁资产性质特殊,如果不作较大改造,只有承租人才能使用,选项C正确。

12. 一项租赁存在下列一项或多项迹象的,可能被分类为融资租赁:①若承租人撤销租赁,撤销租赁对于出租人造成的损失由承租人承担,选项A正确。②资产余值的公允价值波动所产生的利得或损失归属于承租人,选项B正确。③承租人有能力以远低于市场水平的租金继续租赁至下一期间,选项C正确。④承租人有购买租赁资产的选择权,购买价款预计远低于行使选择权时租赁资产的公允价值,选项D正确。

13. 如果融资租赁的变更未作为一项单独租赁进行会计处理,且满足假如变更在租赁开始日生效,该租赁会被分类为经营租赁条件的,出租人应当自租赁变更生效日开始将其作为一项新租赁进行会计处理,并以租赁变更生效日前的租赁投资净额作为租赁资产的账面价值。由于本题不考虑其他因素的影响,租赁期开始日该设备的公允价值等于应收融资租赁款账面价值;第一年年末,甲公司应收融资租赁款账面价值为421.23万元[491.73×(1+6%)-100],因此租赁资产的入账金额为421.23万元,选项A错误,选项B正确。租赁变更后,该项租赁作为经营租赁,甲公司应将每年年末收取的租金确认为租赁收入,选项C正确,选项D错误。

14. 原租赁为短期租赁,且已按照简化会计处理方法的,应将转租赁分类为经营租赁,选项A正确。原租赁形成使用权资产的,转租赁形成融资租赁的,应终止确认使用权资产,同时确认应收融资租赁款,选项B正确。原租赁形成使用权资产的,转租赁形成经营租赁的,中间出租人应在资产负债表中继续保留使用权资产和租赁负债,选项C正确。原租赁形成使用权资产的,转租赁形成融资租赁的,中间出租人既要确认转租赁的融资收益,又要确认原租赁的利息费用,选项D正确。

15. 如果生产商或经销商出租其产品或商品构成融资租赁,则该交易产生的损益应相当于按照适用的交易量或商业折扣后的正常售价直接销售标的资产所产生的损益,选项A正确。生产商或经销商出租人在租赁期开始日应当按照租赁资产公允价值与租赁收款额按市场利率(而非出租人内含利率)折现的现值两者孰低确认收入,并按照租赁资产账面价值扣除未担保余值的现值后的余额结转销售成本,选项B错误,选项D正确。生产商出租人取得融资租赁所发生的成本不属于初始直接费用,不计入租赁投资净额,选项C正确。

三、判断题

1	2	3	4	5	6	7	8	9	10
×	×	×	√	√	×	√	×	×	×
11	12	13	14	15	16	17	18	19	20
√	×	√	×	×	√	×	×	√	√

难点解析：

1. 在分拆合同包含的租赁和非租赁部分时，承租人应当按照各项租赁部分单独价格及非租赁部分的单独价格之和的相对比例分摊合同对价(简化处理除外)；出租人应当分拆租赁部分和非租赁部分，根据《企业会计准则第14号——收入》关于交易价格分摊的规定分摊合同对价。

2. 承租人会计处理不再区分经营租赁和融资租赁，而是对所有租赁均确认使用权资产和租赁负债(简化处理的短期租赁和低价值资产租赁除外)；出租人的租赁业务仍分为融资租赁和经营租赁两大类分别进行会计处理。

3. 出租人提供免租期的，出租人应将租金总额在不扣除免租期的整个租赁期间内，按直线法或其他合理的方法进行分配，免租期内应当确认租金收入。

4. 售后租回交易中的资产转让不属于销售时，卖方兼承租人不终止确认所转让的资产，而应当将收到的现金作为金融负债。买方兼出租人不确认被转让资产，而应当将支付的现金作为金融资产。

6. 承租人在判断某项租赁是否属于低价值资产租赁时，应基于租赁资产的全新状态下的价值进行评估，不应考虑资产已被使用的年限。故本题表述错误。

7. 在租赁期开始日后，当发生下列4种情形时，承租人应当按照变动后的租赁付款额的现值重新计量租赁负债：①实质固定付款额发生变动(本题情形)。②担保余值预计的应付金额发生变动。③用于确定租赁付款额的指数或比率发生变动。④购买选择权、续租选择权或终止租赁选择权的评估结果或实际行使情况发生变化。

8. 使用权资产通常应自租赁期开始的当月计提折旧或选择自租赁期开始的下月计提折旧，但应对同类使用权资产采取相同的折旧政策。

9. 租赁是指在一定期间内，出租人将资产的使用权让与承租人以获取对价的合同。

10. 已识别资产通常由合同明确指定，也可以在资产可供客户使用时隐性指定。

12. 租赁期自租赁期开始日起计算。

14. 租赁负债应当按照租赁期开始日尚未支付的租赁付款额的现值进行初始计量。

15. 在租赁期开始日，承租人应评估是否合理确定将行使购买标的资产的选择权。在评估时，承租人应考虑对其行使或不行使购买选择权产生经济激励的所有相关事实和情况。若承租人合理确定将行使购买标的资产的选择权，则租赁付款额中应包含购买选择权的行权价格。

17. 无论是否实际取得租赁都会发生的支出，不属于初始直接费用，如为评估是否签订租赁而发生的差旅费、法律费用等，此类费用应当在发生时计入当期损益。

18. 在租赁期开始日后，承租人应当采用成本模式对使用权资产进行后续计量，即以成本减累计折旧及累计减值损失计量使用权资产。

四、实务题

1. （1）计算承租人甲公司租赁负债的入账成本。

$$承租人甲公司租赁负债的入账成本＝50\,000×7.72＝386\,000(元)$$

提示：① 因甲公司在租赁期开始时选择续租5年，其租赁期为10年。
② 租赁负债应当按照租赁期开始日尚未支付的租赁付款额的现值进行初始计量。

（2）计算承租人甲公司应确认使用权资产的成本，并编制相关会计分录。

$$承租人甲公司使用权资产的成本＝租赁负债的初始计量金额＋初始直接费用－租赁激励$$
$$＝386\,000＋(15\,000＋5\,000)－5\,000＝401\,000(元)$$

借：使用权资产	386 000
租赁负债——未确认融资费用	114 000
贷：租赁负债——租赁付款额(50 000×10)	500 000
借：使用权资产	20 000
贷：银行存款	20 000

（3）编制2023年年末甲公司支付租金时的相关会计分录。

借：租赁负债——租赁付款额	50 000
贷：银行存款	50 000
借：财务费用(386 000×5%)	19 300
贷：租赁负债——未确认融资费用	19 300

（4）计算2024年年末甲公司使用权资产的账面价值及租赁负债的账面余额。

2024年年末甲公司使用权资产的账面价值＝401 000－401 000÷10×2＝320 800(元)
2023年年末租赁负债的账面余额＝386 000－50 000＋19 300＝355 300(元)
2024年年末租赁负债的账面余额＝355 300－50 000＋355 300×5%＝323 065(元)

（5）编制2024年年末甲公司发生可变租赁付款额时的相关会计分录。

借：销售费用(12 000 000×1%)	120 000
贷：银行存款	120 000

2. （1）计算租赁投资净额并编制租赁期开始日的相关会计分录。

因不存在未担保余值，故租赁投资净额为270 000元(260 000＋10 000)。

借：应收融资租赁款——租赁收款额	300 000
贷：融资租赁资产	260 000
银行存款	10 000
应收融资租赁款——未实现融资收益	30 000

（2）编制2024年年末甲公司收到租金并确认利息的相关会计分录。

借：银行存款	100 000
贷：应收融资租赁款——租赁收款额	100 000

借：应收融资租赁款——未实现融资收益(270 000×5.46％)   14 742
    贷：租赁收入   14 742

(3) 编制2025年年末甲公司收到租金并确认利息的相关会计分录。

    2024年年末租赁投资净额的账面余额＝270 000－100 000＋14 742＝184 742(元)

借：银行存款   100 000
    贷：应收融资租赁款——租赁收款额   100 000

借：应收融资租赁款——未实现融资收益(184 742×5.46％)   10 086.91
    贷：租赁收入   10 086.91

(4) 编制2025年年末甲公司确认乙公司按销售收入额外支付租金的相关会计分录。

借：应收账款   50 000
    贷：租赁收入   50 000

3. (1) 相关计算及会计处理如下：

    租赁负债的初始确认金额＝$10×(P/A，5\%，3)+50×(P/F，5\%，3)$
                    ＝$10×2.723\ 2+50×0.863\ 8$
                    ＝70.42(万元)

    使用权资产的初始确认金额＝租赁负债的初始确认金额＋预付租金＋初始直接费用－租赁激励＋复原费等
                    ＝70.42＋0＋0－0＋0＝70.42(万元)

借：使用权资产   704 200
    租赁负债——未确认融资费用   95 800
    贷：租赁负债——租赁付款额[(10×3＋50)×10 000]   800 000

(2) 相关计算及会计处理如下：

    2023年甲公司对设备计提折旧的金额＝70.42÷10＝7.04(万元)
    租赁负债期末账面价值＝期初账面价值＋本年利息摊销－本年支付租金
                ＝70.42＋70.42×5％－10＝63.94(万元)
    该业务对利润总额的影响金额＝设备的折旧金额＋利息摊销金额
                ＝7.04＋70.42×5％＝10.56(万元)

借：租赁负债——租赁付款额   100 000
    贷：银行存款   100 000

借：财务费用[(70.42×5％)×10 000]   35 200
    贷：租赁负债——未确认融资费用   35 200

借：制造费用   70 400
    贷：使用权资产累计折旧   70 400

(3) 会计处理原则：售后租回交易中的资产转让不属于销售的，甲公司作为卖方(承租人)不终止确认所转让的资产，而应当将收到的现金作为金融负债。

借：银行存款   400 000
    贷：长期应付款   400 000

4. (1) 计算租赁负债和使用权资产的初始入账金额及相关会计处理如下：

租赁负债的初始入账金额 $=1\,000\times(P/A,5\%,6)=1\,000\times5.075\,7=5\,075.7$（万元）

使用权资产的初始入账金额 $=$ 租赁负债的初始入账金额 $=5\,075.7$（万元）

借：使用权资产　　　　　　　　　　　　　　　　　50 757 000
　　租赁负债——未确认融资费用　　　　　　　　　 9 243 000
　　　贷：租赁负债——租赁付款额　　　　　　　　60 000 000

(2) 计算应计提的使用权资产折旧金额及相关会计处理如下：

2023 年使用权资产折旧金额 $=5\,075.7\div6=845.95$（万元）

借：管理费用　　　　　　　　　　　　　　　　　　8 459 500
　　　贷：使用权资产累计折旧　　　　　　　　　　8 459 500

(3) 计算应确认的租赁负债利息费用及相关会计处理如下：

2023 年租赁负债利息费用 $=5\,075.7\times5\%=253.79$（万元）

借：财务费用　　　　　　　　　　　　　　　　　　2 537 900
　　　贷：租赁负债——未确认融资费用　　　　　　2 537 900

(4) 编制 2023 年 12 月 31 日支付租金的会计分录如下：

借：租赁负债——租赁付款额　　　　　　　　　　10 000 000
　　　贷：银行存款　　　　　　　　　　　　　　10 000 000

五、资料题

(1) 资料一的会计处理存在不当之处。

理由：甲公司与乙公司签订的协议中，并未对资产进行指定，且乙公司有大量类似的服务器群组可以满足合同要求，表明乙公司拥有替换资产的实际能力，且能够通过行使替换资产的权利获得经济利益，即乙公司具有实质性替换权，该合同不属于租赁合同。甲公司应将其按照一般服务进行处理（按受益对象将支付的"租金"计入相关资产成本或费用）。

(2) 资料二的会计处理存在不当之处。

处理意见：消费者价格指数变动而导致未来租赁付款额变动的，应对租赁负债进行重新计量，并按重新计量后的租赁负债与原账面价值之间的差额，调整使用权资产的账面价值。

资料三的会计处理存在不当之处。

处理意见：应当按原资产账面价值中与租回获得的使用权有关的部分，计量售后租回所形成的使用权资产，并仅就转让至买方兼出租人的权利确认相关利得或损失。

资料四的会计处理存在不当之处。

处理意见：应按变更后租赁负债的账面价值与变更前的账面价值的差额，调整使用权资产的账面价值。

资料五的会计处理存在不当之处。

处理意见：符合低价值资产租赁的资产全新状态下的绝对价值通常应低于 4 万元，网络服务器不应作为低价值资产租赁进行会计处理;此外,尽管单个内存卡的单独价格较低,但由于每个内存卡都与服务器中的其他部分高度相关,不构成单独的租赁部分,也不应作为低价值资产租赁进行会计处理。

第四章 政 府 补 助

第一部分 内 容 概 要

一、政府补助概述
政府补助的概念、特征和分类如图 4-1 所示。

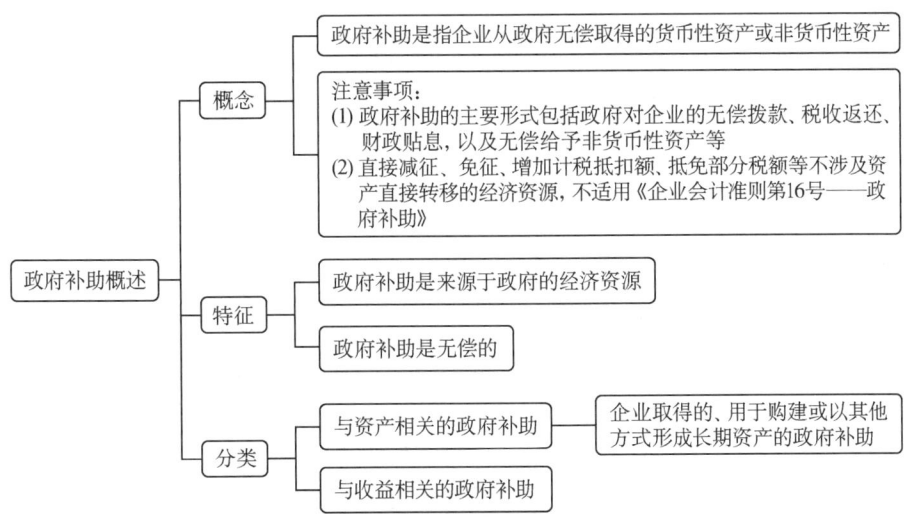

图 4-1 政府补助的概念、特征和分类

二、政府补助的会计处理
(一) 政府补助的确认条件及计量

1. 政府补助的确认条件

政府补助同时满足下列条件的,才能予以确认:一是企业能够满足政府补助所附条件;二是企业能够收到政府补助。

2. 政府补助的计量

(1) 政府补助为货币性资产的,应当按照收到或应收的金额计量。

(2) 政府补助为非货币性资产的,应当按照公允价值计量;公允价值不能可靠取得的,按照名义金额(1元)计量,在取得时计入当期损益。

(二) 政府补助的会计处理方法

(1) 总额法。即在确认政府补助时将政府补助全额确认为收益,而不是作为相关资产账面价值或费用的扣减。

(2) 净额法。即将政府补助作为相关资产账面价值或所补偿费用的扣减。

（三）与资产相关的政府补助

与资产相关的政府补助有总额法和净额法两种处理方式。与资产相关的政府补助会计处理规则如图 4-2 所示。

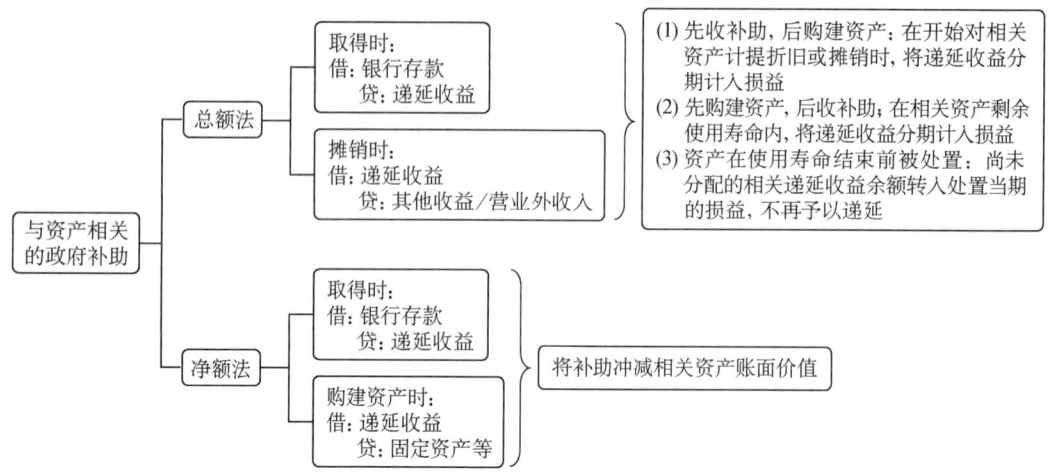

图 4-2　与资产相关的政府补助会计处理规则

（四）与收益相关的政府补助

与收益相关的政府补助，通常在满足政府补助条件时计入当期损益或冲减相关成本费用。与收益相关的政府补助会计处理规则如图 4-3 所示。

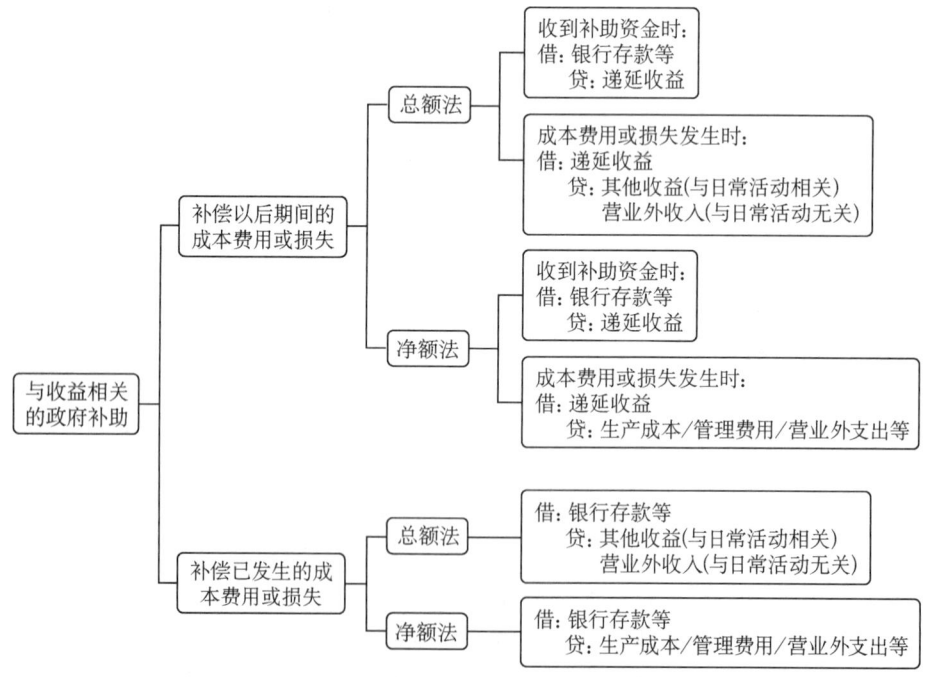

图 4-3　与收益相关的政府补助会计处理规则

(五) 政府补助的退回

已计入损益的政府补助需要退回的,应当在需要退回的当期分情况进行会计处理。

(1) 初始确认时冲减相关资产账面价值的,调整资产账面价值。

(2) 存在相关递延收益的,冲减相关递延收益账面余额,超出部分计入当期损益。

(3) 属于其他情况的,直接计入当期损益。

(六) 特定项目政府补助的会计处理

特定项目政府补助的会计处理规则如图4-4所示。

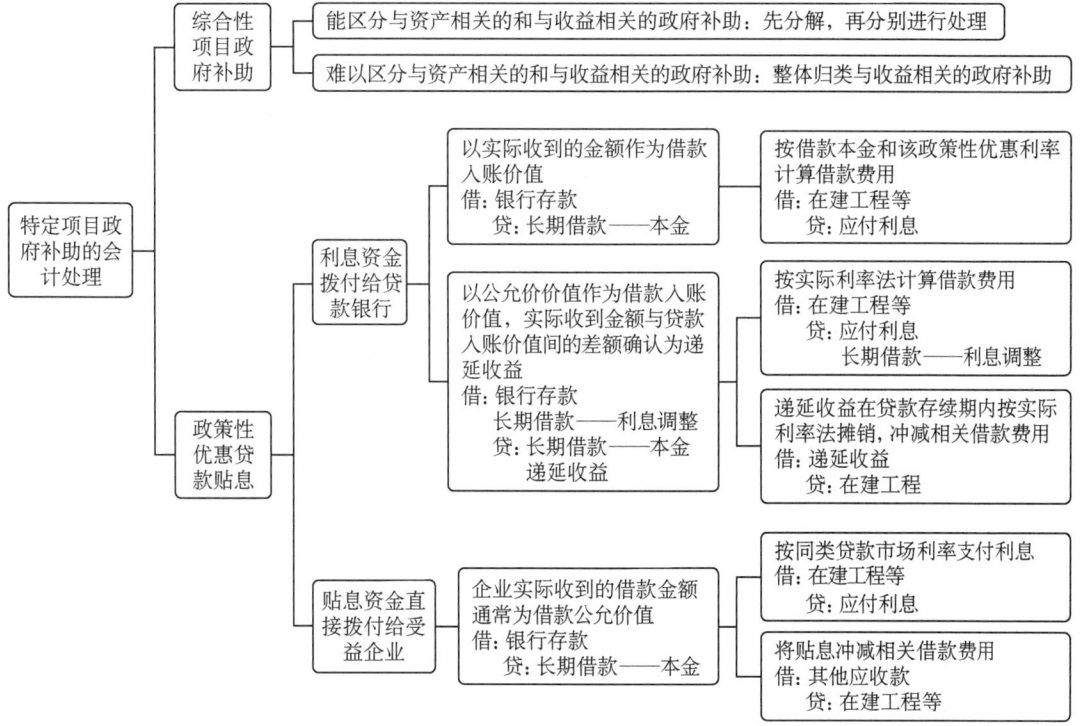

图4-4 特定项目政府补助的会计处理规则

(七) 政府补助的列报

1. 政府补助在利润表上的列报

企业应当在利润表中的"营业利润"项目上单独列报"其他收益"项目,计入其他收益的政府补助在该项目中反映。冲减相关成本费用的政府补助,在相关成本费用项目中反映。与企业日常经营活动无关的政府补助,在利润表的"营业外支出"项目中列报。

2. 政府补助的附注披露

企业应当在附注中披露与政府补助有关的下列信息:

(1) 政府补助的种类、金额和列报项目。

(2) 计入当期损益的政府补助金额。

(3) 本期退回的政府补助金额及原因。

第二部分 练 习 题

一、单项选择题

1. 收到与收益相关的政府补助,用于补偿企业以后期间相关费用或损失的,按收到或应收的金额,借记"银行存款""其他应收款"等账户,贷记的会计账户是(　　)。
   A. 递延收益　　　　B. 财务费用　　　　C. 其他收益　　　　D. 营业外收入

2. 收到与收益相关的政府补助,用于补偿企业已经发生的相关费用的,按收到的金额,借记"银行存款"等账户,贷记的会计账户是(　　)。
   A. 递延收益　　　　B. 财务费用　　　　C. 其他收益　　　　D. 营业外收入

3. 政府补助为非货币性资产的,应当按照公允价值计量;公允价值不能可靠取得的,应当按照名义金额计量。其中,名义金额是指(　　)元。
   A. 1　　　　　　　B. 10　　　　　　　C. 100　　　　　　D. 1 000

4. 下列关于政府补助确认和计量的表述中,不正确的是(　　)。
   A. 政府补助为货币性资产的,应当按照实际收到的金额计量
   B. 通常情况下,企业对同类或类似政府补助业务只能选用一种方法,不得随意变更
   C. 政府补助为非货币性资产的,若公允价值不能可靠取得,按照账面价值计量
   D. 企业能够满足所附条件,并能够收到政府补助时,才能确认政府补助

5. 2023 年 11 月,兴茂公司取得政府投资款 300 万元、即征即退的增值税 50 万元、增值税出口退税 20 万元、财政贴息 40 万元。不考虑其他因素的影响,兴茂公司 2023 年 11 月获得的政府补助金额是(　　)万元。
   A. 90　　　　　　　B. 110　　　　　　C. 60　　　　　　　D. 320

6. 下列各项中,关于企业取得针对综合性项目的政府补助说法正确的是(　　)。
   A. 无须分解而将其全部作为与收益相关的政府补助处理
   B. 无须分解而将其全部作为与资产相关的政府补助处理
   C. 需将其分解为与资产相关的部分和与收益相关的部分,分别进行会计处理
   D. 难以区分为与资产相关的部分和与收益相关的部分,将政府补助整体归类为与资产相关的政府补助进行会计处理

7. 2021 年 3 月,兴茂公司开始建造办公楼,预计总成本为 8 000 万元。因资金不足,兴茂公司按相关规定向有关部门提出补助 2 560 万元的申请。2021 年 8 月 10 日,政府相关部门批准了兴茂公司的申请,并拨付给兴茂公司 2 560 万元财政拨款(同日到账)。2023 年 9 月 8 日,办公楼达到预定可使用状态,共发生建造成本 6 450 万元,预计使用年限为 20 年,预计净残值为 50 万元,采用年限平均法计提折旧。兴茂公司采用总额法核算政府补助,不考虑其他因素的补助,2023 年兴茂公司因该事项影响损益的金额是(　　)万元。
   A. －112　　　　　B. －48　　　　　　C. 0　　　　　　　D. －80

8. 下列关于企业取得财政贴息的会计处理的表述中,不正确的是(　　)。
   A. 财政将贴息资金拨付给贷款银行,由贷款银行以政策性优惠利率向受益企业提供贷款,如果以实际收到的贷款金额入账,应该按照政策性优惠利率计算借款费用

B. 财政将贴息资金拨付给贷款银行,由贷款银行以政策性优惠利率向受益企业提供贷款的,如果以借款的公允价值作为借款的入账价值,递延收益在贷款的存续期间内采用实际利率法摊销,冲减相关借款费用

C. 财政将贴息资金直接拨付给受益企业,以实际收到的贷款金额入账的,应该按照合同利率计算借款费用

D. 财政将贴息资金直接拨付给受益企业的,确定的递延收益按照直线法摊销,并计入当期损益

9. 2021年12月31日,兴茂公司购入一项设备,账面原价600万元,预计使用5年,预计净残值率为3%,按照双倍余额递减法计提折旧。2022年7月1日,兴茂公司收到与该设备相关的政府补助108万元,兴茂公司采用总额法对该政府补助进行会计处理,并按直线法进行摊销。2023年12月31日,兴茂公司提前处置了该设备,收到处置价款270万元。不考虑相关税费及其他因素的影响,下列关于固定资产和政府补助的会计处理的表述中,不正确的是(   )。

A. 2022年12月31日,固定资产账面价值为360万元

B. 2023年确认固定资产处置损益54万元

C. 2023年确认固定资产折旧费用144万元

D. 2023年确认其他收益84万元

10. 2023年,兴茂公司发生的有关交易或事项如下:①因生产并销售环保型空调收到政府补贴50万元。按规定兴茂公司每销售一台环保型空调,政府给予补贴400元。该环保型空调每台生产成本为1 100元,国家规定的销售价格为900元。②按规定收到即征即退的增值税180万元。③按规定直接定额减免企业所得税400万元。④为研发第二代节能环保型空调发生研发费用800万元,税法允许税前抵扣1 385万元。不考虑其他因素的影响,下列各项中,兴茂公司应将其作为政府补助进行会计处理的是(   )。

A. 收到政府给予的销售环保型空调补贴50万元

B. 收到即征即退的增值税180万元

C. 研发第二代节能环保型空调发生的研发费用可予税前抵扣1 385万元

D. 直接定额减免企业所得税400万元

二、多项选择题

1. 下列关于政府补助的表述中,正确的有(   )。

A. 增加计税抵扣额、抵免部分税额,不属于政府补助

B. 增值税出口退税,不属于政府补助

C. 按规定直接减免应交的增值税,属于政府补助,并通过"其他收益"账户核算

D. 即征即退的增值税,属于政府补助,并通过"其他收益"账户核算

2. 下列各项中,企业不应将其作为政府补助进行会计处理的有(   )。

A. 取得即征即退的增值税

B. 免交当期应交企业所得税的20%

C. 政府以所有者身份向企业投入资金

D. 企业将其拥有的土地使用权交还给政府而按公允价值取得的补偿款

3. 下列各项中,属于政府补助的有(　　)。
   A. 收到先征后返的增值税 210 万元
   B. 收到当地政府无偿划拨的款项 1 380 万元
   C. 收到增值税出口退税 70 万元
   D. 因满足税法规定直接减征消费税 320 万元

4. 下列关于与资产相关的政府补助的会计处理表述中,正确的有(　　)。
   A. 企业收到货币性资产时,净额法下企业收到补助资金应先确认递延收益,购入相关固定资产等时将补助冲减其账面价值
   B. 企业收到货币性资产时,总额法下企业收到补助资金应先确认递延收益,在相关资产使用寿命内按合理、系统的方法分期计入其他收益
   C. 企业收到非货币性资产时,对以名义金额计量的政府补助应在取得时计入当期损益
   D. 企业收到非货币性资产时,如果资产的公允价值能够可靠计量,应确认递延收益,在相关资产使用寿命内按合理、系统的方法分期计入其他收益

5. 下列关于政府补助的表述中,正确的有(　　)。
   A. 与收益相关的政府补助只能采用净额法进行处理
   B. 企业应将综合性项目的政府补助分解为与资产相关的部分和与收益相关的部分,分别进行会计处理;难以区分的,则应将其整体归类为与收益相关的政府补助
   C. 因购买的长期资产属于公益项目,而收到政府给予的补助属于与资产相关的政府补助
   D. 以较低价格向农村销售家电而收到的政府给予的补贴款一般不属于政府补助

6. 下列各项中,属于企业取得的政府补助的有(　　)。
   A. 政府部门对企业银行贷款利息给予的补贴
   B. 政府部门无偿拨付给企业进行技术改造的专项资金
   C. 政府部门作为企业所有者投入的资本
   D. 政府部门先征后返的增值税

7. 下列关于企业取得与收益相关政府补助的会计处理表述中,正确的有(　　)。
   A. 用于补偿以后期间的相关成本费用或损失的,在收到时应当先判断企业能否满足政府补助所附条件
   B. 用于补偿以后期间的相关成本费用或损失,收到时暂无法确定是否满足政府补助条件的,应当先作为预收款项记入"其他应付款"账户
   C. 用于补偿以后期间的相关成本费用或损失,有客观情况表明企业能够满足政府补助所附条件的,应当确认递延收益
   D. 用于补偿已发生的相关成本费用或损失的,应当直接计入当期损益或冲减相关成本费用

8. 下列关于已确认的政府补助需要退回的会计处理表述中,正确的有(　　)。
   A. 初始确认时计入其他收益或营业外收入的,直接计入当期损益
   B. 初始确认时冲减相关成本费用或营业外支出的,直接计入当期损益
   C. 初始确认时冲减资产账面价值的,调整资产账面价值
   D. 初始确认时确认为递延收益的,冲减相关递延收益账面余额,超出部分计入当期损益

9. 下列各项中,应作为政府补助进行会计处理的有(　　)。
   A. 先征后返的增值税 28 万元
   B. 因自然灾害收到政府无偿给予的价值 200 万元的应急设备
   C. 直接减征的企业所得税 51 万元
   D. 因安置职工就业收到政府拨付的奖励款项 30 万元
10. 下列关于政府补助的表述中,正确的有(　　)。
    A. 政府补助应当限定资金的用途
    B. 政府补助具有无偿性
    C. 政府对企业债务的豁免属于政府补助
    D. 政府以投资者身份向企业投入货币性资产不属于政府补助

三、判断题

1. 政府补助是指企业从政府无偿取得的货币性资产或非货币性资产,其主要形式包括政府对企业的无偿拨款、税收返还、财政贴息等。（　　）
2. 政府补助为货币性资产的,应当按照收到或应收的金额计量。（　　）
3. 总额法下,将政府补助作为相关资产账面价值或所补偿费用的扣减。（　　）
4. 通常情况下,对同类或类似政府补助业务,企业可同时选用总额法和净额法进行处理。（　　）
5. 增加计税抵扣额不属于政府补助。（　　）
6. 与企业日常活动无关的政府补助,计入营业外收入或营业外支出。（　　）
7. 用于补偿以后期间的相关成本费用或损失的,若满足政府补助确认条件,先确认为递延收益。（　　）
8. 其他收益属于所有者权益类项目,不影响营业利润。（　　）
9. 与资产相关的政府补助采用总额法核算时,如果企业先购建长期资产,再收到补助资金,则在收到补助资金时全额计入其他收益。（　　）
10. 企业从政府取得的经济资源,如果与企业销售商品或提供劳务等活动密切相关,且来源于政府的经济资源是企业商品或服务的对价或对价的组成部分,应当按照《企业会计准则第 14 号——收入》的规定进行会计处理,不适用《企业会计准则第 16 号——政府补助》。（　　）

四、实务题

1. 兴茂公司为境内上市公司,政府补助采用净额法进行会计处理。2023 年,兴茂公司发生的有关交易或事项如下:

   资料 1:兴茂公司采用新技术生产更先进的设备,自 2 月 1 日起对生产线进行更新改造,生产线更新改造项目于 12 月 8 日达到预定可使用状态。兴茂公司更新改造该生产线属于国家鼓励并给予补助的项目,经兴茂公司申请,于 12 月 25 日得到相关政府部门批准,可获得政府补助 2 500 万元。截至 12 月 31 日,补助款尚未收到,但兴茂公司预计能够取得。

   资料 2:兴茂公司于 5 月遭受重大自然灾害,于 8 月 10 日收到了政府补助 100 万元。

资料3:按照国家有关规定,公司购置环保设备可以申请补贴以补偿其环保支出。兴茂公司于1月向政府有关部门提交了880万元的补助申请,作为对其购置环保设备的补贴。2月19日,兴茂公司收到补贴款880万元。5月16日,兴茂公司购入不需要安装的环保设备,该设备实际成本为1840万元,预计使用寿命为10年,采用年限平均法计提折旧(不考虑净残值)。假定环保设备折旧额需计入制造费用。

资料4:1月1日,兴茂公司向银行贷款1 000万元,期限为3年,按年计息,于每年年末付息,到期一次还本。该笔贷款将被用于国家扶植的高效照明产业,符合财政贴息条件。假设公司与银行签订的贷款合同约定的年利率为7%。以付息凭证向财政申请贴息资金,财政贴息年利率为3%,财政部门按年与公司结算贴息资金。公司取得该贷款用于建造生产车间,且2023年属于资本化期间。

要求:若你是兴茂公司的财务人员,请根据上述资料,回答下列问题。

(1) 根据资料1,说明兴茂公司获得的政府补助的分类,并编制与政府补助相关的会计分录。

(2) 根据资料2,说明兴茂公司获得的政府补助的分类,并编制与政府补助相关的会计分录。

(3) 根据资料3,编制兴茂公司2023年的相关会计分录。

(4) 根据资料4,编制兴茂公司与银行贷款贴息相关的会计分录。

2. 兴茂公司为境内上市公司,政府补助采用总额法进行会计处理。

为购置生产设备的配套环保设备,兴茂公司向当地政府申请补贴,以补偿其环保支出。2020年1月,兴茂公司向当地政府有关部门提交了420万元的补助申请资料,作为对其购置环保设备的补贴。2020年6月12日,该申请经政府审批通过;政府于当日实际拨付该款项。

2020年7月19日,兴茂公司购入不需要安装的环保设备,取得增值税专用发票注明的价款为600万元,增值税税额为78万元,价款已全部支付,并交付生产车间使用。该设备的预计使用年限为10年,采用年限平均法计提折旧,不考虑净残值。兴茂公司采用直线法分摊与资产相关的政府补助。

假设一:2021年7月31日,有关部门在对兴茂公司的检查中发现,兴茂公司不符合申请补助的条件,要求兴茂公司退还补贴款。兴茂公司于当月退还了补贴款420万元。

假设二:2023年7月,因产品更新换代,兴茂公司出售了这台设备,取得489.5万元(其中,价款为430万元,增值税税额为55.9万元)。

要求:若你是兴茂公司的财务人员,请根据上述资料,回答下列问题。

(1) 编制兴茂公司2020年取得政府补助、购置生产设备的配套环保设备的相关会计分录。

(2) 根据假设一,编制2021年兴茂公司退还补贴款的相关会计分录。

(3) 根据假设二,编制2023年兴茂公司处置环保设备的相关会计分录。

五、资料题

兴茂公司为上市公司,采用总额法核算政府补助。兴茂公司内审部门在2024年1月审核公司2023年财务报表时,对以下交易或事项的会计处理提出质疑。

资料一：2023年12月9日，收到了政府同意拨付兴茂公司2024年"科技三项"财政补贴资金1 700万元的批复。2024年1月4日，实际收取该笔补贴款。2023年12月31日，兴茂公司同时确认了其他应收款和其他收益1 700万元。

资料二：2023年7月1日，兴茂公司取得当地财政部门拨款2 500万元，用于资助公司的一项研发项目的前期研究。该研发项目预计周期为3年，预计将发生研究支出4 000万元。该项目自2023年7月开始启动，至2023年年末累计发生研究支出1 400万元，款项以银行存款支付。公司对该事项的会计处理如下：

借：银行存款　　　　　　　　　　　　　　　　　　　　　　25 000 000
　　贷：其他收益　　　　　　　　　　　　　　　　　　　　　25 000 000
借：研发支出——费用化支出　　　　　　　　　　　　　　　14 000 000
　　贷：银行存款　　　　　　　　　　　　　　　　　　　　　14 000 000
借：管理费用　　　　　　　　　　　　　　　　　　　　　　14 000 000
　　贷：研发支出——费用化支出　　　　　　　　　　　　　14 000 000

资料三：兴茂公司从2021年开始受政府委托进口M产品。国家限定兴茂公司销售M产品的价格，并且公司进销差价损失由国家财政给予返还。兴茂公司2023年因销售M产品收到财政返还款900万元，并将其计入其他收益。

资料四：2023年11月，兴茂公司某节能技术改造项目正式经当地经济发展局核准。该项目属于国家重点节能技术改造项目，项目总投资为10 000万元，其中长期资产的建设投资额为8 000万元，流动资金等其他投资额合计2 000万元。兴茂公司同时就该技术改造项目向当地政府申请补助，补助用途为资产建设投资。2023年12月20日，公司全额收取"中央预算投资"项目下的政府补助2 000万元，将其计入其他收益。

假定不考虑相关税费及其他因素的影响。

要求：根据资料一至资料四，逐项判断兴茂公司的会计处理是否正确，并说明理由。如果兴茂公司的会计处理不正确，请指导财务人员进行正确的会计处理。

第三部分　参考答案

一、单项选择题

1	2	3	4	5	6	7	8	9	10
A	C	A	C	A	C	B	D	D	B

难点解析：

1. 收到与收益相关的政府补助，用于补偿企业以后期间相关费用或损失的，企业应当将补助确认为递延收益，选项A正确。

2. 收到与收益相关的政府补助，用于补偿企业已经发生的相关费用的，企业应当将补助确认为其他收益；用于补偿企业已经发生的损失的，企业应当将补助确认为营业外收入。选项C正确。

3. 政府补助为非货币性资产的,应当按照公允价值计量;公允价值不能可靠取得的,按照名义金额(1元)计量,选项A正确。

4. 政府补助为货币性资产的,应当按照实际收到的金额计量,选项A正确。通常情况下,企业对同类或类似政府补助业务只能选用一种方法,不得随意变更,选项B正确。政府补助为非货币性资产的,应当按照公允价值计量,公允价值不能可靠取得的,按照名义金额(1元)计量,选项C错误。政府补助同时满足下列条件的,才能予以确认:一是企业能够满足政府补助所附条件;二是企业能够收到政府补助。选项D正确。

5. 政府以企业所有者身份向企业投入资本,享有相应的所有者权益,政府与企业是投资者与被投资者的关系,属于互惠交易,因此兴茂公司取得政府投资款300万元不属于政府补助;即征即退的增值税50万元属于政府补助;增值税出口退税实际上是政府退回企业事先垫付的进项税,因此增值税出口退税20万元不属于政府补助;财政贴息40万元属于政府补助。因此,2023年11月兴茂公司获得政府补助金额为90万元(50+40),选项A正确。

6. 企业取得针对综合性项目的政府补助,需将其分解为与资产相关部分和与收益相关部分,分别进行处理,选项C正确,选项AB错误。难以区分为与资产相关部分和与收益相关部分的,将政府补助整体归类为与收益相关的政府补助进行会计处理,选项D错误。

7. 2023年办公楼应计提折旧的金额为80万元[(6 450-50)÷20×(3÷12)],办公楼折旧额计入管理费用,影响当期损益。兴茂公司从政府取得财政拨款属于与资产相关的政府补助,采用总额法核算,应在收到时计入递延收益,并从2023年10月开始摊销计入其他收益,2023年摊销金额为32万元[2 560÷20×(3÷12)],上述经济事项影响损益的金额合计-48万元(-80+32),选项B正确。

8. 财政将贴息资金直接拨付给受益企业,企业先按照同类贷款市场利率向银行支付利息,财政部门定期与企业结算利息。在这种方式下,企业先按同类贷款市场利率向银行支付利息,因此实际收到的借款金额通常就是借款的公允价值,企业应当将对应的贴息冲减相关借款费用,选项D错误。

9. 2021年12月31日,固定资产原值为600万元,自2022年1月1日起计提折旧,2022年应计提折旧金额为240万元[600×(2÷5)],2022年固定资产账面价值为360万元(600-240),选项A正确。2023年应计提折旧金额为144万元[(600-240)×(2÷5)],选项C正确。截至2023年12月31日,固定资产账面价值为216万元(600-240-144),收到处置价款270万元,故应确认资产处置损益金额54万元(270-216),选项B正确。

2022年7月1日收到政府补助108万元,按剩余资产使用寿命4.5年予以摊销,2022年应计提摊销额为12万元[108÷4.5×(1÷2)],2023年应计提摊销额为24万元(108÷4.5),截至2023年12月31日,递延收益余额为72万元(108-12-24),因相关资产提前处置,递延收益余额应全部转入其他收益,2023年确认其他收益为96万元(24+72),选项D错误。

10. 政府补助是指企业从政府无偿取得货币性资产或非货币性资产,其形式主要包括政府对企业的无偿拨款、税收返还、财政贴息,以及无偿给予非货币性资产等。收到政府给予的销售环保型空调补贴50万元,该补贴款是企业销售商品对价组成的一部分,应按《企业会计准则第14号——收入》的规定进行会计处理,选项A错误。收到即征即退的增值税属于企业从政府无偿取得资产,应作为政府补助进行会计处理,选项 B 正确。研发第二代节能环保型空调发生的研发费用可予税前抵扣 1 385 万元,属于税收优惠政策,企业并未涉及政府资产的直接转移,不属于政府补助,选项 C 错误。直接定额减免企业所得税 400 万元,并未涉及政府资产的直接转移,不属于政府补助,选项 D 错误。

二、多项选择题

1	2	3	4	5	6	7	8	9	10
ABD	BCD	AB	ABCD	BCD	ABD	ABCD	ABCD	ABD	BD

难点解析：

1. 增加计税抵扣额、抵免部分税额,不涉及资产直接转移的经济资源,不属于政府补助,选项 A 正确。增值税出口退税实际上是政府退回企业事先垫付的进项税,不属于政府补助,选项 B 正确。按规定直接减免应交的增值税,不涉及资产直接转移的经济资源,不属于政府补助,选项 C 错误。即征即退的增值税,属于政府补助,在核算时借记"银行存款"等账户,贷记"其他收益"账户,选项 D 正确。

2. 通常情况下,直接减征、免征、增加计税抵扣额、抵免部分税额等不涉及资产直接转移的经济资源不适用《企业会计准则第 16 号——政府补助》,免交当期应交企业所得税,不作为政府补助进行会计处理,选项 B 不属于政府补助。政府以企业所有者身份向企业投入资本,享有相应的所有者权益,政府与企业直接是投资者与被投资者的关系,属于互惠交易,不符合政府补助的无偿性的特征,选项 C 不属于政府补助。企业是有偿从政府取得的补偿款,选项 D 不作为政府补助进行会计处理。

3. 政府补助的主要形式包括政府对企业的无偿拨款、税收返还、财政贴息,以及无偿给予非货币性资产等,选项 A 属于税收返还,选项 B 属于政府对企业的无偿拨款。增值税出口退税实际上是政府退回企业事先垫付的进项税,所以,选项 C 不属于政府补助。直接减征这类税收优惠为不涉及资产直接转移的经济资源,所以,选项 D 不适用《企业会计准则第 16 号——政府补助》。

4. 企业收到货币性资产时,在总额法下应先确认递延收益,并在相关资产使用寿命内按合理、系统的方法分期计入其他收益;在净额法下应先确认递延收益,并在购入相关固定资产等时将补助冲减其账面价值,选项 AB 正确。企业收到非货币性资产时,如果资产的公允价值能够可靠计量,要先确认递延收益,并在相关资产使用寿命内按合理、系统的方法分期计入其他收益;对以名义金额(1 元)计量的政府补助,应在取得时计入当期损益,选项 CD 正确。

5. 政府补助的会计处理有 2 种方法:一是总额法;二是净额法。一般情况下,对于与收益相关的政府补助,企业既可以选择采用总额法,又可以选择采用净额法,选项 A 错误。

6. 政府部门对企业银行贷款利息给予的补贴属于政府补助,选项 A 符合要求。政府部门无偿拨付给企业进行技术改造的专项资金属于政府补助,选项 B 符合要求。政府与企业之间的关系是投资者与被投资者之间的关系,属于权益性投资,不属于政府补助,选项 C 不符合要求。政府部门先征后返的增值税属于政府补助,选项 D 符合要求。

7. 企业在收到政府补助资金时应当先判断能否满足政府补助所附条件,选项 A 正确。如收到时暂时无法确定,则应当先将其计入其他应付款,待客观情况表明企业能够满足政府补助所附条件后,再确认递延收益,选项 BC 正确。企业用于补偿企业已发生的相关成本费用或损失的,应当按照实际收到的金额计入当期损益(总额法)或冲减相关成本(净额法),选项 D 正确。

8. 政府补助需要退回的,应当在需要退回的当期分情况按照以下规定进行会计处理:①初始确认时冲减相关资产账面价值的,调整资产账面价值,选项 C 正确。②存在尚未摊销递延收益的,冲减相关递延收益账面余额,超出部分计入当期损益,选项 D 正确。③属于其他情况的,直接计入当期损益,选项 AB 正确。

9. 政府补助是指企业从政府无偿取得的货币性资产或非货币性资产,其主要形式包括政府对企业的无偿拨款、税收返还、财政贴息,以及无偿给予非货币性资产等;直接减征、免征、增加计税抵扣额、抵免部分税额等不涉及资产直接转移的经济资源,不适用《企业会计准则第 16 号——政府补助》。选项 A 属于税收返还,选项 B 属于无偿给予非货币性资产,选项 C 属于直接减征,选项 D 属于无偿拨款,因此选项 ABD 应作为政府补助进行处理。

10. 政府补助一般限定资金的用途,而非应当限定资金的用途,选项 A 错误。政府补助是来源于政府的经济资源,具有无偿性,选项 B 正确。政府对企业的债务豁免属于不涉及资产直接转移的经济资源,不适用《企业会计准则第 16 号——政府补助》,选项 C 错误。政府与企业之间是投资者与被投资者的关系,不属于政府补助,选项 D 正确。

三、判断题

1	2	3	4	5	6	7	8	9	10
√	√	×	×	√	√	√	×	×	√

难点解析:

3. 净额法下,将政府补助作为相关资产账面价值或所补偿费用的扣减。

4. 企业应当根据经济业务的实质,判断某一类政府补助业务应当采用总额法还是净额法,通常情况下,对同类或类似政府补助业务只能选用一种方法,同时,企业对该业务应当一贯地运用该方法,不得随意变更。

5. 通常情况下,直接减征、免征、增加计税抵扣额、抵免部分税额等不涉及资产直接转移的经济资源,不适用《企业会计准则第 16 号——政府补助》。

8. 其他收益属于损益类项目,影响企业营业利润。

9. 与资产相关的政府补助采用总额法核算时,如果企业先开始购建长期资产,再收到补助资金,则应在相关资产的剩余使用寿命内按照合理、系统的方法将递延收益分期计入损益。

四、实务题

1.(1) 兴茂公司获得的政府补助被用于补偿生产线更新改造发生的支出,属于与资产相关的政府补助。

借:其他应收款　　　　　　　　　　　　　　　　　　　　　　　25 000 000
　　贷:递延收益　　　　　　　　　　　　　　　　　　　　　　　25 000 000

借:递延收益　　　　　　　　　　　　　　　　　　　　　　　　　25 000 000
　　贷:固定资产　　　　　　　　　　　　　　　　　　　　　　　25 000 000

(2)兴茂公司获得的政府补助被用于补偿已经发生的损失,属于与收益相关的政府补助。

借:银行存款　　　　　　　　　　　　　　　　　　　　　　　1 000 000
　　贷:营业外收入　　　　　　　　　　　　　　　　　　　　　　　　1 000 000

(3)2023年2月19日,实际收到财政拨款:

借:银行存款　　　　　　　　　　　　　　　　　　　　　　　8 800 000
　　贷:递延收益　　　　　　　　　　　　　　　　　　　　　　　　　8 800 000

2023年4月16日,购入设备:

借:固定资产　　　　　　　　　　　　　　　　　　　　　　　18 400 000
　　贷:银行存款　　　　　　　　　　　　　　　　　　　　　　　　　18 400 000

借:递延收益　　　　　　　　　　　　　　　　　　　　　　　8 800 000
　　贷:固定资产　　　　　　　　　　　　　　　　　　　　　　　　　8 800 000

2023年计提折旧:

借:制造费用[(1 840－880)÷10×(7÷12)]　　　　　　　　　　　560 000
　　贷:累计折旧　　　　　　　　　　　　　　　　　　　　　　　　　560 000

(4)2023年1月1日,取得银行贷款1 000万元:

借:银行存款　　　　　　　　　　　　　　　　　　　　　　　10 000 000
　　贷:长期借款——本金　　　　　　　　　　　　　　　　　　　　　10 000 000

2023年年末计提利息:

$$应向银行支付的利息金额=1\,000×7\%=70(万元)$$
$$实际收取的财政贴息=1\,000×3\%=30(万元)$$

借:在建工程　　　　　　　　　　　　　　　　　　　　　　　700 000
　　贷:应付利息　　　　　　　　　　　　　　　　　　　　　　　　　700 000

借:其他应收款　　　　　　　　　　　　　　　　　　　　　　300 000
　　贷:在建工程　　　　　　　　　　　　　　　　　　　　　　　　　300 000

2.(1)2020年6月12日,实际收到补贴款:

借:银行存款　　　　　　　　　　　　　　　　　　　　　　　4 200 000
　　贷:递延收益　　　　　　　　　　　　　　　　　　　　　　　　　4 200 000

2020年7月19日,购入设备:

借:固定资产　　　　　　　　　　　　　　　　　　　　　　　6 000 000
　　应交税费——应交增值税(进项税额)　　　　　　　　　　　　780 000
　　贷:银行存款　　　　　　　　　　　　　　　　　　　　　　　　　6 780 000

2020年计提折旧,同时分摊递延收益:

$$计提折旧=600÷10×(5÷12)=25(万元)$$

借：制造费用　　　　　　　　　　　　　　　　　　　　　　　　　　250 000
　　贷：累计折旧　　　　　　　　　　　　　　　　　　　　　　　　　　250 000

$$\text{分摊递延收益} = 420 \div 10 \times (5 \div 12) = 17.5(\text{万元})$$

借：递延收益　　　　　　　　　　　　　　　　　　　　　　　　　　175 000
　　贷：其他收益　　　　　　　　　　　　　　　　　　　　　　　　　　175 000

(2) 2021年7月31日，退还补贴款420万元。

$$\text{递延收益余额} = 420 - 420 \div 10 = 378(\text{万元})$$

借：递延收益　　　　　　　　　　　　　　　　　　　　　　　　　3 780 000
　　其他收益　　　　　　　　　　　　　　　　　　　　　　　　　　420 000
　　贷：银行存款　　　　　　　　　　　　　　　　　　　　　　　　4 200 000

(3) 2023年7月出售设备，同时转销递延收益余额。

$$\text{出售时固定资产的账面价值} = 600 - 600 \div 10 \times 3 = 420(\text{万元})$$

借：固定资产清理　　　　　　　　　　　　　　　　　　　　　　　4 200 000
　　累计折旧　　　　　　　　　　　　　　　　　　　　　　　　　1 800 000
　　贷：固定资产　　　　　　　　　　　　　　　　　　　　　　　　6 000 000
借：银行存款　　　　　　　　　　　　　　　　　　　　　　　　　4 895 000
　　贷：固定资产清理　　　　　　　　　　　　　　　　　　　　　　4 300 000
　　　　应交税费——应交增值税(销项税额)　　　　　　　　　　　　559 000
借：固定资产清理　　　　　　　　　　　　　　　　　　　　　　　　100 000
　　贷：资产处置损益　　　　　　　　　　　　　　　　　　　　　　　100 000

$$\text{出售时递延收益余额} = 420 - 420 \div 10 \times 3 = 294(\text{万元})$$

借：递延收益　　　　　　　　　　　　　　　　　　　　　　　　　2 940 000
　　贷：其他收益　　　　　　　　　　　　　　　　　　　　　　　　2 940 000

五、资料题

(1) 资料一的会计处理不正确。

理由：该政府补助属于2024年的政府补助，不能在2023年确认其他收益。2023年12月31日，兴茂公司尚未收到该补贴资金，不应进行会计处理。

(2) 资料二的会计处理不正确。

理由：该政府补助资助的是兴茂公司的研发项目前期研究，属于与收益相关的政府补助，应按照已发生支出占预计总支出的比例摊销递延收益。

2023年7月，兴茂公司收到资助款项，应编制会计分录如下：

借：银行存款　　　　　　　　　　　　　　　　　　　　　　　　25 000 000
　　贷：递延收益　　　　　　　　　　　　　　　　　　　　　　　25 000 000
借：研发支出——费用化支出　　　　　　　　　　　　　　　　　14 000 000
　　贷：银行存款　　　　　　　　　　　　　　　　　　　　　　　14 000 000

借：管理费用 14 000 000
　　贷：研发支出——费用化支出 14 000 000
借：递延收益 8 750 000
　　贷：其他收益 8 750 000

(3) 资料三的会计处理不正确。

理由：公司与政府发生的销售商品等与日常经营活动相关的交易，且来源于政府的经济资源是公司销售商品对价的组成部分，应按《企业会计准备第14号——收入》的规定进行会计处理，不属于政府补助。

借：银行存款 9 000 000
　　贷：主营业务收入 9 000 000

(4) 资料四的会计处理不正确。

理由：兴茂公司申请补助的项目为节能技术改造项目，项目主体是购建长期资产，且公司向政府申请补助时的用途也注明是用于资产建设投资，因此该补助是与资产相关的政府补助，应计入递延收益。

借：银行存款 20 000 000
　　贷：递延收益 20 000 000

第五章 非货币性资产交换

第一部分 内容概要

一、非货币性资产交换概述

(一) 非货币性资产交换的相关概念

1. 货币性资产

货币性资产是指企业持有的货币资金和收取固定或可确定金额的货币资金的权利,包括库存现金、银行存款、应收账款和应收票据等。

2. 非货币性资产

非货币性资产有别于货币性资产的最基本特征是其在将来为企业带来的经济利益是不固定的或不可确定的。如果资产在将来为企业带来的经济利益是不固定的或不确定的,则该资产是非货币性资产。

3. 非货币性资产交换

非货币性资产交换是指交易双方以非货币性资产(固定资产、无形资产、投资性房地产和长期股权投资等)进行交换的行为。该交换不涉及或只涉及少量的货币性资产(即补价)。

(二) 非货币性资产交换的认定

非货币性资产交换一般不涉及货币性资产,或只涉及少量货币性资产(即补价)。《企业会计准则第7号——非货币性资产交换》规定,认定涉及少量货币性资产的交换为非货币性资产交换,通常以补价占整个资产交换金额的比例是否低于25%作为参考比例。非货币性资产交换的具体认定如图5-1所示。

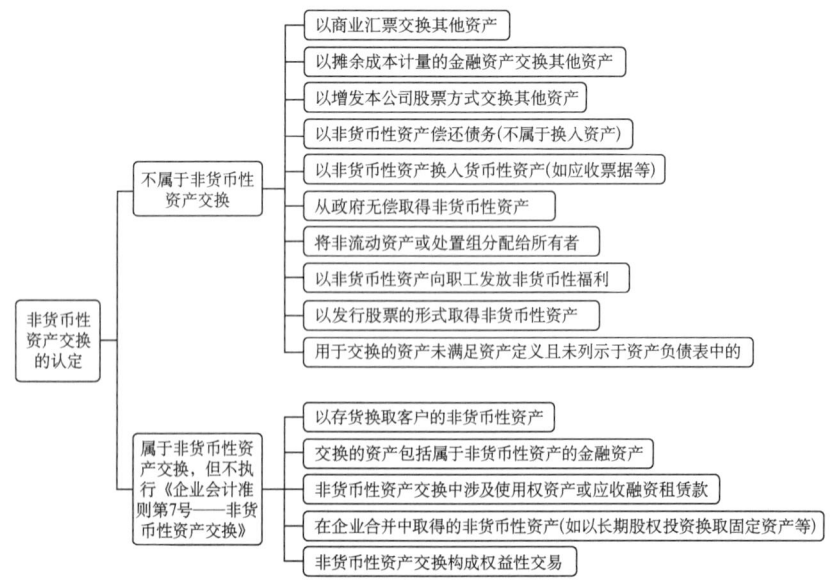

图 5-1 非货币性资产交换的具体认定

二、非货币性资产交换的会计处理

非货币性资产交换的计量包括公允价值计量和账面价值计量,具体适用条件和会计处理如表 5-1 所示。

表 5-1　　　　　　　　　　非货币性资产交换的计量

基础	公允价值计量	账面价值计量
适用条件	(1) 该项交换具有商业实质 (2) 换入资产或换出资产的公允价值能够可靠地计量	(1) 该项交换不具有商业实质 (2) 该项交换虽具有商业实质,但换入和换出资产的公允价值均不能可靠计量
换入资产 入账价值	换出资产的公允价值+换出资产的销项税额+支付补价的公允价值(-收到补价的公允价值)-换入资产进项税额+应计入换入资产成本的相关费用 换入资产的公允价值+应计入换入资产成本的相关税费	换出资产的账面价值+换出资产的销项税额+支付补价的账面价值(-收到补价的公允价值)-换入资产进项税额+应计入换入资产成本的相关税费
交换损益	换出资产的公允价值-换出资产的账面价值=换入资产的公允价值-支付补价的公允价值(或+收到补价的公允价值)-换出资产的账面价值	无论是否涉及补价,均不确认损益
会计处理	借:换入资产[换出资产的公允价值或换入资产的公允价值] 　　应交税费——应交增值税(进项税额) 　　银行存款等[收到的补价] 　贷:换出资产的公允价值 　　应交税费——应交增值税(销项税额) 　　银行存款等[支付的补价+为换入资产支付的相关税费] 换出资产公允价值与账面价值的差额计入当期损益(收入、成本、投资收益、资产处置损益等)	借:换入资产 　　应交税费——应交增值税(进项税额) 　　银行存款等[收到补价的公允价值] 　贷:换出资产的账面价值 　　应交税费——应交增值税(销项税额) 　　银行存款等[支付补价的账面价值+为换入资产而支付的相关税费]

第二部分　练　习　题

一、单项选择题

1. 下列各项中,属于货币性资产的是(　　)。
   A. 以摊余成本计量的金融资产　　　B. 预付账款
   C. 长期股权投资　　　　　　　　　D. 使用权资产

2. 下列甲公司发生的交易或事项中,应按《企业会计准则第 7 号——非货币性资产交换》进行会计处理的是(　　)。
   A. 以应收账款换取乙公司的无形资产
   B. 以投资性房地产换取乙公司的固定资产
   C. 以其生产产品换取乙公司的电子设备
   D. 接受乙公司以生产设备对其投资

3. 下列各项中,在不涉及补价的情况下,应执行《企业会计准则第 7 号——非货币性资产交换》的是(　　)。
   A. 签发商业承兑汇票购买原材料

B. 发行股票取得机器设备

C. 以出租的建筑物换入专利技术

D. 以其他权益工具投资换入对联营企业投资

4. 下列各项中,对于甲公司而言,应按《企业会计准则第7号——非货币性资产交换》进行会计处理的是( )。

A. 甲公司以一批产成品交换乙公司一台汽车

B. 甲公司以所持联营企业丙公司20%股权交换乙公司一批原材料

C. 甲公司以一项专利权交换乙公司一项非专利技术,并以银行存款收取补价,所收取补价占换出专利权公允价值的30%

D. 甲公司以丁公司应收融资租赁款交换乙公司一栋办公用房

5. 2023年,甲公司发生的相关交易或事项如下:①购入商品应付乙公司账款2 000万元,以库存商品偿付该欠款的20%,其余以银行存款支付。②以持有的公允价值为2 500万元的对联营企业(丙公司)投资换取公允价值为2 400万元的丁公司25%股权(非控制),补价100万元以现金收取并存入银行。③以分期收款结算方式销售大型设备,款项分3年收回。④甲公司向戊公司发行自身普通股,取得戊公司对己公司20%股权。上述交易均发生于非关联方之间。不考虑其他因素的影响,甲公司2023年发生的上述交易或事项中,应执行《企业会计准则第7号——非货币性资产交换》的是( )。

A. 以库存商品和银行存款偿付乙公司款项

B. 以丙公司股权换取丁公司股权并收到部分现金补价

C. 分期收款销售大型设备

D. 以甲公司普通股取得己公司20%股权

6. 甲公司与非关联方乙公司发生的下列交易或事项中,应按照《企业会计准则第7号——非货币性资产交换》进行会计处理的是( )。

A. 甲公司以持有的应收账款换取乙公司的无形资产

B. 甲公司以持有的投资性房地产换取乙公司的固定资产

C. 甲公司以持有的应收票据换取乙公司的电子设备

D. 甲公司以持有的债权投资换取乙公司的一项股权投资

7. 下列关于非货币性资产交换的表述中,不正确的是( )。

A. 以账面价值计量的非货币性资产交换无论是否涉及补价,均不确认交换损益

B. 支付的补价可能影响非货币性资产交换中换入资产入账价值

C. 采用公允价值模式计量的非货币性资产交换可能影响投资收益

D. 以非货币性资产作为股利发放给股东属于非货币性资产交换

8. 甲、乙公司均为增值税一般纳税人,适用的增值税税率均为13%。2023年11月11日,甲公司以一项作为固定资产核算的机器设备交换乙公司作为固定资产核算的一辆大货车。该机器设备账面价值30万元,公允价值为20万元,增值税税额为2.6万元;该大货车账面价值为28万元,公允价值为25万元,增值税税额为3.25万元,甲公司向乙公司共支付补价5.65万元(含增值税),不含增值税补价为5万元,该交换具有商业实质,甲公司换入的大货车作为固定资产管理。不考虑其他因素的影响,甲公司换入大货车的入账价值是( )万元。

A. 20.00　　　　B. 25.00　　　　C. 28.25　　　　D. 30.65

9. 2023年9月1日,甲公司以作为无形资产核算的专利权换取乙公司持有的一项长期股权投资,该项专利权使用寿命不确定且未计提减值准备,原值为80万元,公允价值为100万元;长期股权投资的账面价值为112万元(其中,投资成本为100万元,损益调整为12万元),公允价值为110万元。换入该投资后,甲公司能够对被投资单位施加重大影响。甲公司向乙公司支付补价10万元,该项交易具有商业实质。不考虑增值税及其他因素的影响,下列表述正确的是( )。

    A. 甲公司换入长期股权投资的入账金额为100万元

    B. 乙公司换入专利权的入账金额为110万元

    C. 甲公司应确认的交换损益为2万元

    D. 乙公司应确认的交换损益为-2万元

10. 甲公司和乙公司均为增值税一般纳税人,2023年5月2日,甲公司以一台生产用固定资产和一台管理用固定资产交换乙公司一项专利权。生产用固定资产的账面原值为1 200万元,已计提折旧为100万元,未计提减值准备,其公允价值为1 000万元;管理用固定资产的原值为200万元,已计提折旧为120万元,已提减值准备为10万元,其公允价值为50万元。乙公司专利权的原值为2 000万元,已计提摊销800万元,未计提减值准备,公允价值为1 100万元。甲公司向乙公司支付补价50万元。假定该项交换交易具有商业实质,不考虑其他因素的影响,乙公司换入两项固定资产的入账金额分别是( )。

    A. 1 000万元、50万元 B. 1 130万元、58万元

    C. 1 100万元、70万元 D. 1 130万元、50万元

11. 以公允价值模式计量的非货币性资产交换,下列关于换出资产终止确认时其公允价值与账面价值之间的差额的表述中,不正确的是( )。

    A. 换出固定资产产生的差额应记入利润表"资产处置收益"项目

    B. 换出无形资产产生的差额应记入利润表"营业外收入"项目

    C. 换出长期股权投资产生的差额应记入利润表"投资收益"项目

    D. 换出投资性房地产产生的差额应记入利润表"营业收入"及"营业成本"项目

12. 下列关于以账面价值计量的非货币性资产交换的表述中,不正确的是( )。

    A. 应以换出资产的账面价值为基础确定换入资产的入账成本

    B. 无论是否支付补价,均不确认交换损益

    C. 因换入资产发生的相关税费应计入换入资产的入账成本

    D. 涉及多项资产交换的,应以各项换入资产账面价值占换出资产账面价值总额的比例进行分配

13. 甲、乙公司均为增值税一般纳税人,转让土地使用权适用的增值税税率为9%,销售产品适用的增值税税率为13%。2023年11月11日,甲公司以账面价值300万元、公允价值320万元的作为无形资产核算的土地使用权,交换乙公司作为固定资产核算的一台机器设备,该设备的账面价值为350万元,公允价值为300万元。考虑增值税相关处理后,乙公司应向甲公司支付补价金额为9.8万元。假定该交换具有商业实质,甲公司换入的机器设备作为固定资产核算。不考虑其他因素的影响,甲公司应确认的换入固定资产入账价值是( )万元。

    A. 300   B. 320   C. 309.8   D. 350

14. 甲公司和乙公司均为增值税一般纳税人,销售无形资产适用的增值税税率为6%。2023年9月1日,甲公司以作为无形资产核算的专利权换取乙公司持有的一项长期股权投资,该项专利权的账面价值为80万元,公允价值为100万元;长期股权投资的账面价值为112万元(其中,投资成本为100万元,损益调整为12万元),公允价值为110万元,换入该投资后,甲公司能够对被投资单位施加重大影响。考虑增值税影响后,甲公司向乙公司支付补价4万元。假定该项交换交易具有商业实质,不考虑其他因素的影响,下列关于上述交易会计处理的表述中,正确的是(　　)。
    A. 甲公司换入长期股权投资的入账金额为116万元
    B. 乙公司换入专利权的入账金额为106万元
    C. 甲公司应确认的交换损益为16万元
    D. 乙公司应确认的交换损益为－2万元

15. 2023年3月2日,甲公司以账面价值为350万元的厂房和150万元的无形资产,换入乙公司账面价值为300万元的在建房屋和100万元的长期股权投资,不涉及补价。上述资产的公允价值均无法获得。不考虑税费及其他因素的影响,甲公司换入在建房屋的入账价值为(　　)万元。
    A. 280　　　　　　B. 300　　　　　　C. 350　　　　　　D. 375

二、多项选择题

1. 下列各项中,属于非货币性资产的有(　　)。
    A. 银行承兑汇票 　　　　　B. 长期股权投资
    C. 长期应付款 　　　　　　D. 其他权益工具投资

2. 下列关于非货币性资产交换的表述中,正确的有(　　)。
    A. 非货币性资产交换是企业之间主要以非货币性资产形式进行的互惠转让
    B. 政府无偿提供非货币性资产给企业不属于非货币性资产交换
    C. 以非货币性资产作为股利发放给企业股东属于非货币性资产交换
    D. 非货币性资产交换涉及补价的,补价比例应低于25%

3. 不考虑其他因素的影响,甲公司发生的下列交易或事项中,应当按照《企业会计准则第7号——非货币性资产交换》进行会计处理的有(　　)。
    A. 以对联营企业长期股权投资换入一项投资性房地产
    B. 以本公司生产的产品换入生产用专利技术
    C. 以一项自用土地使用权换入管理用固定资产
    D. 定向发行本公司股票取得某被投资单位40%股权

4. 2023年,甲公司与丙公司(非房地产开发企业)发生的有关交易或事项如下:①甲公司与丙公司签订的资产交换协议约定,甲公司以其拥有50年使用权的一宗自用土地换取丙公司持有的乙公司40%的股权,交换后能够对乙公司施加重大影响。②丙公司以发行自身普通股换取甲公司一条生产线。假定上述资产交换具有商业实质,甲、丙公司不存在关联方关系,换出资产与换入资产的公允价值均能可靠计量。不考虑相关税费及其他因素的影响,下列关于上述交易或事项会计处理的表述中,正确的有(　　)。
    A. 甲公司以土地使用权换取的对乙公司40%股权应按《企业会计准则第7号——非货

币性资产交换》进行会计处理

  B. 丙公司以发行自身普通股换取甲公司一条生产线应按《企业会计准则第7号——非货币性资产交换》进行会计处理

  C. 甲公司换出土地使用权公允价值与其账面价值的差额应确认为资产处置损益

  D. 丙公司因发行股票产生手续费应计入换入生产线的入账成本

5. 下列关于以账面价值计量的非货币性资产交换会计处理的表述中,正确的有(　　)。

  A. 换入资产的入账价值＝换出资产的账面价值＋增值税销项税额－增值税进项税额＋支付的补价的账面价值(或－收到的补价的公允价值)＋为取得换入资产支付的相关税费

  B. 换出资产的交换损益＝换出资产的公允价值－换出资产的账面价值

  C. 换出资产的交换损益＝换入资产的入账价值－换出资产的账面价值

  D. 交易不具有商业实质时,即使能够取得换入和换出资产的公允价值也不能按公允价值进行会计处理

6. 下列关于以账面价值计量涉及多项资产的非货币性资产交换的表述中,正确的有(　　)。

  A. 无论是否有补价均不确认交换损益

  B. 换入资产总额应以换出资产的账面价值总额为基础确定

  C. 换入资产的入账金额应按各项换出资产账面价值占换入资产原账面价值的比例确定

  D. 换入资产的入账金额应按各项换入资产账面价值占换出资产原账面价值的比例确定

7. 下列各项中,可能影响非货币性资产交换交易中换入资产入账价值的有(　　)。

  A. 支付的补价

  B. 收到的补价

  C. 换出资产的账面价值

  D. 换出资产的公允价值

8. 在采用公允价值模式计量的非货币性资产交换中,换出资产终止确认时可能影响的会计账户有(　　)。

  A. 资产处置损益　　　　　　　　B. 营业外收入

  C. 投资收益　　　　　　　　　　D. 留存收益

9. 下列各项中,不应执行《企业会计准则第7号——非货币性资产交换》的有(　　)。

  A. 以商业承兑汇票交换其他资产

  B. 企业以非货币性资产向职工换取服务

  C. 企业以非货币性资产偿还债务

  D. 企业以本公司股票换取长期股权投资(不构成控制)

10. 下列关于以账面价值计量的非货币性资产交换的表述中,正确的有(　　)。

  A. 应以换出资产的账面价值和应支付的相关税费为基础确定换入资产成本

  B. 无论是否支付补价,均不确认交换损益

  C. 换出资产增值税销项税额的计算应以公允价值为基础确定

  D. 涉及多项资产交换的,应以各项换入资产的账面价值占换出资产账面价值总额的比例进行分配

三、判断题

1. 企业购入的作为交易性金融资产核算的债券属于企业持有的非货币性资产。（　）
2. 企业从政府无偿取得非货币性资产应按照非货币性资产交换处理。（　）
3. 不具有商业实质的非货币性资产交换,应当以换出资产的公允价值和应支付的相关税费作为换入资产的成本。（　）
4. 具有商业实质但换入和换出资产的公允价值均不能可靠计量的非货币性资产交换应当按照账面价值计量。（　）
5. 涉及多项资产的非货币性资产交换,交易不具有商业实质,对于同时换出的多项资产,各项换出资产终止确认时均不确认损益。（　）
6. 以无形资产交换非关联方投资性房地产,无论是换出方还是换入方,均需确认交换损益。（　）
7. 非货币性资产交换一般不涉及货币性资产,或只涉及少量货币性资产即补价。（　）
8. 企业以存货换取客户的非货币性资产(如固定资产、无形资产等)的,换出存货的相关会计处理适用《企业会计准则第7号——非货币性资产交换》。（　）
9. 企业以非货币性资产向职工发放非货币性福利的,适用《企业会计准则第9号——职工薪酬》。（　）
10. 非货币性资产交换满足下列2个条件之一的,应当以公允价值和应支付的相关税费作为换入资产的成本,公允价值与换出资产账面价值的差额计入当期损益:①该项交换具有商业实质。②换入资产或换出资产的公允价值能够可靠地计量。（　）

四、实务题

2023年,甲公司发生的非货币性资产交换事项如下:

(1) 2023年3月1日,甲公司以其拥有的专利权与乙公司一台生产设备进行交换,交易完成后仍作为固定资产使用,该资产交换具有商业实质。甲公司换出专利权的账面价值为300万元,因使用寿命不确定未计提累计摊销,也未计提减值准备,公允价值为420万元。

乙公司换出设备的账面原值为570万元,已计提折旧170万元,已计提减值准备30万元,公允价值为400万元,换入的专利权作为无形资产使用。2023年3月1日,乙公司以银行存款向甲公司支付补价20万元。

(2) 2023年7月1日,甲公司以其持有的对A公司全部股权投资与丙公司一项投资性房地产进行交换,甲公司换入后仍作为投资性房地产核算,该资产交换具有商业实质。甲公司对A公司的持股比例为20%,具有重大影响,账面价值为600万元,包括投资成本300万元,损益调整200万元,因A公司其他债权投资公允价值变动确认的其他综合收益100万元,当日该股权投资的公允价值为800万元。甲公司对换入的投资性房地产以公允价值计量,当日该项投资性房地产公允价值800万元,相关手续已于当日办妥。

已知:①甲公司、乙公司、丙公司不具有关联方关系。②本题不考虑相关税费及其他因素的影响。

要求:若你是相关财务人员,请根据上述资料,回答下列问题。

(1) 分别判断2023年3月1日甲、乙公司该项交易是否适用《企业会计准则第7号——非货币性资产交换》。

(2) 编制2023年3月1日甲公司将专利权交换至乙公司的相关会计分录。

(3) 编制2023年3月1日乙公司将生产设备交换至甲公司的相关会计分录。

(4) 编制2023年7月1日甲公司将持有的A公司股权投资交换至丙公司的相关会计分录。

五、资料题

1. 甲公司发生的与股权投资相关的经济业务如下:

    2023年1月1日,甲公司以其持有的对A公司股权(作为交易性金融资产核算)交换乙公司持有B公司60%的股权,并于当日起甲公司能够对B公司实施控制。甲公司该项交易性金融资产的账面价值为7 800万元(其中,成本为7 000万元,公允价值变动为800万元),其公允价值为8 000万元。乙公司长期股权投资的账面价值为7 800万元,公允价值为8 200万元,甲公司向乙公司支付补价200万元,该交换具有商业实质,甲公司与乙公司及B公司在合并前均无关联方关系。

    当日B公司所有者权益总额为12 000万元,其中股本为5 000万元,资本公积3 000万元,其他综合收益300万元,盈余公积1 200万元,未分配利润2 500万元。B公司各项可辨认资产、负债的账面价值与公允价值相等。

    本题不考虑增值税、企业所得税等相关税费的影响。

    要求:若你是相关财务人员,请根据上述资料,回答下列问题。

    (1) 分析甲公司该项业务是否适用《企业会计准则第7号——非货币性资产交换》,并说明理由。

    (2) 分析甲公司取得B公司股权是否属于企业合并,并说明理由;如果属于企业合并,判断是同一控制下的企业合并,还是非同一控制下的企业合并,并说明理由。

    (3) 计算甲公司购买日的合并商誉。

2. 2023年10月31日,甲公司与丁公司签订股权置换合同,甲公司以持有联营企业B公司股权换取丁公司持有C公司20%股权、持有D公司30%股权、持有E公司5%股权。当日,甲公司长期股权投资账面余额为1 500万元,其中,成本1 000万元,损益调整300万元,其他权益变动200万元,公允价值为1 600万元,丁公司持有C公司股权的账面价值900万元,公允价值为1 100万元,丁公司持有D公司股权的账面价值为300万元,公允价值为400万元,丁公司持有E公司股权的账面价值200万元,公允价值300万元,甲公司另支付补价200万元。当日相关手续办理完毕,甲公司对C公司、D公司均具有重大影响,将E公司股权作为以公允价值计量且其变动计入当期损益的金融资产核算。甲公司此项交换具有商业实质。

    借:长期股权投资——C公司　　　　　　　　　　　　　　　　11 000 000
    　　　　　　　　——D公司　　　　　　　　　　　　　　　　 4 000 000
    　　交易性金融资产　　　　　　　　　　　　　　　　　　　　 3 000 000
    　贷:长期股权投资——B公司　　　　　　　　　　　　　　　 15 000 000
    　　　银行存款　　　　　　　　　　　　　　　　　　　　　　 2 000 000
    　　　投资收益　　　　　　　　　　　　　　　　　　　　　　 1 000 000

本题不考虑相关税费及其他条件的影响。

要求:根据上述资料,指出甲公司的会计处理是否存在不当之处,并简要说明理由。

3. 2023年10月15日,甲公司与乙公司签订一份资产置换合同,以一批自产专用于生产M产品的原材料置换乙公司的一台W环保设备,双方于当日完成交换。该批原材料的账面价值为500万元,公允价值600万元。W环保设备的账面价值为450万元,公允价值550万元。甲公司于当日按照换出原材料的公允价值确认换入环保设备的账面价值为600万元,同时按照换出原材料账面价值和公允价值的差额,确认资产处置损益100万元。

本题不考虑相关税费及其他条件的影响。

要求:根据上述资料,指出甲公司的会计处理是否存在不当之处,如存在不当之处,提出恰当的处理意见。

第三部分 参 考 答 案

一、单项选择题

1	2	3	4	5	6	7	8	9	10
A	B	C	B	B	B	D	B	D	A
11	12	13	14	15					
B	D	A	D	D					

难点解析:

1. 判断一项资产是否属于货币性资产,关键在于它将来为企业带来的经济利益(即货币金额)是否是固定或可确定的。若是固定或可确定的,则该资产属于货币性资产;反之,为非货币性资产。以摊余成本计量的金融资产未来给企业带来的经济利益(即货币金额)能够通过对未来现金流量折现的方式予以确定,属于货币性资产,选项A正确。预付账款未来给企业带来的经济利益是对方提供的货物或劳务,而非货币资金不属于货币性资产,选项B错误。长期股权投资、使用权资产未来给企业带来的经济利益(即货币金额)是不固定或不可确定的,不属于货币性资产,选项CD错误。

2. 企业的应收账款属于货币性资产,以其换取乙公司无形资产不属于非货币性资产交换,不执行该准则,选项A错误。投资性房地产和固定资产均属于非货币性资产,两者之间交换,执行该准则,选项B正确。企业以存货换取客户的非货币性资产(电子设备),换出存货方(甲公司)适用《企业会计准则第14号——收入》,不执行该准则,选项C错误。甲公司接受乙公司以生产设备对其投资,属于接受权益性投资,不执行该准则,选项D错误。

3. 签发商业承兑汇票属于企业负债(应付票据),签发商业承兑汇票购买原材料属于资产赊购业务,不执行该准则,选项A错误。企业发行的股票属于发行方的所有者权益,发行股票取得机器设备不属于非货币性资产之间的交换,选项B错误。出租的建筑物(投资性房地产)、专利技术(无形资产),以投资性房地产换入无形资产,执行该准则,选项C正确。其他权益工具投资属于《企业会计准则第22号——金融工具确认和计量》中规范的非货币性金融资产,以其换入对联营企业的投资,不执行该准则,选项 D 错误。

4. 甲公司以一批产成品交换乙公司一台汽车,属于以存货换取其他方固定资产,换出方(甲公司)适用《企业会计准则第 14 号——收入》,不执行该准则,选项 A 错误。甲公司换出的联营企业投资和换入的原材料均属于非货币性资产,在进行交换时,执行该准则,选项 B 正确。甲公司以专利权交换乙公司非专利技术的交易中,补价比例超过 25%,不属于非货币性资产交换,不执行该准则,选项 C 错误。甲公司以应收融资租赁款交换办公用房(固定资产),适用《企业会计准则第 21 号——租赁》,不执行该准则,选项 D 错误。

5. 以存货抵偿购入商品货款执行《企业会计准则第 14 号——收入》,且货币资产占比为 80%,不属于非货币性资产交换,不执行该准则,选项 A 错误。甲公司换出的联营企业丙公司股权和换入的丁公司非控制性股权均属于非货币性资产,且补价比例为 4% [100÷(2 400+100)×100%],小于 25%,属于非货币性资产交换,执行该准则,选项 B 正确。分期收款销售商品,适用《企业会计准则第 14 号——收入》,不执行该准则,选项 C 错误。增发股票不属于发行方(甲公司)资产,以增发股票取得股权的交易,不执行该准则,选项 D 错误。

6. 应收账款、应收票据和债权投资均为货币性资产,不属于非货币性资产,选项 ACD 错误。投资性房地产和固定资产均属于非货币性资产,两者进行交换应按照《企业会计准则第 7 号——非货币性资产交换》进行会计处理,选项 B 正确。

7. 以非货币性资产作为股利发放给股东属于利润分配,选项 D 错误。

8. 该项交换具有商业实质,换出或换入资产的公允价值能够可靠计量,应采用公允价值计量该项非货币性资产交换。涉及补价的非货币性资产交换,计算补价比例时不含增值税,补价比例为 20%(5÷25×100%),小于 25%,属于非货币性资产交换,换入资产入账价值为 25 万元(20+2.6-3.25+5.65),或直接以换入资产的公允价值 25 万元确认,选项 B 正确。

9. 该项交换具有商业实质,补价比例为 9.09%(10÷110×100%),小于 25%,换出或换入资产的公允价值能够可靠计量,属于非货币性资产交换且应采用公允价值计量。甲公司换入长期股权投资的入账金额为 110 万元(100+10),或等于其自身公允价值 110 万元,选项 A 错误。乙公司换入专利权的入账金额为 100 万元(110-10),或等于其自身公允价值 100 万元,选项 B 错误。甲公司应确认的交损益为 20 万元(100-80),选项 C 错误。乙公司应确认的交换损益为-2 万元(110-112),选项 D 正确。

10. 该项交换具有商业实质,补价比例为 4.55%(50÷1 100×100%),小于 25%,换出或换入资产的公允价值能够可靠计量,属于非货币性资产交换且应采用公允价值计量。乙公司换入资产的总入账金额为 1 050 万元(1 100-50);换入生产用固定资产的入账金额为 1 000 万元(1 000÷1 050×1 050);换入管理用固定资产的入账金额为 50 万元(50÷1 050×1 050),与换入资产自身公允价值相等,选项 A 正确,选项 BCD 错误。

11. 以公允价值模式计量的非货币性资产交换,换出固定资产、无形资产时视同出售,产生的差额应计入资产处置损益,列示于利润表"资产处置收益"项目,选项 A 正确,选项 B 错误。换出长期股权投资视同出售,产生的差额应计入投资收益,列示于利润表"投资收益"项目,选项 C 正确。需要注意的是,除了其公允价值和账面价值产生的差额,持有期间确认的其他综合收益和资本公积也应一并结转;换出投资性房地产视同出售,产生的差额应计入其他业务收入和其他业务成本,在利润表列示于"营业收入"及"营业成本"项目,选项D正确。

12. 以账面价值计量的非货币性资产交换,换入资产成本＝换出资产的账面价值＋增值税销项税额－增值税进项税额＋支付补价的账面价值(或－收到补价的公允价值),选项A正确。以账面价值计量的非货币性资产交换无论是否涉及补价,均不确认交换损益,选项B正确。因换入资产发生的相关税费应计入换入资产的入账成本,选项C正确。涉及多项资产交换的,应以各项换入资产的公允价值或原账面价值(公允价值不能可靠计量)占换入资产公允价值或原账面价值总额的比例进行分配,选项D错误。

13. 本题涉及补价,应先确定该交易是否属于非货币性资产交换交易。不考虑增值税乙公司应向甲公司支付的补价金额为20万元(320－300),补价占整个资产交换金额的比例为6.25%(20÷320×100%),6.25%＜25%,该交易属于非货币性资产交换。换入资产和换出资产的公允价值能够可靠计量,且该交换具有商业实质,因此应以公允价值为基础计量。换入资产的入账价值为300万元(320＋320×9%－300×13%－9.8),选项A正确。选项B错误,误以换出资产的公允价值作为换入资产的公允价值,未考虑补价和增值税的影响。选项C错误,在确定补价时未剔除增值税的影响。选项D错误,直接以换入资产的账面价值作为换入资产的公允价值。

14. 本题中涉及补价,需先判断是否属于非货币性资产交换交易。不考虑增值税,甲公司应向乙公司支付的补价金额为10万元(110－100),补价占整个资产交换金额的比例为9.09%(10÷110×100%),9.09%＜25%,该交易属于非货币性资产交换。换入资产和换出资产的公允价值能够可靠计量,且该交换具有商业实质,因此应以公允价值为基础计量。甲公司换入长期股权投资的入账价值为110万元(100＋100×6%－0＋4),选项A错误。乙公司换入专利权的入账价值为100万元(110＋0－100×6%－4),选项B错误。甲公司应确认的交换损益为20万元(100－80),选项C错误。乙公司应确认的交换损益为－2万元(110－112),选项D正确。

15. 因为换入资产和换出资产的公允价值不能够可靠计量,所以换入资产的入账价值为换出资产的账面价值。甲公司换入资产的入账价值总额为500万元(350＋150),甲公司换入在建房屋的入账价值为375万元[500×300÷(100＋300)]。

二、多项选择题

1	2	3	4	5	6	7	8	9	10
BD	ABD	AC	AC	AD	AB	ABCD	ACD	ABCD	ABC

难点解析:

1. 非货币性资产是指货币性资产以外的资产,该类资产在将来为企业带来的经济利益不固定或不可确定,主要包括固定资产、存货、无形资产、投资性房地产及长期股权投资等。本题中,银行承兑汇票属于货币性资产,选项A错误。长期应付款属于负债,不属于资产,选项C错误。其他权益工具投资和长期股权投资均属于非货币性资产,选项BD正确。

2. 非互惠的非货币性资产转让不属于非货币性资产交换,选项A正确。政府无偿提供非货币性资产给企业不属于非货币性资产交换,属于政府补助,选项B正确。以非货币性资产作为股利发放给企业股东不属于非货币性资产交换,属于利润分配,选项C错误。涉及少量货币性资产的交换认定为非货币性资产交换,通常补价占整个资产交换金额的比重低于25%(<25%)时,该交易视为非货币性资产交换;否则(≥25%),视为货币性资产交换(执行《企业会计准则第14号——收入》等相关准则),选项D正确。

3. 对联营企业的股权投资和投资性房地产均属于非货币性资产,执行《企业会计准则第7号——非货币性资产交换》,选项A正确。以存货换取客户的无形资产执行收入准则,不执行《企业会计准则第7号——非货币性资产交换》,选项B错误。土地使用权和固定资产均属于非货币性资产,执行《企业会计准则第7号——非货币性资产交换》,选项C正确。发行的本公司股票属于公司所有者权益,不属于资产,该交换不属于非货币性资产交换,选项D错误。

4. 甲公司以其拥有50年使用权的自用土地换取丙公司持有的乙公司40%股权,属于以无形资产交换对联营企业的长期股权投资,应按《企业会计准则第7号——非货币性资产交换》的规定进行会计处理,选项A正确。丙公司以发行自身普通股属于丙公司权益工具,不属于非货币性资产,选项B错误。甲公司换出土地使用权账面价值与公允价值之间的差额,确认资产处置损益,选项C正确。丙公司因发行股票产生手续费应冲减资本公积,资本公积不足冲减应冲减留存收益,选项D错误。

5. 以账面价值计量的非货币性资产交换,换入资产的入账价值=换出资产的账面价值+增值税销项税额-增值税进项税额+支付的补价的账面价值(或-收到的补价的公允价值)+为取得换入资产支付的相关税费,选项A正确。以账面价值计量的非货币性资产交换不涉及交换损益,选项BC错误。非货币性资产交换如果不具有商业实质,即使换入和换出资产的公允价值均能可靠计量,也不能按公允价值计量,选项D正确。

6. 以账面价值计量的非货币性资产交换,无论是否涉及补价,均不确认交换损益,选项A正确。换入资产总成本应以换出资产的账面价值为基础确定,选项B正确。换入资产的入账金额应按各项换入资产的公允价值或各项换入资产的原账面价值(公允价值不能可靠计量)占换入资产公允价值或原账面价值总额的比例确定,选项CD错误。

7. 非货币性资产交换可能以公允价值为基础计量,也可能以账面价值为基础计量。采用公允价值为基础计量且以换出资产为基础计量时,换入资产的入账价值=换出资产的公允价值+换出资产的增值税(销项税额)+支付补价的公允价值(或-收到补价的公允价值)-换入资产增值税(进项税额)+应计入换入资产成本的相关税费;采用账面价值为基础计量时,且以换出资产为基础计量时,换入资产的入账价值=换出资产的账面价值+换出资产的增值税(销项税额)+支付补价的账面价值(或-收到补价的公允价值)-换入资产增值税(进项税额)+应计入换入资产成本的相关税费,综上,选项ABCD正确。

8. 以公允价值计量的非货币性资产交换,换出资产的公允价值与账面价值的差额根据换出资产的不同确认不同类型的损益。换出资产为固定资产、无形资产的,终止确认时影响资产处置损益,选项A正确。换出资产为长期股权投资,终止确认时影响投资收益,同时应结转长期股权投资在持有期间累计确认的其他综合收益及资本公积,不能重分类为损益的其他综合收益应转入留存收益,选项CD正确。

9. 商业汇票(包括银行承兑汇票和商业承兑汇票)不属于非货币性资产,不执行《企业会计准则第7号——非货币性资产交换》,选项A应选。企业以非货币性资产向职工发放非货币性福利,不属于非货币性资产交换。例如,企业以自产产品发放非货币性职工福利,则应确认收入并同时结转相关成本,不执行《企业会计准则第7号——非货币性资产交换》,选项B应选。债务不属于非货币性资产,不执行《企业会计准则第7号——非货币性资产交换》,选项C应选。本公司股票属于权益工具,不属于非货币性资产,不执行《企业会计准则第7号——非货币性资产交换》,选项D应选。

10. 以账面价值计量的非货币性资产交换,换入资产成本=换出资产的账面价值+增值税销项税额-增值税进项税额+支付补价的账面价值(或-收到补价的公允价值),选项A正确。以账面价值计量的非货币性资产交换无论是否涉及补价,均不确认交换损益,选项B正确。涉及增值税计算时,应以换出资产的公允价值(或计税基础)计算增值税销项税额,选项C正确。涉及多项资产交换的,应以各项换入资产的公允价值或原账面价值(公允价值不能可靠计量)占换入资产公允价值或原账面价值总额的比例进行分配,选项D错误。

三、判断题

1	2	3	4	5	6	7	8	9	10
√	×	×	√	√	×	√	×	√	×

难点解析:

2. 企业从政府无偿取得的非货币性资产应作为政府补助进行处理。

3. 不具有商业实质的非货币性资产交换,应当以换出资产的账面价值和应支付的相关税费为基础确定换入资产的成本。

6. 以无形资产交换非关联方投资性房地产,无论是换出方还是换入方均应作为非货币性资产交换交易核算。但是否应确认交换损益,还要进一步分析其计量模式,以公允价值模式计量的非货币性资产交换交易,才需要确认交换损益。

8. 企业以存货换取客户的非货币性资产(如固定资产、无形资产等)的,换出存货的相关会计处理适用《企业会计准则第14号——收入》。

10. 非货币性资产交换同时满足下列2个条件的,应当以公允价值和应支付的相关税费作为换入资产的成本,公允价值与换出资产账面价值的差额计入当期损益:①该项交换具有商业实质。②换入资产或换出资产的公允价值能够可靠地计量。

四、实务题

(1) 对于甲公司而言,以专利权交换生产设备,补价的比例=收到的补价÷换出资产的公允价值=20÷420×100%≈4.76%,小于25%,适用《企业会计准则第7号——非货币性资产交换》。

对于乙公司而言,以生产设备交换专利权,补价的比例=支付的补价÷(换出资产的公允价值+支付的补价)=20÷(400+20)×100%≈4.76%,小于25%,适用《企业会计准则第7号——非货币性资产交换》。

提示:涉及少量货币性资产的交换认定为非货币性资产交换,通常补价占整个资产交换金额的比重低于25%时,该交易视为非货币性资产交换。另外,计算补价比例时无须考虑增值税(本题不涉及)。

(2) 甲公司将专利权交换至乙公司的相关会计分录如下:

借：固定资产	4 000 000
银行存款	200 000
贷：无形资产	3 000 000
资产处置损益[(420－300)×10 000]	1 200 000

(3) 乙公司将生产设备交换至甲公司的相关会计分录如下：

借：固定资产清理	3 700 000
累计折旧	1 700 000
固定资产减值准备	300 000
贷：固定资产	5 700 000
借：无形资产	4 200 000
贷：固定资产清理	3 700 000
银行存款	200 000
资产处置损益	300 000

(4) 甲公司将持有的A公司股权投资交换至丙公司的相关会计分录如下：

借：投资性房地产——成本	8 000 000
贷：长期股权投资——投资成本	3 000 000
——损益调整	2 000 000
——其他综合收益	1 000 000
投资收益	2 000 000
借：其他综合收益	1 000 000
贷：投资收益	1 000 000

五、资料题

1. (1) 该业务不适用《企业会计准则第7号——非货币性资产交换》。

理由：甲公司换出的资产属于交易性金融资产，换入的股权投资形成企业合并，根据《企业会计准则第7号——非货币性资产交换》的规定，该事项不适用该准则，而应当按照《企业会计准则第22号——金融工具确认和计量》《企业会计准则第2号——长期股权投资》及《企业会计准则第20号——企业合并》等相关准则进行处理。

(2) 甲公司取得B公司股权属于企业合并。

理由：甲公司取得股权后，能对B公司实施控制。

该项合并属于非同一控制下企业合并。

理由：交易前，甲公司与乙公司、B公司均无任何关联方关系。

(3) 甲公司购买日的合并商誉计算如下：

合并商誉＝合并成本－享有的子公司可辨认净资产公允价值的份额
　　　　＝8 200－12 000×60%＝1 000(万元)

2. 存在不当之处。

理由：对于同时换入多项资产的，按换入的金融资产以外的各项资产的公允价值的相对比例,将换出资产公允价值加上支付补价之和扣除换入金融资产公允价值后的净额进行分摊。

甲公司换入长期股权投资(C公司)入账金额＝(1 600＋200－300)×1 100÷(1 100＋400)＝1 100(万元)

甲公司换入长期股权投资(D公司)入账金额＝(1 600＋200－300)×400÷(1 100＋400)＝400(万元)

同时,甲公司换出B公司长期股权投资形成的资本公积应结转至投资收益,应编制以下会计分录:

借:资本公积——其他资本公积　　　　　　　　　　　　　　　　2 000 000
　　贷:投资收益　　　　　　　　　　　　　　　　　　　　　　　　　2 000 000

3. 存在不当之处。

处理意见:甲公司该资产置换实质上属于销售存货、收取非现金对价的行为,应按照非现金对价在合同开始日的公允价值确认营业收入550万元,同时结转成本500万元。

根据规定,企业以存货换取客户的非货币性资产(如固定资产、无形资产等)的,换出存货的企业应适用《企业会计准则第14号——收入》进行会计处理。本题中甲公司以存货换取乙公司的环保设备,应根据准则中关于非现金对价的规定,确认该批原材料的销售收入,即合同开始日(2022年10月15日)该环保设备的公允价值为550万元,同时甲公司应按照账面价值为500万元结转该批原材料的销售成本。

本题中,乙公司对该资产置换的会计处理,适用《企业会计准则第7号——非货币性资产交换》,即以换出资产(W环保设备)的公允价值550万元确认换入存货(原材料)的入账成本,同时将换出资产账面价值与公允价值的差额100万元(550－450)计入资产处置损益。

第六章 债务重组

第一部分 内容概要

一、债务重组概述

（一）债务重组的概念

债务重组是指在不改变交易对手方的情况下，经债权人和债务人协定或法院裁定，就清偿债务的时间、金额或方式等重新达成协议的交易。

（二）债权债务的范围

（1）债权债务的范围包括《企业会计准则第22号——金融工具确认和计量》规定的债权债务，以及租赁应收款和租赁应付款，不包括合同资产、合同负债、预计负债。

（2）通过债务重组形成企业合并的，以及债务人以股权清偿或将债务转为权益工具的，在合并报表层面，债权人取得资产、负债的确认和计量适用《企业会计准则第20号——企业合并》的有关规定。

（3）债务重组构成权益性交易的，应当适用权益性交易的相关规定，即不确认重组损益。企业在判断债务重组是否构成权益性交易时，应遵循实质重于形式原则。需要说明的是，债务重组中不属于权益性交易的部分仍然应当确认债务重组相关损益。

（4）债务重组构成权益性交易的情况：①债权人直接或间接对债务人持股，或者债务人直接或间接对债权人持股，且持股方以股东身份进行债务重组。②债权人与债务人在债务重组前后受同一方或相同多方最终控制，且该债务重组的交易实质是债权人或债务人进行了权益性分配或接受了权益性投入。

二、债务重组的会计处理

债权人和债务人与债务重组相关的会计处理如表6-1所示。

表6-1　　　　　　债权人和债务人与债务重组相关的会计处理

重组方式	债权人债务重组的会计处理	债务人债务重组的会计处理
以金融资产清偿	借：交易性金融资产[债务重组日的公允价值] 　　投资收益[交易费用] 　　坏账准备 　贷：应收账款等 　　　银行存款[交易费用] 　　　投资收益[差额，可借可贷] 借：债权投资/其他债权投资/其他权益工具投资[债务重组日的公允价值＋交易费用] 　　坏账准备 　贷：应收账款等 　　　银行存款[交易费用] 　　　投资收益[差额，可借可贷]	借：应付账款等[账面价值] 　贷：交易性金融资产[账面价值] 　　　债权投资 　　　其他债权投资 　　　其他权益工具投资 　　　投资收益[差额，可借可贷] 借：（或贷）其他综合收益 　贷：（或借）投资收益 　　　留存收益

(续表)

重组方式	债权人债务重组的会计处理	债务人债务重组的会计处理
以非金融资产清偿	借：库存商品/固定资产/无形资产等[放弃债权的公允价值＋相关税费] 　　应交税费——应交增值税（进项税额） 　　坏账准备 　贷：应收账款等 　　银行存款[相关税费] 　　投资收益[差额，可借可贷]	借：应付账款等[账面价值] 　　累计摊销 　　无形资产减值准备 　贷：库存商品[账面价值] 　　无形资产 　　固定资产清理[账面价值] 　　应交税费——应交增值税（销项税额） 　　其他收益[差额，可借可贷]
以资产（含金融资产）清偿	借：交易性金融资产等[债务重组日的公允价值] 　　固定资产/无形资产/库存商品等[合同生效日公允价值比例分配放弃债权公允价值扣除金融资产公允价值后的金额] 　　应交税费——应交增值税（进项税额） 　　坏账准备 　贷：应收账款等 　　投资收益[差额，可借可贷]	借：应付账款等[账面价值] 　贷：库存商品[账面价值] 　　固定资产清理[账面价值] 　　应交税费——应交增值税（销项税额） 　　交易性金融资产[账面价值] 　　其他收益[差额，可借可贷]
债转股方式清偿	同一控制： 借：长期股权投资[最终控制方合并报表中净资产账面价值份额＋最终控制方收购被合并方时形成的商誉] 　　坏账准备 　　资本公积 　　留存收益[借差] 　贷：应收账款等 　　资本公积[贷差]	借：应付账款等 　贷：股本 　　资本公积[发行权益的公允价值] 　　投资收益[差额，可借可贷] 支付发行费用： 借：资本公积 　　留存收益 　贷：银行存款
	非同一控制： 借：长期股权投资[放弃债权的公允价值] 　　坏账准备 　贷：应收账款等 　　投资收益[差额，可借可贷，放弃债权的公允价值与其账面价值的差额]	借：应付账款等 　贷：股本 　　资本公积[发行权益的公允价值] 　　投资收益[差额，可借可贷] 支付发行费用： 借：资本公积 　　留存收益 　贷：银行存款
	非企业合并： 借：长期股权投资[放弃债权公允价值＋相关税费] 　　坏账准备 　贷：应收账款等 　　银行存款[相关税费] 　　投资收益[差额，放弃债权的公允价值与其账面价值的差额]	

第二部分 练 习 题

一、单项选择题

1. 下列各项中,适用《企业会计准则第 12 号——债务重组》进行会计处理的是( )。
   A. 债务人延期偿还债权人的到期债务
   B. 向银行出售应收账款
   C. 以未来应收货款本金及其利息进行资产证券化
   D. 签发商业承兑汇票支付购货款

2. 2023 年 7 月,因乙公司无法偿还到期债务,经协商,甲公司同意乙公司以库存商品偿还其所欠全部债务。债务重组日,甲公司应收乙公司债权的账面余额为 2 000 万元,已计提坏账准备 1 500 万元,乙公司用于偿债商品的账面价值为 480 万元,公允价值为 600 万元,甲公司当日债权的公允价值为 650 万元。不考虑相关税费等其他因素的影响,甲公司因上述交易应确认的损益金额是( )万元。
   A. 150   B. 0   C. 1 400   D. 20

3. 2023 年 3 月 1 日,甲公司因财务困难,无力偿还所欠乙公司 800 万元款项。经双方协商同意,甲公司以自有的一栋办公楼和一批存货抵偿所欠债务。甲公司用于抵债的办公楼原值为 700 万元,已提折旧为 200 万元,公允价值为 600 万元;用于抵债的存货账面价值为 90 万元,公允价值为 120 万元。不考虑相关税费等其他因素的影响,甲公司对该项债务重组会计处理正确的是( )。
   A. 确认营业收入 120 万元   B. 确认营业成本 90 万元
   C. 确认其他收益 210 万元   D. 确认资产处置损益 100 万元

4. 甲公司应付乙公司购货款 2 000 万元于 2023 年 6 月 20 日到期,甲公司无力按期支付。经与乙公司协商进行债务重组,甲公司以其生产的 200 件 A 产品抵偿该债务,甲公司将抵债产品运抵乙公司并开具增值税专用发票后,原 2 000 万元债务结清,甲公司 A 产品的市场价格为每件 7 万元(不含增值税),成本为每件 4 万元。6 月 30 日,甲公司将 A 产品运抵乙公司并开具增值税专用发票。甲、乙公司均为增值税一般纳税人,适用的增值税税率均为 13%。乙公司在该项交易前已就该债权计提 500 万元坏账准备,当日该债权的公允价值为 1 400 万元。不考虑其他因素的影响,下列关于上述交易或事项的会计处理中,正确的是( )。
   A. 乙公司应确认取得 A 商品成本 1 500 万元
   B. 乙公司应确认债务重组损失 600 万元
   C. 甲公司应确认债务重组收益 418 万元
   D. 甲公司应确认其他收益 1 018 万元

5. 2023 年 6 月 30 日,甲公司就乙公司所欠原材料货款与其签订债务重组协议。货款账面余额为 1 000 万元,甲公司已计提坏账准备 10 万元;乙公司以一项其他权益工具投资偿还该债务,该其他权益工具投资成本为 500 万元,公允价值变动为 100 万元,公允价值为 800 万元,协议约定剩余款项不再追偿。不考虑其他因素的影响,该项债务重组影响乙公司损益的金额是（　　）万元。
A. 500　　　　　　　B. 400　　　　　　　C. 200　　　　　　　D. 190

6. 2023年3月1日，甲公司因发生财务困难，无力偿还所欠乙公司800万元货款。甲公司对该负债以摊余成本计量。经双方协商同意，甲公司以自有的一栋办公楼和一批存货抵偿所欠债务。用于抵债的办公楼原值为700万元，已计提折旧金额为200万元，公允价值为600万元；用于抵债的存货账面价值为90万元，公允价值为120万元。不考虑相关税费及其他因素的影响，甲公司对该项债务重组会计处理正确的是（　　）。
A. 确认债务重组收益210万元　　　　B. 确认商品销售收入90万元
C. 确认债务重组收益80万元　　　　　D. 确认资产处置收益130万元

7. 2023年1月10日，乙公司销售一批商品给甲公司，应收货款共计450万元。甲公司将该应付款项分类为以摊余成本计量的金融负债。2023年4月20日，甲公司与乙公司就其所欠乙公司购货款450万元进行债务重组。根据协议约定，甲公司以其专利技术抵偿全部债务。甲公司用于抵债的专利技术的账面余额为300万元，累计摊销50万元，减值准备30万元，公允价值为350万元。不考虑其他因素的影响，甲公司对该债务重组应确认的当期损益为（　　）万元。
A. 100　　　　　　　B. 150　　　　　　　C. 130　　　　　　　D. 230

8. 乙公司无法偿还甲公司到期债务，经协商，甲公司同意乙公司以其持有的A公司股权偿还其所欠全部债务。债务重组日，甲公司应收乙公司债权的账面余额为2 000万元，已计提坏账准备500万元，乙公司用于偿债股权的账面价值为1 480万元，公允价值为1 400万元，双方办理完成转让手续，转让后甲公司将偿债资产作为以公允价值计量且其变动计入当期损益的金融资产核算，甲、乙公司对该笔债权债务均采用摊余成本进行计量，甲公司应收款项公允价值为1 350万元。不考虑相关税费及其他因素的影响，甲公司对上述交易应确认的债务重组损失金额是（　　）万元。
A. 150　　　　　　　B. 130　　　　　　　C. 80　　　　　　　　D. 100

9. 甲公司应收乙公司货款2 000万元，乙公司未能到期偿付，甲公司对该项债权计提400万元坏账准备。2023年6月10日，双方签订协议，约定以乙公司生产的100件A产品抵偿该债务，乙公司A产品公允价值为13万元/件，成本为10万元/件，当日该债权的公允价值为1 469万元。6月20日，乙公司将抵债产品运抵甲公司，双方债权债务结清。甲公司和乙公司对债权和债务均采用摊余成本计量，不考虑相关税费及其他因素的影响，甲公司因债务重组应确认的损失是（　　）万元。
A. 131　　　　　　　B. 531　　　　　　　C. 400　　　　　　　D. 300

10. 2023年1月10日，乙公司销售一批商品给甲公司，应收货款共计450万元。甲公司将该应付款项分类为以摊余成本计量的金融负债。2023年4月20日，甲公司与乙公司就其所欠乙公司购货款450万元进行债务重组，乙公司对该项应收货款已计提30万元减值准备。根据协议，甲公司以其专利技术抵偿全部债务。甲公司用于抵债的专利技术的账面余额为300万元，累计摊销50万元，减值准备为30万元，公允价值为350万元。不考虑其他因素的影响，该项债务重组影响甲公司当期损益的金额是（　　）万元。
A. 100　　　　　　　B. 130　　　　　　　C. 200　　　　　　　D. 230

11. 下列关于债务重组中债务人以资产清偿债务的表述中，不正确的是（　　）。

A. 以存货进行清偿无须确认收入
B. 以无形资产进行清偿,应将无形资产的账面价值与清偿债务的账面价值的差额计入资产处置损益
C. 以固定资产进行清偿所发生的清理费用影响债务重组损益
D. 以其他债权投资进行清偿,原计入其他综合收益的金额应结转至投资收益

12. 2023年3月1日,甲公司因财务困难,无力偿还所欠乙公司800万元货款。甲公司对该负债以摊余成本计量。经双方协商同意,甲公司以自有的一栋办公楼和一批存货抵债。用于抵债的办公楼原值为700万元,已提折旧金额为200万元,公允价值为600万元;用于抵债的存货账面价值为90万元,公允价值为120万元。不考虑相关税费及其他因素的影响,甲公司对该项债务重组会计处理正确的是(　　)。
  A. 确认债务重组收益210万元　　　　　B. 确认商品销售收入90万元
  C. 确认债务重组收益80万元　　　　　　D. 确认资产处置收益130万元

13. 2023年9月5日,甲公司将所欠乙公司的8 000万元货款转为本公司1 000万股普通股股票(每股面值1元)。当日,甲公司普通股每股市价为7.5元,另支付券商佣金100万元。不考虑其他因素的影响,下列表述正确的是(　　)。
  A. 甲公司应确认投资收益500万元
  B. 甲公司应确认的资本公积(股本溢价)为6 500万元
  C. 甲公司支付的券商佣金计入管理费用
  D. 甲公司应增加股本7 500万元

14. 2023年11月19日,甲公司因采购存货而导致对乙公司应付账款3 000万元到期无力归还,与乙公司达成债务重组协议。根据协议约定,甲公司以现金1 000万元和公允价值1 500万元的其他债权投资抵偿全部债务。2023年11月30日(债务重组日),其他债权投资的账面价值为1 200万元(其中,成本1 000万元,公允价值变动200万元),公允价值为1 500万元。甲公司对金融负债采用摊余成本计量。不考虑其他因素的影响,该事项影响甲公司当月营业利润的金额是(　　)万元。
  A. 200　　　　　　B. 800　　　　　　C. 500　　　　　　D. 1 000

15. 下列关于债务重组的表述中,正确的是(　　)。
  A. 甲公司代替其子公司(H公司)偿还对A公司的到期债务属于A公司的债务重组
  B. 乙公司从B公司购入债权,再与原B公司的债务人C公司进行债务重组属于B公司的债务重组
  C. 丙公司减免债务人的部分本金,但同时提高剩余债务的利息属于丙公司的债务重组
  D. 丁公司同意D公司以库存商品偿还其到期债务不属于丁公司的债务重组

二、多项选择题
  1. 下列各项中,属于甲公司债务重组的有(　　)。
    A. 甲公司以成本30万元、公允价值35万元的存货抵偿所欠A公司35万元的债务
    B. 甲公司的母公司以账面价值100万元、公允价值120万元的交易性金融资产抵偿甲公司所欠B公司150万元的债务
    C. H公司同意延长甲公司100万元的债务的偿还时间

D. 甲公司将所欠 D 公司 1 000 万元的债务转为本公司股份

2. 在债务重组协议中,下列关于债权人取得权益性投资的表述中,正确的有(　　)。
   A. 债权人取得的对联营企业的权益性投资应按其自身的公允价值计量
   B. 债权人取得的股权为交易性金融资产时,发生的交易费用应确认为投资收益
   C. 债权人取得的对非同一控制下子公司的投资,其入账成本按放弃债权的公允价值计算
   D. 债权人取得的股权为其他权益工具投资时,放弃债权的公允价值与放弃债权的账面价值之间的差额应计入留存收益

3. 2023 年 4 月 15 日,甲公司就乙公司所欠货款 550 万元与其签订债务重组协议,减免其债务 200 万元,剩余债务立即用现金清偿。当日,甲公司收到乙公司偿还的 350 万元并存入银行。此前,甲公司已计提坏账准备 230 万元。下列关于甲公司债务重组会计处理的表述中,正确的有(　　)。
   A. 增加营业外支出 200 万元　　　　B. 增加营业外收入 30 万元
   C. 减少应收账款余额 550 万元　　　D. 确认投资收益 30 万元

4. 下列各项中,属于甲公司债务重组的有(　　)。
   A. 甲公司以成本 30 万元、公允价值 35 万元的存货抵偿所欠 A 公司 35 万元的债务
   B. 甲公司的母公司以账面价值 100 万元、公允价值 120 万元的交易性金融资产抵偿甲公司所欠 B 公司 150 万元的债务
   C. H 公司同意延长甲公司 100 万元的债务的偿还时间
   D. 甲公司将所欠 D 公司 1 000 万元的债务转为本公司股份

5. 2023 年 1 月 1 日,甲公司以摊余成本计量的"应收账款——乙公司"账户余额为 1 300 万元,已计提坏账准备 200 万元。2023 年 4 月 1 日,甲公司与乙公司签订债务重组合同,合同约定,乙公司以两项资产清偿债务,包括一项公允价值为 300 万元的股权投资和一项公允价值为 600 万元的无形资产,甲公司将该股权投资作为以公允价值计量且其变动计入其他综合收益的金融资产核算。当日,该应收账款的公允价值为 1 000 万元,双方于当日办理完成相关资产的转让手续。不考虑其他因素的影响,下列关于甲公司会计处理的表述中,正确的有(　　)。
   A. 该项金融资产的入账价值为 300 万元
   B. 无形资产的入账价值为 600 万元
   C. 应确认投资收益为-100 万元
   D. 该项金融资产未来处置时累计确认的其他综合收益不影响当期损益

6. 不考虑相关税费的影响,债务人以非金融资产抵债,下列关于债权人会计处理的表述中,正确的有(　　)。
   A. 债务人以存货抵偿债务的,债权人应当以放弃债权的公允价值作为存货的入账成本
   B. 债务人以固定资产抵偿债务的,债权人应当以固定资产的公允价值作为固定资产的入账成本
   C. 债务人以无形资产抵偿债务的,债权人应当以无形资产的账面价值作为无形资产的入账成本
   D. 债权人应当将放弃债权的公允价值与账面价值的差额计入当期损益

7. 2023年2月19日,甲公司向乙公司赊销一批商品,该批商品成本为4 500万元,售价为5 000万元,增值税为650万元,至2023年7月19日乙公司仍未还款。甲公司对该债权累计已计提坏账准备350万元,公允价值为5 000万元。甲公司得知乙公司流动资金不足,款项很难按时收回,为减少损失,甲公司与乙公司达成债务重组协议。根据协议约定,乙公司以一项对A公司的其他债权投资清偿所欠甲公司债务,对A公司的其他债权投资的账面价值为4 000万元(其中,成本3 500万元,公允价值变动500万元),公允价值为5 000万元,甲公司将其作为以公允价值计量且其变动计入当期损益的金融资产核算。不考虑其他因素的影响,下列表述正确的有(　　)。
    A. 该笔债务重组事项对甲公司当期损益的影响金额为300万元
    B. 乙公司应确认债务重组收益1 650万元
    C. 该笔债务重组事项对乙公司当期损益的影响金额为1 650万元
    D. 甲公司取得偿债金融资产的入账金额为5 000万元
8. 债务人以资产清偿债务,下列关于债权人和债务人会计处理的表述中,不正确的有(　　)。
    A. 如果债务人仅以非金融资产偿债,债权人应将放弃债权的公允价值与受让非金融资产的公允价值的差额计入投资收益
    B. 涉及金融资产的按《企业会计准则第22号——金融工具确认和计量》的规定确定受让金融资产的入账价值
    C. 债务人以多项金融资产清偿债务的,债务的账面价值与偿债金融资产账面价值的差额计入其他收益
    D. 债务人以分类为以公允价值计量且其变动计入其他综合收益的债权投资清偿债务的,之前计入其他综合收益的累计利得或损失无须结转
9. 增值税一般纳税人在债务重组中以固定资产清偿债务的,下列各项中,可能影响债务人其他收益确认金额的有(　　)。
    A. 固定资产清理费用　　　　　　　B. 重组债务的账面价值
    C. 重组债权的公允价值　　　　　　D. 固定资产的增值税销项税额
10. 甲公司与乙公司进行债务重组,甲公司将所欠乙公司债务转为甲公司自身权益工具,下列关于甲、乙公司会计处理的表述中,正确的有(　　)。
    A. 权益工具公允价值能够可靠计量时,甲公司权益工具应以公允价值计量
    B. 权益工具公允价值不能够可靠计量时,甲公司权益工具应以清偿债务的公允价值计量
    C. 乙公司因重组对甲公司产生重大影响,长期股权投资入账金额等于放弃债权的公允价值
    D. 甲公司所清偿债务账面价值与权益工具确认金额之间的差额影响当期损益

三、判断题

1. 如果债权人与债务人在债务重组前后均受同一方或相同的多方最终控制,双方进行债务重组交易时不得确认损益。　　　　　　　　　　　　　　　　　　(　　)
2. 债务人以一项以公允价值计量且其变动计入其他综合收益的股权投资进行债务重组以清偿债务,该债务重组确认收益应计入留存收益。　　　　　　　　　　(　　)

3. 如果修改其他条款导致债务终止确认,债务人应当按照公允价值计量重组债务。（　）
4. 对于债权人来说,修改其他条款方式或组合方式进行债务重组,一般属于实质性修改。（　）
5. 以将债务转为权益工具方式进行债务重组时,债权人如将取得股权作为长期股权投资核算,应按照放弃债权的公允价值和可直接归属于该资产的税金等其他成本作为长期股权投资的入账成本。（　）
6. 债务人以非金融资产清偿债务时,债权人应将重组损益计入其他收益。（　）
7. 债务重组一定是在债务人发生财务困难的背景下进行,债权人一定会作出让步。（　）
8. 债务重组的方式主要包括债务人以资产清偿债务、修改其他条款;但不包括将债务转为权益工具。（　）
9. 债务重组中涉及的债权和债务的终止确认,应当遵循《企业会计准则第22号——金融工具确认和计量》和《企业会计准则第23号——金融资产转移》中有关金融资产和金融负债终止确认的规定。（　）
10. 债务重组中如债务人以日常活动产出的商品或服务清偿债务的,应按《企业会计准则第14号——收入》的规定,将其确认为商品或服务的销售处理。（　）

四、实务题

1. 甲公司因财务困难,2023年发生债务重组的有关资料如下:

   (1) 2022年10月10日,乙公司销售一批产品给甲公司,价款为300万元,信用期为6个月,不存在重大融资成分。截至2023年4月10日,甲公司仍未支付货款。经乙公司同意,甲公司以一项固定资产偿还乙公司债务,该固定资产原值为480万元,已计提累计折旧200万元,累计计提减值准备20万元,公允价值为250万元。当日相关手续已办妥。

   (2) 乙公司系设备经销商,将取得甲公司设备作为存货用于出售。对甲公司债权在2023年4月10日已计提减值准备30万元,当日该笔债权公允价值为265万元。设备运抵乙公司过程中,发生由乙公司负担的运费3万元。

   (3) 2023年3月15日,丙公司销售一批材料给甲公司,价款为800万元,信用期为3个月,不存在重大融资成分。截至2023年6月15日,甲公司仍未支付货款,丙公司对该项债权已计提50万元减值准备。经甲、丙公司协商,甲公司以100万股自身普通股偿还对丙公司债务。当日,甲公司普通股的面值为每股1元,公允价值为每股6.5元,相关手续已办理完毕。丙公司将取得甲公司股权作为以公允价值计量且其变动计入其他综合收益的金融资产核算。

   已知:①甲公司、乙公司、丙公司相关债权、债务均以摊余成本计量。②本题不考虑增值税等其他因素的影响。

   要求:若你是相关财务人员,请根据上述资料,回答下列问题。
   (1) 编制2023年4月10日甲公司发生债务重组的相关会计分录。
   (2) 编制2023年4月10日乙公司发生债务重组的相关会计分录。
   (3) 编制2023年6月15日甲公司发生债务重组的相关会计分录。
   (4) 编制2023年6月15日丙公司发生债务重组的相关会计分录。

2. 2023年3月,甲公司与乙公司就一项销售合同形成的债权债务关系进行协商,形成有关债务重组的资料如下:
   (1) 2023年3月,甲公司应收乙公司货款账面价值500万元,该货款原值为600万元,已计提坏账准备100万元,公允价值为550万元。
   (2) 乙公司以其持有的一套办公用房产抵偿对甲公司的债务的一部分。乙公司原将该房产作为固定资产核算,该房产账面价值为350万元,其原值为500万元,已计提累计折旧100万元,已经计提减值准备50万元,该房产公允价值为380万元。双方于当月完成该房产产权转移手续。甲公司为取得该房产发生相关税费10万元。
   (3) 乙公司增发20万股普通股抵偿对甲公司的剩余债务,股票面值1元,发行价5元。甲公司取得该股权后作为其他权益工具投资核算。
   本题不考虑其他因素的影响。
   要求:若你是相关财务人员,请根据上述资料,回答下列问题。
   (1) 计算甲公司应确认的债务重组损益金额。
   (2) 编制甲公司债务重组的相关会计分录。
   (3) 编制乙公司债务重组的相关会计分录。

五、资料题

1. 2023年5月1日,甲公司将一批自产产品销售给丙公司,形成应收账款5 000万元,丙公司信用期为60天。截至2023年6月29日,丙公司尚未付款,经过调查发现丙公司内部出现问题,目前丙公司处于停滞状态,甲公司计提坏账准备500万元。2023年12月15日,经过多次协商,甲公司与丙公司达成以下协议:
   (1) 丙公司以持有对A公司5%股权投资清偿30%债务,该股权公允价值为1 500万元。
   (2) 丙公司以一幢作为固定资产核算的仓库清偿40%债务,该仓库的公允价值为2 000万元。
   (3) 丙公司以货币资金清偿剩余30%债务。当日,股权、房产交接手续办理完毕,甲公司将A公司股权作为以公允价值计量且其变动计入当期损益的金融资产核算,将仓库作为固定资产核算,甲公司该笔债权的公允价值为4 800万元。
   甲公司相关会计分录如下:

   借:交易性金融资产   15 000 000
     　固定资产   20 000 000
     　银行存款   15 000 000
     　坏账准备   5 000 000
       贷:应收账款   50 000 000
         　投资收益   5 000 000

   本题不考虑相关税费及其他条件的影响。
   要求:针对上述资料,指出甲公司的会计处理是否存在不当之处。如果存在不当之处,提出恰当的处理意见。

2. 2023年12月31日,A公司因欠某供应商的原材料货款1 500万元不能如期归还(公允价值与账面价值相等),与其签订债务重组协议。协议约定,A公司用银行存款归还欠款100万元,同时用自有的一项环保烟花专利技术抵偿债务,该专利技术公允价值为

1 200万元,账面价值为500万元。当日办理完毕有关产权转移手续。A公司就上述事项确认资产处置收益900万元。

本题不考虑相关税费及其他条件的影响。

要求:针对上述资料,指出A公司的会计处理是否存在不当之处。如果存在不当之处,提出恰当的处理意见。

第三部分 参考答案

一、单项选择题

1	2	3	4	5	6	7	8	9	10
A	A	C	D	B	A	D	D	A	D
11	12	13	14	15					
B	A	A	D	C					

难点解析:

1. 债务人延期偿还债权人的到期债务,属于修改其他条款,适用《企业会计准则第12号——债务重组》,选项A正确。向银行出售应收账款,以未来应收货款本金及其利息进行资产证券化和签发商业承兑汇票支付购货款,适用《企业会计准则第22号——金融工具确认和计量》,选项BCD错误。

2. 甲公司与乙公司就清偿债务方式重新达成协议,属于债务重组,债务重组损益为150万元[650-(2 000-1 500)],选项A正确,选项B错误。选项C错误,误以债权账面余额与抵债资产的公允价值差额确认债务重组损益。选项D错误,误以放弃债权的账面价值与抵债资产的账面价值差额确认债务重组损益。

3. 债务人以日常活动产出的商品或服务清偿债务的,应当将所清偿债务账面价值与存货等相关资产账面价值之间的差额记入"其他收益——债务重组收益"账户,以存货进行债务重组时无须确认收入和结转成本,选项AB错误。债务人以单项或多项非金融资产清偿债务,或者以包括金融资产或非金融资产在内的多项资产清偿债务的,无须区分是资产处置损益和债务重组损益,将所清偿债务账面价值与转让资产账面价值之间的差额记入"其他收益——债务重组收益"账户,选项D错误。应确认的其他收益利润为210万元[800-(700-200+90)],选项C正确。

4. 乙公司应确认取得A商品成本为放弃债权的公允价值,但本题中涉及增值税进项税额,所以,库存商品的入账金额为1 218万元(1 400-182),视同放弃债权的公允价值含增值税,选项A错误。乙公司应确认投资收益为-100万元[1 400-(2 000-500)],选项B错误。甲公司应确认其他收益为1 018万元[2 000-(200×4+200×7×13%)],因涉及增值税,抵债资产账面价值视同含税金额,选项C错误,选项D正确。

5. 乙公司因债务重组确认的收益应作为投资收益核算,抵债资产为其他权益工具投资,其在持有期间确认的公允价值变动在终止确认时应转入留存收益,因此,乙公司应确认的债务重组收益为400万元[1 000-(500+100)],选项B正确,选项ACD错误。

6. 债务人以非金融资产清偿债务,无须区分资产处置损益和债务重组收益,也无须区分不同资产的处置损益,而将所清偿债务账面价值与转让资产账面价值之间的差额记入"其他收益——债务重组收益"账户,甲公司应确认的债务重组收益为210万元[800-(700-200+90)],选项A正确,选项BCD错误。

7. 本题中甲公司为债务人,乙公司为债权人。甲公司应确认的债务重组收益为230万元[450-(300-50-30)],选项D正确。

8. 甲公司应确认的债务重组损失为-100万元[1 400-(2 000-500)],即债务重组损失为100万元,选项D正确,选项ABC错误。

9. 甲公司应确认的债务重组损失为-131万元[1 469-(2 000-400)],选项A正确。

10. 甲公司应确认的债务重组收益为230万元[450-(300-50-30)],选项D正确,选项ABC错误。

11. 以存货进行清偿债务的,应将清偿债务的账面价值与存货账面价值的差额确认为其他收益,无须确认收入和结转成本,选项A正确。以无形资产进行清偿,应将无形资产的账面价值与清偿债务的账面价值的差额计入其他收益,选项B错误。以固定资产清偿债务的,支付的清理费用计入固定资产清理,构成固定资产账面价值,固定资产账面价值与清偿债务账面价值的差额计入其他收益,选项C正确。以其他债权投资清偿债务的,应将原计入其他综合收益的金额转入投资收益,选项D正确。

12. 债务人以非金融资产清偿债务,应将所清偿债务账面价值与转让资产账面价值之间的差额记入"其他收益"账户,无须区分资产处置损益和债务重组损益。本题中,甲公司应确认的债务重组收益为210万元[800-(700-200+90)],选项A正确,选项D错误。选项C错误,误将债务账面价值与抵债资产公允价值的差额作为债务重组收益。选项B错误,债务人以日常活动产出的商品或服务清偿债务的,应当将所清偿债务账面价值与存货等相关资产账面价值之间的差额记入"其他收益"账户,无须确认商品销售收入。

13. 债务重组采用将债务转为权益工具方式进行的,所清偿债务账面价值与权益工具确认金额之间的差额,计入投资收益。本题中,甲公司债务重组收益为500万元(8 000-1 000×7.5),选项A正确。甲公司发行股票应确认的资本公积为6 400万元[(7.5-1)×1 000-100],选项B错误。甲公司支付发行股票的佣金、手续费应冲减资本公积,选项C错误。发行股票应按面值增加股本,即1 000万元,选项D错误。

14. 甲公司因债务重组确认的收益应作为投资收益核算,因抵债资产中有其他债权投资,其他债权投资在持有期间确认的其他综合收益也需要转入投资收益,上述两项均影响营业利润。甲公司应确认的债务重组收益为1 000万元[3 000-(1 000+1 200)+200],选项D正确。

15. 债务重组的关键是不改变交易对手方,A公司原交易对手方是H公司,而现在的交易对手方是甲公司,因交易对手方已改变,不属于债务重组,选项A错误。B公司将债权出售给乙公司,应终止确认该项债权,而后债务人C公司与乙公司达成重组协议,因交易对手方已改变,不属于B公司的债务重组,选项B错误。债权人在减免债务人部分本金的同时提高剩余债务的利息,改变了清偿金额,属于债务重组,选项C正确。债权人同意债务人用库存商品偿还到期债务,改变了清偿方式,属于债务重组,选项D错误。

二、多项选择题

1	2	3	4	5	6	7	8	9	10
ACD	BC	CD	ACD	ACD	AD	ABD	ACD	ABD	ABD

难点解析：

1. 债务重组是指在不改变交易对手的情况下，经债权人和债务人协定或法院裁定，就清偿债务的时间、金额或方式等重新达成协议的交易，甲公司与 A 公司就清偿方式达成协议，属于债务重组，选项 A 正确。甲公司的母公司与债权人 B 公司达成债务重组协议，因改变交易对手方，不属于甲公司的债务重组协议，选项 B 错误。甲公司与 H 公司就清偿债务时间重新达成协议，属于债务重组，选项 C 正确。甲公司与 D 公司就清偿方式重新达成协议，属于债务重组，选项 D 正确。

2. 债权人取得对联营企业和合营企业的权益性投资应作为长期股权投资入账，其入账价值为放弃债权的公允价值及相关税费的合计数，选项 A 错误。债权人取得的股权为交易性金融资产时，发生的交易费用应确认为投资收益，选项 B 正确。债权人取得的对非同一控制下子公司的投资，其入账成本按放弃债权的公允价值计量，选项 C 正确。如债权人取得的权益性投资为对联营企业和合营企业的投资、非同一控制下对子公司的投资或者交易性金融资产、其他权益工具投资，均应将放弃债权的公允价值与其账面价值的差额确认为投资收益，选项 D 错误。

3. 债权人受让包括现金在内的单项或多项金融资产的，应按照《企业会计准则第 22 号——金融工具确认和计量》的规定进行确认和计量，即受让的金融资产初始确认时应当以公允价值计量，金融资产确认金额与债权终止确认日账面价值的差额计入投资收益。本题中，甲公司相关会计分录如下：

借：银行存款　　　　　　　　　　　　　　　　　　　　　　3 500 000
　　坏账准备　　　　　　　　　　　　　　　　　　　　　　2 300 000
　贷：应收账款　　　　　　　　　　　　　　　　　　　　　5 500 000
　　　投资收益　　　　　　　　　　　　　　　　　　　　　　300 000

因此，选项 CD 正确。

4. 债务重组是指在不改变交易对手方的情况下，经债权人和债务人协定或法院裁定，就清偿债务的时间、金额或方式等重新达成协议的交易，选项 ACD 均属于债务重组，选项 ACD 正确。甲公司的母公司与债权人 B 公司达成债务重组协议，已改变交易对手方，不属于甲公司的债务重组协议，选项 B 错误。

5. 本题中，甲公司受让资产为两项，一项为其他权益工具投资，另一项为无形资产，由于合同签订当日，相关资产的转让手续已办妥，债务重组已完成，其他权益工具投资的入账价值应以当日公允价值 300 万元确认，未来处置时累计确认的其他综合收益不影响当期损益，影响留存收益，选项 AD 正确。甲公司受让的非金融资产（无形资产）为 700 万元（1 000－300），不以该无形资产自身的公允价值计量，选项 B 错误。应确认投资收益的金额为－100 万元[1 000－(1 300－200)]，选项 C 正确。

6. 债务人以非金融资产抵偿债务的,债权人取得非金融资产入账金额应以放弃债权的公允价值为基础确认,选项 A 正确,选项 BC 错误。债权人应当将放弃债权的公允价值与账面价值之间的差额计入投资收益,选项 D 正确。

7. 甲公司向乙公司赊销商品形成债权的金额为 5 650 万元(5 000+650),甲公司应确认的债务重组损失为-300 万元[5 000-(5 650-350)],选项 A 正确。乙公司应确认债务重组收益为 1 650 万元(5 650-4 000),选项 B 正确。该重组事项对乙公司当期损益的影响金额为 2 150 万元(1 650+500),选项 C 错误。甲公司在债务重组中取得的以公允价值计量且其变动计入当期损益的金融资产应按公允价值入账,即 5 000 万元,选项 D 正确。

8. 如果债务人仅以非金融资产偿债,债权人应将放弃债权的公允价值与账面价值的差额计入投资收益,选项 A 不正确。债权人受让多项资产(含金融资产),应当先按照《企业会计准则第 22 号——金融工具确认和计量》的规定确认和计量受让的金融资产,选项 B 正确。债务人以单项或多项金融资产清偿债务的,债务的账面价值与偿债金融资产(也包含其他权益工具投资)账面价值的差额计入投资收益,选项 C 不正确。债务人以分类为以公允价值计量且其变动计入其他综合收益的债权投资清偿债务的,之前计入其他综合收益的累计利得或损失应转入投资收益,选项 D 不正确。

9. 以固定资产清偿债务,应先对固定资产进行清理。债务人应确认重组收益(记入"其他收益"账户)=债务账面价值-固定资产清理账面价值-固定资产处置发生的销项税额=债务账面价值-(固定资产账面价值+清理费用)-抵债固定资产的销项税额,选项 ABD 正确,选项 C 错误。

10. 债务人初始确认权益工具时应当按照权益工具的公允价值计量,权益工具的公允价值不能可靠计量的,应当按照所清偿债务的公允价值计量,选项 AB 正确。甲公司因重组对乙公司产生重大影响,长期股权投资入账金额为放弃债权的公允价值及相关税费,选项 C 错误。债务人将债务转为权益工具所清偿债务账面价值与权益工具确认金额之间的差额,应当计入投资收益,选项 D 正确。

三、判断题

1	2	3	4	5	6	7	8	9	10
×	×	√	√	×	×	×	×	√	×

难点解析:

1. 债务重组构成权益性交易的,应当适用权益性交易的有关会计处理规定,债权人和债务人不确认构成权益性交易的债务重组相关损益,但债务重组中不属于权益性交易的部分仍然应当确认债务重组相关损益。如母公司豁免子公司部分债务,与其他债权人按相同比例豁免的部分,可确认债务重组相关损益,超过的部分不确认债务重组相关损益。

2. 债务人债务的账面价值与偿债金融资产账面价值的差额计入投资收益。原作为金融资产核算的视同金融资产处置的处理,已计提减值准备的,应予以结转。同时,将原计入其他综合收益的金额转入当期损益(或留存收益)。

5. 此处需要分情况讨论,如债权人取得的长期股权投资是对联营企业或合营企业的投资,其入账成本包括放弃债权的公允价值和可直接归属于该资产的税金等其他成本;如债权人取得的长期股权投资对债务人构成控制,应按照《企业会计准则第20号——企业合并》的有关规定进行处理。

6. 无论是受让金融资产还是非金融资产,债权人都应将重组损益计入投资收益。

7. 债务重组不强调在债务人发生财务困难的背景下进行,也无论债权人是否作出让步。也就是说,无论何种原因导致债务人未按原定条件偿还债务,无论双方是否同意债务人以低于债务的金额偿还债务,只要债权人和债务人就债务条款重新达成了协议,就符合债务重组的定义。

8. 债务重组的方式主要包括债务人以资产清偿债务、将债务转为权益工具、修改其他条款,以及前述一种以上方式的组合。

10. 通常情况下,债务重组不属于企业的日常活动,因此在债务重组中,如债务人以日常活动产出的商品或服务清偿债务的,不应按《企业会计准则第14号——收入》确认为商品或服务的销售处理。

四、实务题

1. (1) 2023年4月10日,甲公司发生债务重组的相关会计分录如下:

借:固定资产清理　　　　　　　　　　　　　　　　　　　　　　　2 600 000
　　累计折旧　　　　　　　　　　　　　　　　　　　　　　　　　2 000 000
　　固定资产减值准备　　　　　　　　　　　　　　　　　　　　　　200 000
　　贷:固定资产　　　　　　　　　　　　　　　　　　　　　　　　4 800 000

借:应付账款　　　　　　　　　　　　　　　　　　　　　　　　　3 000 000
　　贷:固定资产清理　　　　　　　　　　　　　　　　　　　　　　2 600 000
　　　　其他收益　　　　　　　　　　　　　　　　　　　　　　　　400 000

(2) 2023年4月10日,乙公司发生债务重组的相关会计分录如下:

借:库存商品[(265+3)×10 000]　　　　　　　　　　　　　　　　2 680 000
　　坏账准备　　　　　　　　　　　　　　　　　　　　　　　　　　300 000
　　投资收益　　　　　　　　　　　　　　　　　　　　　　　　　　 50 000
　　贷:应收账款　　　　　　　　　　　　　　　　　　　　　　　　3 000 000
　　　　银行存款　　　　　　　　　　　　　　　　　　　　　　　　　300 000

(3) 2023年6月15日,甲公司发生债务重组的相关会计分录如下:

借:应付账款　　　　　　　　　　　　　　　　　　　　　　　　　8 000 000
　　贷:股本　　　　　　　　　　　　　　　　　　　　　　　　　　1 000 000
　　　　资本公积——股本溢价[1 000 000×(6.5-1)]　　　　　　　　5 500 000
　　　　投资收益　　　　　　　　　　　　　　　　　　　　　　　　1 500 000

(4) 2023年6月15日,丙公司发生债务重组的相关会计分录如下:

借:其他权益工具投资(1 000 000×6.5)　　　　　　　　　　　　　6 500 000
　　坏账准备　　　　　　　　　　　　　　　　　　　　　　　　　　500 000
　　投资收益　　　　　　　　　　　　　　　　　　　　　　　　　1 000 000
　　贷:应收账款　　　　　　　　　　　　　　　　　　　　　　　　　800 000

2. (1) 甲公司应确认的债务重组损益＝放弃债权的公允价值－放弃债权的账面价值
$$=550-(600-100)=50(万元)$$

(2) 甲公司债务重组的相关会计分录如下：

借：其他权益工具投资	1 000 000
固定资产[(450＋10)×10 000]	4 600 000
坏账准备	1 000 000
贷：应收账款	6 000 000
银行存款	100 000
投资收益	500 000

(3) 乙公司债务重组的相关会计分录如下：

借：固定资产清理	3 500 000
累计折旧	1 000 000
固定资产减值准备	500 000
贷：固定资产	5 000 000
借：应付账款	6 000 000
贷：固定资产清理	3 500 000
股本	200 000
资本公积——股本溢价	800 000
其他收益——债务重组收益	1 500 000

五、资料题

1. 存在不当之处。

处理意见：甲公司与丙公司达成债务重组协议，丙公司以资产清偿债务的形式进行债务重组，甲公司应按受让金融资产以外的各项资产在债务重组合同生效日的公允价值比例，对放弃债权在合同生效日的公允价值扣除受让金融资产后的净额进行分配，并以此为基础分别确定受让各项资产的成本。固定资产的入账金额为1 800万元(4 800－1 500－5 000×30%)。

2. 存在不当之处。

处理意见：A公司应将所清偿债务账面价值与转让资产账面价值之间的差额900万元计入其他收益。

借：应付账款	15 000 000
贷：无形资产	5 000 000
银行存款	1 000 000
其他收益	9 000 000

第七章 会计变更与差错更正

第一部分 内容概要

一、会计变更

(一) 会计政策变更

会计政策变更是指企业对相同的交易或者事项由原来采用的会计政策改用另一会计政策的行为。一般情况下,企业采用的会计政策,在每一会计期间和前后各期应当保持一致,不得随意变更。在以下 2 种情形下,企业可以变更会计政策:①法律、行政法规或国家统一的会计制度等要求变更。②会计政策变更能够提供更可靠、更相关的会计信息。

下列 2 种情况不属于会计政策变更:①本期发生的交易或事项与以前相比具有本质差别而采用新的会计政策。②对初次发生的或不重要的交易或事项采用新的会计政策。

(二) 会计估计变更

会计估计变更是指由于资产和负债的当前状况及预期经济利益和义务发生了变化,对资产或负债的账面价值或资产的定期消耗金额进行调整的行为。会计估计变更的情形包括:①赖以进行估计的基础发生了变化。②取得了新的信息,积累了更多的经验。

(三) 会计政策变更和会计估计变更的区分

会计政策变更采用追溯调整法或未来适用法进行会计处理,跨年涉及损益类会计账户替换为"盈余公积""利润分配"账户,无须调整应交所得税,满足条件确认递延所得税。

会计估计变更采用未来适用法进行会计处理。难以区分某项变更是会计政策变更还是会计估计变更的,应当将其作为会计估计变更处理。

会计政策变更和会计估计变更的区分如表 7-1 所示。

表 7-1　　　　　　　会计政策变更和会计估计变更的区分

项目	经济业务
会计政策变更	(1) 发出存货计价方法的变更 (2) 投资性房地产后续计量模式由成本模式改为公允价值模式 (3) 执行《企业会计准则第 14 号——收入准则》,将原以风险报酬转移确认收入改为以控制权转移确认收入 (4) 执行《企业会计准则第 22 号——金融工具确认和计量》,将原金融资产"四分类"改为"三分类" (5) 执行《企业会计准则第 21 号——租赁》,将原经营租赁资产满足条件确认为使用权资产 (6) 因执行新准则,而对原准则规定的会计处理进行变更等
会计估计变更	(1) 存货可变现净值的确定 (2) 采用公允价值模式计量的投资性房地产公允价值的确定 (3) 固定(无形)资产的预计使用寿命、净残值和折旧(摊销)方法 (4) 可收回金额按照资产(组)的公允价值减去处置费用后的净额确定的,确定公允价值减去处置费用后的净额的方法可收回金额按照资产(组)预计未来现金流量的现值确定的,预计未来现金流量的确定 (5) 预计负债初始计量的最佳估计数的确定 (6) 各类资产公允价值的确定(含输入值的确定) (7) 承租人对未确认融资费用的分摊,出租人对未实现融资收益的分配 (8) 某一时段履行履约进度的计算方法等

二、前期差错更正

（一）前期差错的概念

前期差错是指没有运用或错误运用下列2种信息,而对前期财务报表造成省略或错报。

（1）编报前期财务报表时,预期能够取得并加以考虑的可靠信息。

（2）前期财务报告批准报出时,能够取得的可靠信息。

（二）前期差错更正的会计处理

1. 不重要的前期差错

企业无须调整财务报表相关项目的期初数,但应调整发现当期与前期相同的相关项目。属于影响损益的,应直接计入本期与上期相同的净损益项目。

2. 重要的前期差错

重要的前期差错是指足以影响财务报表使用者对企业财务状况、经营成果和现金流量作出正确判断的前期差错。

若能够合理确定前期差错累积影响数,则重要的前期差错的更正应当采用追溯重述法。

若确定前期差错累积影响数不切实可行,可以从可追溯重述的最早期间开始调整留存收益的期初余额,财务报表其他相关项目的期初余额也应当一并调整,也可以采用未来适用法进行调整。

重要的前期差错调整结束后,还应调整发现年度财务报表的年初数和上年数。本期发现前期重要差错采用追溯重述法时,损益类账户的调整通过"以前年度损益调整"账户核算。

第二部分 练 习 题

一、单项选择题

1. 下列各项中,属于会计政策变更的是(　　)。
   A. 将合同履约进度由投入法变更为产出法
   B. 将产品保修费用的计提比例由销售收入的2%变更为5%
   C. 将发出存货的计价方法由移动加权平均法变更为个别计价法
   D. 将固定资产预计净残值由5%变更为3%

2. 下列各项中,属于会计政策变更的是(　　)。
   A. 将发出存货的计价方法由先进先出法变更为月末一次加权平均法
   B. 将合同履约进度的确认方法由投入法变更为产出法
   C. 将固定资产的折旧方法由年限平均法变更为年数总和法
   D. 将无形资产的剩余使用年限由6年变更为4年

3. 下列各项中,属于会计政策变更的是(　　)。
   A. 长期股权投资的核算因增加投资份额由权益法改为成本法
   B. 固定资产折旧方法由年限平均法改为年数总和法
   C. 资产负债表日将奖励积分的预计兑换率由95%改为90%
   D. 与资产相关的政府补助由总额法改为净额法

4. 下列各项中,属于会计政策变更的是(　　)。
   A. 固定资产折旧方法由年数总和法改为年限平均法
   B. 固定资产改造完成后将其使用年限由 6 年延长至 9 年
   C. 投资性房地产的后续计量由成本模式变更为公允价值模式
   D. 对于低值易耗品的摊销由一次摊销法改为分次摊销法

5. 下列各项中,属于会计估计变更的是(　　)。
   A. 投资性房地产由以成本模式进行后续计量变更为以公允价值模式进行后续计量
   B. 金融资产由"四分类"变更为"三分类"
   C. 坏账准备的计提由账龄分析法改为预期信用损失法
   D. 存货发出计量方法由先进先出法改为月末一次加权平均法

6. 下列各项中,应采用追溯调整法进行会计处理的是(　　)。
   A. 发现前期某项存货计提减值准备错误,并且金额重大
   B. 收入确认由风险报酬转移变更为控制权转移确认
   C. 对原计提产品质量保证金的计提比例进行变更
   D. 使用寿命不确定的无形资产改为使用寿命有限的无形资产

7. 甲公司为某集团母公司,其与控股子公司(乙公司)会计处理存在差异的下列事项中,在编制合并财务报表时,应当作为会计政策予以统一的是(　　)。
   A. 甲公司产品保修费用的计提比例为售价的 3‰,乙公司为售价的 1‰
   B. 甲公司对机器设备的折旧年限为 10 年,乙公司为 15 年
   C. 甲公司对投资性房地产采用成本模式进行后续计量,乙公司采用公允价值模式
   D. 甲、乙公司根据预期信用损失法对应收账款分别按 5% 和 10% 计提坏账准备

8. 下列各项中,不属于会计估计的是(　　)。
   A. 投资性房地产按照公允价值计量
   B. 固定资产预计使用寿命的确定
   C. 无形资产减值测试中可收回金额的确定
   D. 债权投资预期信用减值损失金额的确定

9. 下列关于会计政策变更会计处理的表述中,正确的是(　　)。
   A. 企业可以在追溯调整法和未来适用法中进行选择
   B. 只要企业可以进行追溯调整的就可以进行会计政策变更
   C. 发生会计政策变更时必须计算会计政策变更的累积影响数
   D. 会计政策变更采用未来适用法的应在会计政策变更当期计算出会计政策变更对当期净利润的影响数并在报表附注中披露

10. 甲公司于 2021 年 12 月 31 日外购一栋写字楼并将其出租给乙公司,甲公司将其作为投资性房地产核算,并采用成本模式进行后续计量,初始入账成本 5 500 万元,预计净残值为 100 万元,预计使用年限为 40 年,采用年限平均法计提折旧。2023 年 12 月 31 日该写字楼未发生减值,同时甲公司能够持续、可靠取得该写字楼的公允价值,并将后续计量模式改为公允价值模式,当日公允价值为 6 000 万元。甲公司适用的企业所得税税率为 25%,按净利润的 10% 提取盈余公积,甲公司已经完成当年年末结转。不考虑其他因素的影响,甲公司应调整 2023 年资产负债表中未分配利润的金额为(　　)万元。

A. 519.75　　　　B. 577.50　　　　C. 693.00　　　　D. 770.00

11. 2021年6月30日,甲公司以1 200万元购入一台管理用固定资产,预计使用10年,预计净残值率为5%,采用年限平均法计提折旧。2022年12月31日,由于技术更新,甲公司将该资产折旧方法改为双倍余额递减法,并将剩余使用年限改为5年,预计净残值率为5%。甲公司适用的企业所得税税率为15%,不考虑其他因素的影响,则该项会计估计变更对甲公司2023年净利润的影响金额为(　　)万元。

A. −252.96　　　　B. −223.20　　　　C. −411.60　　　　D. −297.60

12. 下列关于前期差错的表述中,正确的是(　　)。

A. 对于不重要的前期差错,企业不需调整财务报表相关项目的期初数和发现当期与前期相同的相关项目

B. 对于重要的前期差错,企业必须采用追溯重述法进行调整

C. 重要的前期差错调整结束后,仅需调整发现年度财务报表的年初数

D. 不重要的前期差错是指不足以影响财务报表使用者对企业财务状况、经营成果和现金流量作出正确判断的会计差错

13. 2023年12月31日,甲公司发现应自2022年12月开始计提折旧的一项固定资产从2023年1月才开始计提折旧,导致2022年管理费用少计200万元,被认定为重大差错,税务部门允许调整2023年的应交所得税。甲公司适用的企业所得税税率为25%,无其他纳税调整事项,甲公司利润表中的2022年净利润为500万元,并按10%计提法定盈余公积。不考虑其他因素的影响,甲公司更正该差错时应将2023年12月31日资产负债表"未分配利润"项目年初余额调减(　　)万元。

A. 15　　　　B. 50　　　　C. 135　　　　D. 150

14. 2023年1月1日起,企业对其确认为无形资产的某项非专利技术按照5年的期限进行摊销,由于替代技术研发进程的加快,2024年1月,企业将该无形资产的剩余摊销年限缩短为2年,这一变更属于(　　)。

A. 会计政策变更　　　　　　　　B. 会计估计变更
C. 前期差错更正　　　　　　　　D. 本期差错更正

15. 下列各项中,属于会计政策变更的是(　　)。

A. 将合同履约进度由投入法变更为产出法

B. 将产品保修费用的计提比例由销售收入的1%变更为1.5%

C. 将发出存货的计价方法由移动加权平均法变更为个别计价法

D. 将无形资产的摊销方法由直线法变更为生产总量法

二、多项选择题

1. 下列各项中,不属于会计政策变更的有(　　)。

A. 政府补助的会计处理方法由总额法改为净额法

B. 无形资产摊销方法由年限平均法改为产量法

C. 长期股权投资的核算因增加投资份额由权益法改为成本法

D. 资产负债表日将奖励积分的预计兑换率由45%改为90%

2. 下列关于会计政策的选择与运用的表述中,正确的有(　　)。

A. 企业应在国家统一的会计准则制度规定的会计政策范围内选择适用的会计政策

B. 会计政策涉及会计原则、会计基础和具体会计处理方法

C. 会计政策应当保持前后各期的一致性,不得变更

D. 企业在会计核算中所采用的会计政策,通常应在报表附注中加以披露

3. 下列企业发生的交易或事项中,需要进行会计估计的有(　　)。

　　A. 存货可变现净值的确定

　　B. 合同履约进度的确定

　　C. 存货入账成本的确定

　　D. 预计负债初始计量的最佳估计数的确定

4. 下列各项中,无须重编以前年度财务报表的有(　　)。

　　A. 发现不重要的前期差错

　　B. 会计估计变更

　　C. 会计政策变更无法确定以前各期累积影响数

　　D. 重要的前期差错无法确定前期差错累积影响数

5. 2021年12月31日,甲公司收到投资者投入的一批原材料,投资合同约定该批原材料的价值为800万元(与公允价值相同),由于人员交替该笔业务未进行会计处理。2022年8月10日,该批原材料出售40%,已确认收入,由于该批原材料的成本信息缺失,未进行成本结转的相关会计处理。2023年11月15日,原材料剩余60%全部出售,已确认收入,但未进行成本结转。2023年12月15日,经审计认定相关事项属于重要前期差错,当月进行追溯重述,甲公司每年均按10%的比例计提盈余公积。不考虑其他因素的影响,下列关于该事项会计处理的表述中,正确的有(　　)。

　　A. 2023年12月31日原材料金额为0

　　B. 增加2023年营业成本480万元

　　C. 减少2023年年初盈余公积32万元

　　D. 减少2023年年末未分配利润288万元

6. 下列甲公司2023年进行会计决算时发生的交易或事项中,可能影响甲公司2023年期初留存收益的有(　　)。

　　A. 发现2022年购入的固定资产一直未计提折旧

　　B. 将投资性房地产后续计量模式由成本模式改为公允价值模式

　　C. 对乙公司进行股权投资

　　D. 因提高产品质量,将预计产品质量保证金计提比例由2%降为1%

7. 下列各项中,企业应采用未来适用法进行会计核算的有(　　)。

　　A. 发现不重要的前期差错

　　B. 会计估计变更

　　C. 会计政策变更无法确定以前各期累积影响数

　　D. 重要的前期差错无法确定前期差错累积影响数

8. 下列各项中,企业需要进行会计估计的有(　　)。

　　A. 预计负债计量金额的确定　　　　B. 应收账款未来现金流量的确定

　　C. 建造合同履约进度的确定　　　　D. 固定资产折旧方法的选择

9. 2023年12月31日,甲公司发现2021年12月收到投资者投入的一项行政管理用固定资产尚未入账,投资合同约定该固定资产价值为1 000万元(与公允价值相同)。预计使用年限为5年,预计净残值为0,采用年限平均法计提折旧。甲公司将漏记该固定资产事项认定为重要的前期差错。不考虑其他因素的影响,下列关于该项会计差错更正会计处理的表述中,正确的有( )。

    A. 增加2023年管理费用200万元   B. 增加固定资产原价1 000万元

    C. 增加累计折旧400万元   D. 减少2023年年初留存收益200万元

10. 在相关资料均能有效获得的情况下,对上年度财务报告批准报出后发生的下列事项中,企业应当采用追溯调整法或追溯重述法进行会计处理的有( )。

    A. 公布上年度利润分配方案

    B. 以摊余成本计量的金融资产重分类为以公允价值计量且其变动计入其他综合收益的金融资产

    C. 发现上年度金额重大的应费用化的借款费用计入在建工程成本

    D. 发现上年度对使用寿命不确定且金额重大的无形资产按10年平均摊销

三、判断题

1. 采用追溯调整法但累积影响数不能确定时,应采用未来适用法。( )
2. 发现以前会计期间的会计估计存在错误,应按前期差错更正的规定进行会计处理。( )
3. 企业因业务模式改变将债权投资重分类为其他债权投资核算,属于会计政策变更。( )
4. 企业难以区分某项变更是会计政策变更还是会计估计变更的,应将其作为会计政策变更处理。( )
5. 在未来适用法下无须计算会计政策变更产生的累积影响数,但需重新编制以前年度财务报表。( )
6. 对于不重要的前期差错,企业应调整财务报表相关项目的期初数,同时调整发现当期与前期相同的相关项目。( )
7. 前期重要差错采用追溯重述法涉及损益类会计账户时,应用"以前年度损益调整"账户进行核算。( )
8. 对于比较财务报表可比期间以前的会计政策变更的累积影响,应调整比较财务报表最早期间的期初留存收益,财务报表其他相关项目的金额也应一并调整。( )
9. 企业应在国家统一的会计准则制度规定的会计政策范围内选择适用的会计政策,并保持前后各期一致,不得变更。( )
10. 对于不重要的、影响损益的前期差错,企业应将涉及损益的金额直接调整发现当期的利润表项目。( )

四、实务题

    甲公司为上市公司,2023年财务报表于2024年4月30日对外报出。甲公司2024年日后期间对2023年财务报表进行审计时发现以下问题:

(1) 2023年年末,甲公司的一批存货已经完工,成本为48万元,市场售价为47万元,共200件,其中50件签订了不可撤销的合同,合同价款为51万元/件,产品预计销售费用为1万元/件。企业对该批存货计提了200万元的减值准备,并确认了递延所得税。根据税法规定,企业预提的损失费用不允许税前扣除。

(2) 甲公司的一项管理用无形资产使用寿命不确定,但是税法规定使用年限为10年。企业2023年按照税法年限对其计提摊销120万元。根据税法规定,按税法年限计提的摊销准予在当年所得税税前扣除。

已知:甲公司适用的企业所得税税率为25%,按照10%的比例计提盈余公积。

要求:若你是相关审计人员,请根据上述资料,回答下列问题。

(1) 判断2023年甲公司计提减值准备200万元的会计处理是否正确,并说明理由。如不正确,请指导甲公司财务人员编制该事项的更正分录。

(2) 判断2023年甲公司计提摊销120万元的会计处理是否正确,并说明理由。如不正确,请指导甲公司财务人员编制该事项的更正分录。

五、资料题

2024年1月6日,审计人员代亮对甲公司2023年财务报表进行审计时,对下列交易或事项的会计处理提出质疑。

资料一:2023年6月30日,甲公司有一座核电站正式建造完成并交付使用,该设施用于生产产品,成本为200 000万元,预计使用寿命为40年,预计净残值为0,采用年限平均法计提折旧。据国家法律和行政法规、国际公约等规定,企业具有环境保护和生态恢复等义务。2023年6月30日,预计40年后该核电站设施弃置时,将发生弃置费用20 000万元,其现值为2 840万元(折现率为5%)。甲公司2023年对上述交易进行以下会计处理:

  借:固定资产   2 000 000 000
    贷:在建工程   2 000 000 000
  借:制造费用   25 000 000
    贷:累计折旧   25 000 000

资料二:2023年12月15日,甲公司作为政府推广使用B产品的中标企业,以市场价格300万元减去财政补贴资金30万元后的价格,将生产成本为260万元的B产品出售给丙公司,该产品的控制权已转移,甲公司确认销售收入270万元并结转销售成本260万元。2023年12月20日,甲公司收到销售B产品的财政补贴资金30万元并存入银行,甲公司将其确认为其他收益。

资料三:2023年12月31日,甲公司将生产成本为800万元的C产品以995万元的价格出售给丁公司,该产品的控制权已转移,款项已收存银行。合同约定,该产品自售出之日起1年内如果发生质量问题,甲公司提供免费维修服务,该维修服务构成单项履约义务。C产品的单独售价为990万元,1年期维修服务的单独售价为10万元。2023年12月31日,甲公司确认销售收入995万元,结转销售成本800万元。

已知:①本题不考虑增值税、企业所得税等税费及其他因素的影响。②编制会计分录时直接使用相关会计账户,无须替换。

要求:请运用所学专业知识,帮助审计人员代亮完成以下任务:

(1) 根据资料一,判断甲公司2023年6月30日确认固定资产及计提折旧时的会计处理是否正确,并说明理由;如不正确,请编制正确的会计分录。

(2) 根据资料二,判断甲公司2023年12月20日将收到的财政补贴资金计入其他收益的会计处理是否正确,并说明理由;如不正确,请编制正确的会计分录。

(3) 根据资料三,判断甲公司2023年12月31日确认收入和结转销售成本的会计处理是否正确,并说明理由;如不正确,请编制正确的会计分录。

第三部分 参 考 答 案

一、单项选择题

1	2	3	4	5	6	7	8	9	10
C	A	D	C	C	B	C	A	D	A
11	12	13	14	15					
A	D	C	B	C					

难点解析:

1. 会计政策变更是指企业对相同的交易或事项由原来采用的会计政策改用另一会计政策的行为;会计估计变更是指由于资产和负债的当前状况及预期经济利益和义务发生了变化,对资产或负债的账面价值或资产的定期消耗金额进行调整的行为。发出存货计价方法的改变属于会计政策变更,因为发出存货无论采用何种计价方法,都不涉及估计,而是考虑采用哪种计价方法使成本计算更为准确,选项C正确,选项ABD错误。

2. 会计政策变更是指企业将相同的交易或事项,由原来采用的会计政策改用另一种会计政策的行为,存货发出计价方法的变更属于会计政策变更,选项A正确。将合同履约进度的确认方法由投入法变更为产出法,将固定资产的折旧方法由年限平均法变更为年数总和法和将无形资产的剩余使用年限由6年变更为4年均属于会计估计变更,选项BCD错误。

3. 长期股权投资的核算因增加投资份额由权益法改为成本法,属于本期发生的交易或事项与以前相比具有本质差别而采用新的会计政策,不属于会计政策变更,选项A错误。固定资产折旧方法由年限平均法改为年数总和法,资产负债表日将奖励积分的预计兑换率由95%改为90%,均属于会计估计变更,选项BC错误。与资产相关的政府补助由总额法改为净额法,属于会计政策变更,选项D正确。针对同一事项由权益法改为成本法,不属于会计政策变更。

4. 固定资产折旧方法由年数总和法改为年限平均法,属于会计估计变更,选项A错误。固定资产改造完成后将其使用年限由6年延长至9年,属于会计估计变更,选项B错误。投资性房地产的后续计量由成本模式变更为公允价值模式,属于会计政策变更,选项C正确。对于低值易耗品的摊销由一次摊销法改为分次摊销法,属于不重要的交易或事项采用新的会计政策,不属于会计政策变更,选项D错误。

5. 选项C属于会计估计变更,因为坏账准备计提方法的改变属于对资产的账面价值或资产的定期消耗金额进行调整,选项 C 正确。选项 ABD 属于会计政策变更,选项 ABD 错误。

6. 选项 A 中"发现前期某项存货计提减值准备错误,并且金额重大"属于会计差错,应采用追溯重述法进行会计处理,选项 A 错误。选项 B 中"收入确认由风险报酬转移变更为控制权转移确认"属于会计政策变更,在可确定会计政策变更累积影响数的前提下,应采用追溯调整法进行会计处理,选项 B 正确。选项 CD 中的相关事项均属于对计提比例、寿命等会计估计做出的改变,属于会计估计变更,应采用未来适用法进行会计处理,选项 CD 错误。

7. 会计政策变更是指企业对相同的交易或事项由原来采用的会计政策改用另一会计政策的行为;会计估计变更是指由于资产和负债的当前状况及预期经济利益和义务发生了变化,对资产或负债的账面价值或资产的定期消耗金额进行调整的行为。选项 C 中"投资性房地产后续计量模式的变更"属于会计政策变更,选项 C 正确。选项 ABD 均属于会计估计变更,选项 ABD 错误。

8. 会计估计是指企业对其结果不确定的交易或事项以最近可利用的信息为基础所做的判断。会计估计具有以下特点:①会计估计的存在是由于经济活动中内在的不确定性所决定的。②会计估计应当以最近可利用的信息或资料为基础。③会计估计应当建立在可靠的基础上。选项 A"投资性房地产按照公允价值计量"属于投资性房地产后续计量中采用的会计政策,不属于会计估计,选项 A 当选。选项 BCD 均需利用最近可利用的信息或资料,对相关金额进行估计,选项 BCD 不当选。

9. 会计政策变更能够提供更可靠、更相关的会计信息的,应当采用追溯调整法处理,将会计政策变更累积影响数调整列报前期最早期初留存收益,在当期期初确定会计政策变更对以前各期累积影响数不切实可行的,应当采用未来适用法处理,即将变更后的会计政策应用于变更日及以后发生的交易或事项,不再进行追溯调整,但应在会计政策变更当期比较出会计政策变更对当期净利润的影响数,并在报表附注中披露,选项 AC 错误,选项 D 正确。会计政策变更需满足变更条件,并非只要企业可以进行追溯调整的就可以进行会计政策变更,选项 B 错误。

10. 投资性房地产变更日的账面价值为 5 230 万元[5 500－(5 500－100)÷40×2],2023 年甲公司应调整资产负债表中未分配利润的金额为 519.75 万元[(6 000－5 230)×(1－25%)×(1－10%)],选项 A 正确,选项 BCD 错误。

11. 会计估计变更应采用未来适用法进行会计处理。本题中要求计算会计估计变更对甲公司 2023 年净利润的影响,则需分别计算"变更前 2023 年应计提的折旧"与"变更后 2023 年应计提的折旧"之间差额的税后影响。按照变更前折旧方法,2023 年应计提的折旧为 114 万元[1 200×(1－5%)÷10];2022 年 12 月 31 日固定资产账面价值为 1 029 万元{1 200－[1 200×(1－5%)÷10×1.5]},由于折旧方法和预计寿命全部发生变更,应以 2022 年 12 月 31 日的账面价值,采用双倍余额递减法,按照 5 年计提折旧。综上所述,发生会计估计变更后 2023 年应计提的折旧为 411.6 万元[1 029×(2÷5)],会计估计变更对净利润的影响金额为－252.96 万元[(114－411.6)×(1－15%)],选项 A 正确,选项 BCD 错误。此处无须再乘以"(1－10%)",原因是题目没有告知计提盈余公积的比例且不考虑其他因素,视为不计提盈余公积,全部影响净利润。

12. 不重要的前期差错是指不足以影响财务报表使用者对企业财务状况、经营成果和现金流量作出正确判断的前期差错,对于不重要的前期差错,企业无须调整财务报表相关项目的期初数,但应调整发现当期与前期相同的相关项目,属于影响损益的,应直接计入本期与上期相同的净损益项目,选项 A 错误,选项 D 正确。重要的前期差错是指足以影响财务报表使用者对企业财务状况、经营成果和现金流量作出正确判断的前期差错,如果能够合理确定前期差错累积影响数,则对重要的前期差错更正时应当采用追溯重述法,重要的前期差错调整结束后,还应调整发现年度财务报表的年初数和上年数,选项 BC 错误。

13. 本题考查的是会计差错采用追溯重述法的计算。2023 年 12 月 31 日,资产负债表未分配利润项目年初余额调减金额为 135 万元[200×(1－25％)×(1－10％)],选项 C 正确。选项 A 错误,误将调整盈余公积金额作为调整未分配利润金额。选项 B 错误,误将调整所得税金额作为调整未分配利润金额。选项 D 错误,误将调整盈余公积和未分配利润合计金额作为调整未分配利润金额。本题会计分录为:

借:以前年度损益调整——管理费用　　　　　　　　　　　　　　　2 000 000
　　贷:累计折旧　　　　　　　　　　　　　　　　　　　　　　　　2 000 000

借:应交税费——应交所得税(200×25％×10 000)　　　　　　　　500 000
　　贷:以前年度损益调整——所得税费用　　　　　　　　　　　　　500 000

借:盈余公积(150×10％×10 000)　　　　　　　　　　　　　　　　150 000
　　利润分配——未分配利润(150×90％×10 000)　　　　　　　　1 350 000
　　贷:以前年度损益调整　　　　　　　　　　　　　　　　　　　　2 000 000

14. 变更该项无形资产的摊销年限,属于会计估计变更,选项 B 正确,选项 A 错误。此项变更是根据最新的信息作出的估计,不属于差错,选项 CD 错误。

15. 选项 ABD 中的改变均是针对"履约进度的确定""保修费用计提的比例"及"摊销金额的确定"等会计估计做出的改变,属于会计估计变更,选项 ABD 错误。选项 C 中"发出存货计价方法的改变"属于会计政策变更,因为发出存货无论采用何种计价方法,都不涉及估计,而是考虑采用哪种计价方式使成本更为准确,选项 C 正确。

二、多项选择题

1	2	3	4	5	6	7	8	9	10
BCD	ABD	ABD	ABC	ABCD	AB	ABC	ABCD	ABCD	CD

难点解析:

1. 选项 A 属于同类事项的处理原则发生改变,属于会计政策变更,选项 A 不当选。选项 BD 属于对会计估计做出改变,属于会计估计变更,选项 BD 当选。选项 C 既不属于会计政策变更,又不属于会计估计变更,因对被投资方的影响程度发生实质性改变,属于本年新发生的正常事项,选项 C 当选。

2. 会计政策是指企业在会计确认、计量、记录和报告中所采用的原则、基础和会计处理方法。企业会计政策的选择和运用具有以下特点:①企业应在国家统一的会计准则制度规定的会计政策范围内选择适用的会计政策,选项 A 正确。②会计政策涉及会计原则、会计基础和具体会计处理方法,选项 B 正确。③会计政策应当保持前后各期的一致性,选项 C 前半部分表述正确。会计政策一经确定,并非"不得变更",而是"不得随意变更",满足下列条件之一的,企业可以变更会计政策:①法律、行政法规或国家统一的会计制度等要求变更。②会计政策变更能够提供更可靠、更相关的会计信息,选项C后半部分表述错误。企业在会计核算中所采用的会计政策,通常应在报表附注中加以披露,选项D正确。综上,选项ABD正确。

3. 会计估计具有以下特点:①会计估计的存在是由经济活动中内在的不确定性所决定的。②会计估计应当以最近可利用的信息或资料为基础。③会计估计应当建立在可靠的基础上。选项ABD均需利用最近可利用的信息或资料,对相关金额进行估计,选项ABD正确。选项C中存货入账成本应根据取得存货的不同方式确定其入账金额,此过程中不涉及会计估计,选项C错误。

4. 对于不重要的前期差错,企业无须调整财务报表相关项目的期初数,但应调整发现当期与前期相同的相关项目,即直接对当期数据进行调整,选项A正确。对于会计估计变更,以及无法确定以前各期累积影响数的会计政策变更,应采用未来适用法进行会计核算,不调整以前期间的报告结果,选项BC正确。重要的前期差错,如果确定前期差错累积影响数不切实可行,可以从可追溯重述的最早期间开始调整留存收益的期初余额,财务报表其他相关项目的期初余额也应当一并调整,也可以采用未来适用法,即"二选一",而非应当采用未来适用法进行会计核算,选项D错误。

5. 本题应编制的会计分录如下:

借:原材料　　　　　　　　　　　　　　　　　　　　　　　8 000 000
　　贷:实收资本(或股本等)　　　　　　　　　　　　　　　　　8 000 000

借:以前年度损益调整——其他业务成本　　　　　　　　　　　3 200 000
　　其他业务成本(8 000 000×60%)　　　　　　　　　　　　4 800 000
　　贷:原材料　　　　　　　　　　　　　　　　　　　　　　8 000 000

借:盈余公积(3 200 000×10%)　　　　　　　　　　　　　　320 000
　　利润分配——未分配利润(3 200 000×90%)　　　　　　2 880 000
　　贷:以前年度损益调整　　　　　　　　　　　　　　　　3 200 000

根据上述分录,原材料已全部出售,"原材料"项目余额为0,选项A正确。2023年应补充结转的其他业务成本为480万元,应计入"营业成本"项目,选项B正确。重要的前期差错调整结束后,还应调整发现年度财务报表的年初数和上年数,因此应调整2023年期初留存收益的金额为320万元,其中盈余公积为32万元,未分配利润为288万元,选项C正确。由于未分配利润属于资产负债表项目,期初余额将转入期末余额当中,选项D正确。

6. 选项A属于前期重要差错,如采用追溯重述法进行会计处理,则会影响2023年期初留存收益,选项A正确。选项B属于会计政策变更,如可确定会计政策变更累积影响数,则应采用追溯调整法进行会计处理,会影响2023年期初留存收益的金额,选项B正确。选项C属于正常交易事项,仅在当年进行相关会计处理即可,无须对2023年期初留存收益进行调整,选项C错误。选项D属于会计估计变更,采用未来适用法进行会计核算,无须调整2023年期初留存收益,选项D错误。

7. 不重要的前期差错、会计估计变更,以及无法确定以前各期累积影响数的会计政策变更均应采用未来适用法进行会计核算,选项ABC正确。重要的前期差错,如果确定前期差错累积影响数不切实可行,可以从可追溯重述的最早期间开始调整留存收益的期初余额,财务报表其他相关项目的期初余额也应当一并调整,也可以采用未来适用法,而非应当采用未来适用法进行会计核算,选项 D 错误。

8. 会计估计是指企业对其结果不确定的交易或事项以最近可利用的信息为基础所作的判断。预计负债计量金额的确定,应收账款未来现金流量的确定,建造合同履约进度的确定,以及固定资产折旧方法的选择均需要进行会计估计,选项 ABCD 正确。

9. 固定资产应从 2022 年 1 月开始计提折旧,截至 2023 年 12 月 31 日,应计提折旧金额为 400 万元(1 000÷5×2),其中,200 万元属于 2022 年度,应通过"以前年度损益调整"账户核算,200 万元属于 2023 年度,应通过"管理费用"账户核算,在 2023 年调减期初留存收益为 200 万元,选项 ABCD 正确。本题会计分录如下:

借:以前年度损益调整(2022 年折旧)   2 000 000
    管理费用(2023 年折旧)   2 000 000
  贷:累计折旧   4 000 000

借:盈余公积   200 000
    利润分配——未分配利润   1 800 000
  贷:以前年度损益调整   2 000 000

10. 会计政策变更和重要前期差错需要采用追溯调整法和追溯重述法进行会计调整。公布上年度利润分配方案,以摊余成本计量的金融资产重分类为以公允价值计量且其变动计入其他综合收益的金融资产属于当期发生的正常事项,应作为当期事项在当期处理,选项 AB 错误。发现上年度金额重大的应费用化的借款费用计入在建工程成本,发现上年度对使用寿命不确定且金额重大的无形资产按 10 年平均摊销,均属于重要前期差错,应采用追溯重述法进行调整,选项 CD 正确。

三、判断题

1	2	3	4	5	6	7	8	9	10
√	√	×	×	×	×	√	√	×	√

难点解析:

3. 会计政策变更是指企业对相同的交易或事项由原来采用的会计政策改用另一会计政策的行为。本题业务模式发生改变,重分类前后不属于相同的交易或事项,因此不属于会计政策变更,属于本年新发生的正常事项。本题表述错误。

4. 难以区分某项变更是会计政策变更还是会计估计变更的,应将其作为会计估计变更处理。本题表述错误。

5. 在未来适用法下无须计算会计政策变更产生的累积影响数,也无须重新编制以前年度财务报表。本题表述错误。

6. 对于不重要的前期差错,企业无须调整财务报表相关项目的期初数,但应调整发现当期与前期相同的相关项目;如果是重要前期差错,在调整结束后,还应调整发现年度财务报表的年初数和上年数。本题表述错误。

9. 企业应在国家统一的会计准则制度规定的会计政策范围内选择适用的会计政策,并保持前后各期一致,不得随意变更。

四、实务题

(1) 甲公司计提减值准备 200 万元的会计处理不正确。

理由:同一项存货中有合同部分和无合同部分应该分别考虑计提存货跌价准备,不得相互抵销。在该合同中:

有合同部分:每件存货的可变现净值为 50 万元(51-1),大于单位成本 48 万元,未发生减值,无须计提存货跌价准备。

无合同部分:每件存货的可变现净值为 46 万元(47-1),小于单位成本 48 万元,发生减值,需要计提的存货跌价准备为 300 万元[(48-46)×(200-50)]。

综上,需要计提存货跌价准备 300 万元,而非 200 万元。

借:以前年度损益调整——资产减值损失	1 000 000
贷:存货跌价准备	1 000 000
借:递延所得税资产(1 000 000×25%)	250 000
贷:以前年度损益调整——所得税费用	250 000
借:盈余公积	75 000
利润分配——未分配利润	675 000
贷:以前年度损益调整[(100-25)×10 000]	750 000

(2) 甲公司计提摊销 120 万元的会计处理不正确。

理由:使用寿命不确定的无形资产无须计提摊销。

借:累计摊销	1 200 000
贷:以前年度损益调整——管理费用	1 200 000
借:以前年度损益调整——所得税费用(1 200 000×25%)	300 000
贷:递延所得税负债	300 000
借:以前年度损益调整(1 200 000-300 000)	900 000
贷:盈余公积	90 000
利润分配——未分配利润	810 000

五、资料题

(1) 2023 年 6 月 30 日,甲公司确认固定资产及计提折旧时的会计处理不正确。

理由:弃置费用的现值应计入固定资产成本并计提折旧;弃置费用终值与现值的差额应按实际利率法分期确认财务费用。

借:固定资产	2 028 400 000
贷:在建工程	2 000 000 000
预计负债	28 400 000
借:制造费用(2 028 400 000÷40÷6÷12)	25 355 000
贷:累计折旧	25 355 000

借：财务费用(28 400 000×5%×6÷12) 710 000
　　贷：预计负债 710 000

(2) 2023年12月20日,甲公司将收到的财政补贴资金计入其他收益的会计处理不正确。

理由：甲公司收到的30万元政府补贴实际上与日常经营活动密切相关且构成了甲公司销售B产品对价的组成部分,因此应当确认为收入。

借：银行存款 300 000
　　贷：主营业务收入 300 000

(3) 2023年12月31日,甲公司确认收入的金额不正确,结转销售成本的会计处理正确。

理由：甲公司的履约义务有两项,分别是销售C产品和提供维修服务。甲公司应当按照其各自单独售价的相对比例,将交易价格分摊至这两项履约义务,销售的C产品在控制权转移时确认收入,而免费维修服务应当在提供服务期间确认收入。

甲公司销售C产品分摊的交易价格＝995×990÷(990＋10)＝985.05(万元)

甲公司提供维修服务分摊的交易价格＝995×10÷(990＋10)＝9.95(万元)

借：银行存款 9 950 000
　　贷：主营业务收入 9 850 500
　　　　合同负债 99 500

借：主营业务成本 8 000 000
　　贷：库存商品 8 000 000

第八章 资产负债表日后事项

第一部分 内容概要

一、资产负债表日后事项概述

(一) 资产负债表日后事项的概念

资产负债表日后事项是指资产负债表日至财务报告批准报出日之间发生的有利或不利事项。

(二) 资产负债表日后事项涵盖的期间

资产负债表日后事项涵盖的期间简称资产负债表日后期间,是指自资产负债表日次日起至财务报告批准报出日止的一段时间。

(三) 资产负债表日后事项的内容

1. 资产负债表日后调整事项

资产负债表日后调整事项是指对资产负债表日已经存在的情况提供了新的或进一步的证据的事项。资产负债表日后调整事项的特点包括:①在资产负债表日已经存在,并在资产负债表日后得以证实的事项。②对按资产负债表日存在状况编制的财务报表产生重大影响的事项。

2. 资产负债表日后非调整事项

资产负债表日后非调整事项是指表明资产负债表日后发生情况的事项。

二、常见的资产负债表日后事项

常见的资产负债表日后事项及其会计处理如表 8-1 所示。

表 8-1　　　　　　　常见的资产负债表日后事项及其会计处理

项目	内容	会计处理
资产负债表日后调整事项	(1) 资产负债表日后诉讼案件结案,法院判决证实了企业在资产负债表日已经存在现时义务,需要调整原先确认的与该诉讼案件相关的预计负债,或确认一项新负债 (2) 资产负债表日后取得确凿证据,表明某项资产在资产负债表日发生了减值或者需要调整该项资产原先确认的减值金额 (3) 资产负债表日后进一步确定了资产负债表日前购入资产的成本或售出资产的收入 (4) 资产负债表日后发现了财务报表舞弊或差错等	应当如同资产负债表所属期间发生的事项一样,作出相关会计处理,并对资产负债表日已经编制的财务报表进行调整;但不包括现金流量表正表和资产负债表的货币资金项目
资产负债表日后非调整事项	(1) 资产负债表日后发生重大诉讼、仲裁、承诺 (2) 资产负债表日后资产价格、税收政策、外汇汇率发生重大变化 (3) 资产负债表日后因自然灾害导致资产发生重大损失 (4) 资产负债表日后发行股票和债券及其他巨额举债 (5) 资产负债表日后资本公积转增资本 (6) 资产负债表日后发生巨额亏损 (7) 资产负债表日后发生企业合并或处置子公司 (8) 资产负债表日后,企业利润分配方案中拟分配的及经审议批准宣告发放的股利或利润 (9) 在报告期已经开始协商,但在报告期资产负债表日后的债务重组等	应当在报表附注中披露每项重要的资产负债表日后非调整事项的性质、内容及其对财务状况和经营成果的影响

第八章 资产负债表日后事项

第二部分 练习题

一、单项选择题

1. 甲公司2023年财务报告批准报出日为2024年4月25日,甲公司发生的下列事项中,属于资产负债表日后调整事项的是( )。
   A. 2024年4月12日,发现上一年少计提存货跌价准备
   B. 2024年3月1日,定向增发股票
   C. 2024年3月7日,发生重大灾害导致一条生产线报废
   D. 2024年4月28日,因一项非专利技术纠纷引起诉讼

2. 企业对该资产负债表日后调整事项进行会计处理时,下列年度财务报表项目中,不应调整的是( )。
   A. 损益类项目
   B. 应收账款项目
   C. 货币资金项目
   D. 所有者权益类项目

3. 甲公司2023年财务报告于2024年2月27日经税务师事务所审计出具所得税汇算清缴报告,2024年3月1日经会计师事务所审计并出具审计报告,2024年3月10日经董事会审议,于2024年3月18日对外报出,在2024年3月15日发现报告期差错,经过更正后董事会再次批准于2024年4月1日对外报出,于2024年4月3日实际对外报出。则甲公司资产负债表日后事项涵盖的期间为( )。
   A. 2024年1月1日至2024年4月1日
   B. 2024年1月1日至2024年3月18日
   C. 2024年1月1日至2024年3月10日
   D. 2024年1月1日至2024年4月3日

4. 下列各项中,属于资产负债表日后调整事项的是( )。
   A. 资产负债表日后发现报告期坏账准备计提错误
   B. 资产负债表日后因自然灾害导致资产发生重大损失
   C. 资产负债表日后发生巨额举债
   D. 资产负债表日后处置子公司

5. 甲公司2023年财务报告批准报出日为2024年4月20日。下列甲公司发生的交易或事项中,不属于资产负债表日后非调整事项的是( )。
   A. 2024年2月21日,发行可转换公司债券
   B. 2024年4月15日,甲公司发生火灾并造成重大损失
   C. 2024年3月30日,甲公司发生巨额经营亏损
   D. 2024年1月5日,甲公司发现2020年固定资产入账时未纳入弃置费用

6. 甲公司2023年财务报告于2024年4月10日批准报出。假定其2024年发生的下列有关事项均具有重要性,甲公司应当据以调整2023年财务报表的是( )。
   A. 2024年5月2日,自2023年9月已开始策划的企业合并交易获得股东大会批准
   B. 2024年4月15日,发现2023年一项重要交易会计处理未充分考虑当时情况,导致

虚增 2023 年利润

C. 2024 年 3 月 12 日,某项于 2023 年资产负债表日已存在的未决诉讼结案,由于新的司法解释出台,甲公司实际支付赔偿金额大于原已确认预计负债

D. 2024 年 4 月 8 日,因某客户所在地发生自然灾害造成重大损失,导致甲公司 2023 年资产负债表日应收该客户货款按新情况预计的坏账高于原预计金额

7. 甲公司为一般纳税人,销售商品适用的增值税税率为 13%,甲公司适用的企业所得税税率为 25%。2023 年财务报告于 2024 年 3 月 30 日批准报出,所得税汇算清缴于 2024 年 3 月 10 日结束。2024 年 3 月 5 日,甲公司产品因质量问题被乙企业退回,相关商品已于 2023 年确认收入 1 800 万元,结转成本 1 480 万元,对应增值税 234 万元已开具增值税红字发票,货款尚未收到。根据税法规定,实际发生的退货损失准予税前扣除。不考虑其他因素的影响,下列关于甲公司会计处理的表述中,不正确的是（　　）。

A. 应冲减 2023 年营业收入 1 800 万元

B. 应冲减 2023 年营业成本 1 480 万元

C. 应冲减 2023 年应交税费 80 万元

D. 应转回递延所得税负债 80 万元

8. 企业发生资产负债表日后调整事项时应对相关财务报表进行调整,但下列报表不得进行调整的是（　　）。

A. 资产负债表　　　　　　　　B. 利润表

C. 现金流量表正表　　　　　　D. 所有者权益变动表

9. 下列关于资产负债表日后事项的表述中,不正确的是（　　）。

A. 调整事项是对报告年度资产负债表日已经存在的情况提供了进一步证据的事项

B. 非调整事项是表明资产负债表日后发生情况的事项

C. 调整事项应通过"以前年度损益调整"账户进行会计处理

D. 重要的非调整事项需在报告年度财务报表附注中披露

10. 下列在资产负债表日后至财务报告批准报出日前发生的事项中,不属于资产负债表日后调整事项的是（　　）。

A. 因汇率发生重大变化导致企业持有的外币资金出现重大汇兑损失

B. 企业报告年度销售给某主要客户的一批产品因存在质量缺陷被退回

C. 报告年度未决诉讼经人民法院判决败诉,企业需要赔偿的金额大幅超过已确认的预计负债

D. 企业获悉某主要客户在报告年度发生重大火灾,需要大额补提报告年度应收该客户账款的坏账准备

二、多项选择题

1. 2023 年 12 月 1 日,甲公司以赊销方式向乙公司销售一批商品,满足收入确认条件,分别确认应收账款和主营业务收入。2023 年 12 月 31 日,甲公司对该应收账款计提坏账准备 10 万元。甲公司 2023 年财务报告于 2024 年 3 月 20 日经董事会批准对外报出。不考虑其他因素的影响,下列甲公司发生的交易或事项中,属于资产负债表日后调整事项的有（　　）。

A. 2024年2月10日,甲公司2023年12月1日销售给乙公司的产品因质量问题被退回10%

　　B. 2024年1月10日,甲公司取得确凿证据表明2023年12月31日应当对应收账款计提坏账准备15万元

　　C. 2024年3月10日,甲公司收到乙公司支付的1 000万元货款

　　D. 2024年3月31日,因乙公司出现严重财务问题,甲公司对乙公司的剩余应收账款计提坏账准备20万元

2. 下列发生在资产负债表日后期间的经济事项中,属于资产负债表日后非调整事项的有(　　)。

　　A. 发现报告年度重要会计差错　　　　B. 董事会通过利润分配方案

　　C. 处置子公司　　　　　　　　　　　D. 发生重大诉讼

3. 企业发生资产负债表日后调整事项时,应对相关财务报表进行调整,可以调整的财务报表包括(　　)。

　　A. 资产负债表　　　　　　　　　　　B. 利润表

　　C. 现金流量表正表　　　　　　　　　D. 所有者权益变动表

4. 下列各项中,属于资产负债表日后非调整事项的有(　　)。

　　A. 日后期间发生重大重组事项　　　　B. 日后期间发生报告年度商品退货

　　C. 日后期间宣告发放现金股利　　　　D. 日后期间资本公积转增资本

5. 甲公司2023年财务报告批准报出日为2024年3月30日。下列甲公司发生的交易或事项中,属于资产负债表日后非调整事项的有(　　)。

　　A. 2024年2月18日,外汇汇率发生重大变化

　　B. 2024年3月10日,因一项非专利技术纠纷被乙公司起诉

　　C. 2024年3月12日,甲公司上月销售产品因质量问题被客户退回

　　D. 2024年4月5日,甲公司发生火灾导致生产线报废

6. 2023年11月11日,甲公司向乙公司销售一批产品,形成应收账款1 160万元。2023年12月10日,甲公司得知乙公司发生严重财务问题,于当年年末采用预计信用损失法对应收账款计提50%坏账准备。2024年1月31日,甲公司得知乙公司因财务问题已资不抵债,预计仅能够收回应收账款的10%。甲公司2023年财务报告批准报出日为2024年3月19日。根据税法规定实际发生坏账损失时可以税前扣除,甲公司适用的企业所得税税率为25%。不考虑其他因素的影响,下列各项中,会计处理正确的有(　　)。

　　A. 借:以前年度损益调整——信用减值损失　　　　　　　　4 640 000
　　　　贷:坏账准备　　　　　　　　　　　　　　　　　　　　　　　　4 640 000

　　B. 借:所得税费用　　　　　　　　　　　　　　　　　　　1 160 000
　　　　贷:应交税费——应交所得税　　　　　　　　　　　　　　　　　1 160 000

　　C. 借:递延所得税资产　　　　　　　　　　　　　　　　　1 160 000
　　　　贷:以前年度损益调整——所得税费用　　　　　　　　　　　　　1 160 000

　　D. 借:应交税费——应交所得税　　　　　　　　　　　　　1 160 000
　　　　贷:递延所得税负债　　　　　　　　　　　　　　　　　　　　　1 160 000

7. 甲企业适用的企业所得税税率为25%,预计未来期间适用的企业所得税税率不变且企

业能够产生足够的应纳税所得额用以抵减可抵扣暂时性差异,2023年财务报表批准报出日为2024年3月31日,所得税汇算清缴截止日为2024年5月31日。2023年12月31日,甲公司因一起未决诉讼确认预计负债1 200万元,2024年3月4日人民法院判决甲公司败诉,需支付赔偿金1 500万元,甲公司不再上诉。根据税法规定,实际发生的赔偿金支出准予税前扣除。甲公司按净利润的10%计提盈余公积。不考虑其他因素的影响,下列关于上述业务对甲企业2023年财务报表影响的表述中,正确的有(　　)。

A. 应确认递延所得税资产300万元

B. 应调整当期所得税300万元

C. 应冲减预计负债1 200万元

D. 应冲减盈余公积22.5万元

8. 甲公司2023年财务报告于2024年4月10日批准对外报出。2023年10月1日,甲公司与非关联方乙公司签订一项债务担保协议,约定为乙公司一项债务承担无限连带赔偿责任,金额为1 000万元。2023年12月甲公司得知乙公司财务状况恶化,经咨询律师确认了预计负债200万元,当年实现的利润总额为7 800万元。2024年3月15日,乙公司财务状况进一步恶化,经咨询律师应确认预计负债800万元。甲公司适用的企业所得税税率为25%,根据税法规定,企业为其他方提供债务担保导致的损失不得税前扣除。不考虑其他因素,下列关于甲公司会计处理的表述中,正确的有(　　)。

A. 甲公司应将2023年确认预计负债的金额调整为800万元

B. 甲公司因该事项导致2023年利润表营业利润减少800万元

C. 甲公司应确认递延所得税资产200万元

D. 甲公司应确认应交所得税2 150万元

9. 甲公司2023年财务报告于2024年4月1日批准对外报出,4月5日正式对外报出。2024年2月1日,甲公司被乙公司上诉至人民法院,要求甲公司赔偿1 200万元;2024年3月1日,甲公司得知丙公司发生火灾,造成重大损失,货款很难全额收回;2024年4月2日,甲公司另一客户丁公司因长期经营不善导致破产,货款预计全部不能收回。不考虑其他因素的影响,下列关于甲公司会计处理的表述中,正确的有(　　)。

A. 因乙公司诉讼,甲公司应在2023年财务报告中确认预计负债1 200万元

B. 因丙公司火灾,甲公司应在2023年财务报告附注中进行披露

C. 因丁公司破产,甲公司应在2023年财务报告中确认坏账准备

D. 因丁公司破产发生于2024年4月2日,不属于资产负债表日后调整事项

10. 下列关于资产负债表日后调整事项会计处理的表述中,不正确的有(　　)。

A. 资产负债表日后调整事项均不得调整"应交税费——应交所得税"账户

B. 资产负债表日后调整事项涉及损益类账户的调整应通过"利润分配"账户核算

C. 资产负债表日后调整事项产生暂时性差异的,满足递延所得税确认条件应确认递延所得税资产或递延所得税负债

D. 资产负债表日后调整事项仅需对报告年度相关项目的期末数和本年发生数进行调整

三、判断题

1. 资产负债表日至财务报告批准报出日之间,股东大会批准了董事会拟定的股利分配方案,企业应将该事项作为资产负债表日后调整事项处理。（ ）
2. 资产负债表日后事项如涉及现金收支项目,不调整报告年度现金流量表正表各项目金额,但补充资料相关项目可以调整。（ ）
3. 资产负债表日后期间发生的非调整事项,如果是不利事项应在财务报告中披露,但有利事项无须披露。（ ）
4. 企业存货可变现净值在资产负债表日后期间发生变化,应作为资产负债表日后调整事项进行处理。（ ）
5. 资产负债表日后期间发现报告年度低估了应收账款的信用减值损失,应将其作为资产负债表日后调整事项处理。（ ）
6. 资产负债表日后调整事项如涉及现金收支项目,均不调整报告年度资产负债表的货币资金项目和现金流量表正表项目金额。（ ）
7. 企业因报告年度销售商品不符合质量要求,而在资产负债表日后期间给予客户的销售折让,应调整报告年度利润表中的营业收入。（ ）
8. 资产负债表日后期间,企业利润分配方案中拟分配的已经审议批准宣告发放的股利或利润,应作为资产负债表日后调整事项。（ ）
9. 资产负债表日后期间发生企业合并或处置子公司属于资产负债表日后调整事项,应调整报告年度相关项目的期末数。（ ）
10. 在报告期已经开始协商,但在报告期资产负债表日后的债务重组属于资产负债表日后非调整事项。（ ）

四、实务题

1. 甲公司 2023 年财务报告批准报出日为 2024 年 3 月 31 日,按净利润的 10% 计提法定盈余公积。2023 年 1 月 1 日至 2024 年 4 月 10 日,甲公司发生的相关交易或事项如下：

   (1) 2023 年 12 月 5 日,甲公司向本市乙公司销售 A 产品一批,销售价格为 1 000 万元,成本为 750 万元,未计提存货跌价准备。2024 年 1 月 15 日,因产品质量问题乙公司要求退货,甲公司同意乙公司要求。当日,甲公司退回款项,乙公司退回商品。

   (2) 2023 年,甲公司作为政府推广使用 B 产品的中标企业,以 8 000 万元的中标价格将一批生产成本为 7 000 万元的 B 产品出售给丙公司,该批产品的市场价格为 9 500 万元,商品销售差价由当地政府以财政补贴形式支付。销售当日该批 B 产品控制权已转移,丙公司已支付款项,甲公司已确认 8 000 万元收入,同时将收到的财政补贴款 1 500 万元(金额重大)确认为递延收益。

   (3) 2024 年 3 月 12 日,法院对 N 公司起诉甲公司合同违约一案作出判决,要求甲公司赔偿 N 公司 180 万元,甲公司已于 2023 年年末确认预计负债 130 万元,甲公司不服判决,决定继续上诉,但根据一审结果调整了应确认预计负债的金额。

   本题不考虑增值税、企业所得税等因素的影响。

   要求:若你是甲公司的财务人员,请根据上述资料,回答下列问题。

(1) 判断甲公司 2024 年 1 月 15 日发生的与销售退回有关的事项是否属于资产负债表日后调整事项,并编制相关会计分录。

(2) 判断甲公司 2023 年度确认财政补贴资金的会计处理是否属于前期差错,并编制差错更正的相关会计分录。

(3) 判断甲公司 2024 年 3 月 12 日发生的与未决诉讼有关的事项是否属于资产负债表日后调整事项,并编制相关会计分录。

(4) 计算上述业务对本年留存收益的影响,并编制结转以前年度损益调整的相关会计分录。

2. 甲公司适用的企业所得税税率为 25%,预计未来期间适用的企业所得税税率不会发生变化,未来期间能够产生足够的应纳税所得额用以抵减可抵扣暂时性差异。2023 年财务报告于 2024 年 4 月 15 日经董事会批准对外报出。2023 年所得税汇算清缴于 2024 年 3 月 25 日完成。甲公司每年按照净利润的 10% 计提法定盈余公积。2024 年 1 月 1 日至 2024 年 4 月 15 日,甲公司发生的经济业务如下:

(1) 2023 年 12 月 1 日,甲公司向乙公司销售一批商品,该批商品成本为 800 万元,开具增值税专用发票注明的价款为 1 000 万元,增值税税额为 130 万元,款项已收存银行。根据合同约定,乙公司可以在 3 个月内无条件退货。甲公司根据以往经验预计退货率为 20%,至 2024 年 2 月 28 日退货期满,乙公司未进行退货。

(2) 2023 年 8 月 20 日,丙公司因合同问题对甲公司提起诉讼,要求甲公司支付违约金 500 万元,至 2023 年 12 月 31 日人民法院尚未作出判决。甲公司因此确认了预计负债 300 万元。2024 年 3 月 5 日,人民法院作出判决,甲公司应支付丙公司违约金 400 万元,甲公司同意判决,并于当日支付了 400 万元违约金。

(3) 2024 年 2 月 15 日,甲公司于 2023 年 12 月 20 日销售给丁公司并已确认收入和收讫款项的一批产品,由于质量问题丁公司要求甲公司给予货款折让 100 万元。甲公司同意,次日以银行存款向丙公司支付款项。

(4) 2024 年 2 月 28 日,甲公司得知戊公司在 2024 年 1 月 30 日因火灾损失导致严重财务困难,预计应收货款 4 000 万元很难全额收回,根据预期信用损失模型计算预计无法收回比例为 70%。

(5) 2024 年 3 月 1 日,甲公司发现 2021 年 12 月 31 日购入的管理用办公楼一直未提取折旧。办公楼入账成本为 60 000 万元。甲公司预计该办公楼可以使用 40 年,预计净残值率为 10%,采用年限平均法计提折旧。

本题不考虑企业所得税以外的税费及其他因素的影响。

要求:若你是甲公司的财务人员,请根据上述资料,回答下列问题。

(1) 判断 2024 年 2 月 28 日乙公司未进行任何退货处理是否属于甲公司资产负债表日后调整事项。如果为调整事项,编制相关会计分录;如果为非调整事项,简要说明理由。

(2) 判断 2024 年 3 月 5 日甲公司同意判决并支付款项是否属于资产负债表日后调整事项。如果为调整事项,编制相关会计分录;如果为非调整事项,简要说明理由。

(3) 判断 2024 年 2 月 15 日甲公司同意折让 100 万元货款是否属于资产负债表日后调整事项。如果为调整事项,编制相关会计分录;如果为非调整事项,简要说明理由。

(4) 判断 2024 年 2 月 28 日甲公司得知戊公司发生火灾是否属于资产负债表日后调整事项。如果为调整事项,编制相关会计分录;如果为非调整事项,简要说明理由。

(5) 判断 2024 年 3 月 1 日甲公司得知购入办公大楼未计提折旧是否属于资产负债表日后调整事项。如果为调整事项,编制相关会计分录;如果为非调整事项,简要说明理由。

五、资料题

甲公司计划对外报告的时间为 2024 年 4 月,审计项目组在审计过程中发现以下情况:由于某批次注射液存在质量问题给消费者健康带来损害,甲公司被消费者起诉,2023 年 11 月,区级人民法院作出判决,判定甲公司支付赔偿金 400 万元,由于不满赔偿金额,消费者向中级人民法院提起上诉。截至 2023 年年末,法律顾问认为甲公司会因本次诉讼被判处赔偿金 400 万元,甲公司据此在 2023 年财务报表中计提预计负债 400 万元。2024 年 2 月,中级人民法院判处甲公司支付赔偿金 500 万元,甲公司将赔偿金超出原已计提预计负债的部分作为会计估计变更处理,计入 2024 年度损益。

本题不考虑相关税费或递延所得税的影响。

要求:针对上述资料,假定不考虑其他条件,指出甲公司的会计处理是否存在不当之处。如果存在不当之处,提出恰当的处理意见。

第三部分 参 考 答 案

一、单项选择题

1	2	3	4	5	6	7	8	9	10
A	C	A	A	D	C	D	C	C	A

难点解析:

1. 甲公司 2023 年资产负债表日后事项涵盖的期间为 2024 年 1 月 1 日至 2024 年 4 月 25 日。2024 年 4 月 12 日,甲公司发现上一年少计提存货跌价准备,属于资产负债表日后期间,会对财务报表产生不利影响,且在资产负债表日已经存在,属于资产负债表日调整事项,选项 A 正确。2024 年 3 月 1 日,甲公司定向增发股票,属于资产负债表日后期间,会对财务报表产生有利或不利影响,在资产负债表日并不存在,属于资产负债表日非调整事项,选项 B 错误。2024 年 3 月 7 日,甲公司发生重大灾害导致一条生产线报废,属于资产负债表日后期间,会对财务报表产生不利影响,在资产负债表日并不存在,属于资产负债表日非调整事项,选项 C 错误。2024 年 4 月 28 日,甲公司因一项非专利技术纠纷引起诉讼,不属于资产负债表日后期间,属于当年正常事项,不属于资产负债表日后事项,选项 D 错误。

2. 资产负债表日后调整事项中涉及的货币资金,影响的是本年度的现金流量,不影响报告年度的货币资金项目,所以不能调整报告年度资产负债表的货币资金项目,选项 C 正确。损益类项目、应收账款项目和所有者权益类项目均可以调整,选项 ABD 错误。

3. 资产负债表日后事项涵盖的期间为资产负债表日次日至董事会或类似机构批准财

务报告报出日;如果在财务报告的批准报出日至正式报出日之间又发生了需调整或说明的事项,则需重新修正报告内容并再次确定财务报告的批准报出日,此时资产负债表日后事项的期间界限应顺延至新确定的财务报告批准报出日。本题中,在2024年3月15日发现报告期差错,经过更正后董事会再次批准于2024年4月1日对外报出,因此资产负债表日后事项涵盖的期间为2024年1月1日至2024年4月1日,选项A正确,选项BCD错误。

4. 选项A发生于资产负债表日后期间,在资产负债表日或以前已经存在,属于日后调整事项,选项A正确。选项BCD虽发生于资产负债表日后期间,但在资产负债表日及以前尚未存在,属于日后非调整事项,选项BCD错误。

5. 资产负债表日后事项包括资产负债表日后调整事项和资产负债表日后非调整事项。资产负债表日后调整事项是指该事项在资产负债表日或以前已经存在,资产负债表日后提供新的证据对以前已存在的事项所作的进一步说明;资产负债表日后非调整事项是指该事项在资产负债表日及以前尚未存在,但在财务报告批准报出日之前发生或存在。选项D发生于日后期间,在资产负债表日之前已经存在,属于日后调整事项,选项D当选。选项ABC虽发生于资产负债表日后期间,但在资产负债表日及以前尚未存在,属于资产负债表日后非调整事项,选项ABC不当选。

6. 选项AB发生在财务报告批准报出日之后,不属于资产负债表日后事项,选项AB错误。选项C发生于资产负债表日后期间,在资产负债表日之前已经存在,属于资产负债表日后调整事项,选项C正确。选项D发生于资产负债表日后期间,但在资产负债表日及以前尚未存在,选项D错误。

7. (1)调整销售收入。

借:以前年度损益调整——主营业务收入　　　　　　　　　　　　　18 000 000
　　应交税费——应交增值税(销项税额)　　　　　　　　　　　　　2 340 000
　　贷:应收账款——乙公司　　　　　　　　　　　　　　　　　　20 340 000

(2)调整销售成本。

借:库存商品　　　　　　　　　　　　　　　　　　　　　　　　14 800 000
　　贷:以前年度损益调整——主营业务成本　　　　　　　　　　　14 800 000

(3)调整应缴纳的所得税。

借:应交税费——应交所得税[(1 800－1 480)×25%×10 000]　　　　800 000
　　贷:以前年度损益调整——所得税费用　　　　　　　　　　　　　800 000

选项D当选,选项ABC不当选。

(4)结转"以前年度损益调整"账户余额。

借:盈余公积、利润分配——未分配利润　　　　　　　　　　　　　2 400 000
　　贷:以前年度损益调整　　　　　　　　　　　　　　　　　　　2 400 000

8. 应当对资产负债表日后发生的调整事项进行相关会计处理,并对资产负债表日已经编制的财务报表进行调整。调整的财务报表包括资产负债表、利润表及所有者权益变动表等内容,但不包括现金流量表正表和资产负债表中"货币资金"项目,选项C当选,选项ABD不当选。

第八章 资产负债表日后事项

9. 资产负债表日后调整事项是指该事项在资产负债表日或以前已经存在,资产负债表日后提供新的证据对以前已存在的事项所作的进一步说明;资产负债表日后非调整事项是指该事项在资产负债表日及以前尚未存在,但在财务报告批准报出日之前发生或存在,选项AB不当选。资产负债表日后调整事项中涉及损益的事项,通过"以前年度损益调整"账户核算,不涉及损益及利润分配的事项直接调整相关账户,选项C当选。资产负债表日后非调整事项不应当调整资产负债表日的财务报表,但重要的非调整事项可能影响资产负债表日以后的财务状况和经营成果,如不加以说明将会影响财务报告使用者做出正确估计和决策,应在附注中加以披露,选项D不当选。

10. 上述经济业务均发生在资产负债表日后期间,因汇率发生重大变化导致企业持有的外币资金出现重大汇兑损失,会对财务报表产生不利影响,但在资产负债表日并不存在,属于资产负债表日后非调整事项,选项A正确。企业报告年度销售给某主要客户的一批产品因存在质量缺陷被退回,会对财务报表产生不利影响,且在资产负债表日已经存在,属于资产负债表日后调整事项,选项B错误。报告年度未决诉讼经人民法院判决败诉,企业需要赔偿的金额大幅超过已确认的预计负债,会对财务报表产生不利影响,且在资产负债表日已经存在,属于资产负债表日后调整事项,选项C错误。企业获悉某主要客户在报告年度发生重大火灾,需要大额补提报告年度应收该客户账款的坏账准备,会对财务报表产生不利影响,且在资产负债表日已经存在,属于资产负债表日后调整事项,选项D错误。

二、多项选择题

1	2	3	4	5	6	7	8	9	10
AB	BCD	ABD	ACD	ABC	AC	CD	AD	BD	ABD

难点解析:

1. 甲公司2023年资产负债表日后期间为2024年1月1日至2024年3月20日。2024年2月10日,甲公司2023年12月1日销售给乙公司的产品因质量问题被退回10%,属于资产负债表日后期间,会对财务报表产生不利影响,且在资产负债表日已经存在,属于资产负债表日后调整事项,选项A正确。2024年1月10日,甲公司取得确凿证据表明2023年12月31日应当对应收账款计提坏账准备15万元,属于资产负债表日后期间,会对财务报表产生不利影响,且在资产负债表日已经存在,属于资产负债表日后调整事项,选项B正确。2024年3月10日,甲公司收到乙公司支付的1 000万元货款,属于资产负债表日后期间,不会对财务报表产生有利或不利影响,且属于当年正常事项,不属于资产负债表日后事项,选项C错误。2024年3月31日,因乙公司出现严重财务困难,甲公司对乙公司的剩余应收账款计提坏账准备20万元,不属于资产负债表日后期间,且属于当年正常事项,不属于资产负债表日后事项,选项D错误。

2. 发现报告年度重要差错,相关事项在资产负债表日已经存在,属于调整事项,需要说明的是,该事项也同时属于前期差错,选项A错误。资产负债表日后非调整事项是指表明资产负债表日后发生的情况的事项,选项BCD正确。

3. 应当对资产负债表日后调整事项进行相关会计处理,并对资产负债表日已经编制的财务报表进行调整,调整的财务报表包括资产负债表、利润表及所有者权益变动表等内容,选项ABD正确。资产负债表日后调整事项涉及现金收付的,不需调整现金流量表正表(现金流量表补充资料相关项目可以进行调整),由于资产负债表货币资金项目和现金流量表均以收付实现制为基础编制,现金流量表正表不得调整,选项C错误。

4. 选项ACD中相关事项在资产负债表日并不存在,而是在资产负债表日后期间新发生的事项,属于资产负债表日后非调整事项,选项ACD正确。选项B中相关事项在资产负债表日已经存在且存在有利或不利影响,属于资产负债表日后调整事项,选项B错误。

5. 选项ABC发生于资产负债表日后期间且在资产负债表日及以前尚未存在,选项ABC正确。选项D发生于财务报告批准报出日之后,不属于资产负债表日后事项,选项D错误。

6. 资产负债表日甲公司已对乙公司应收账款计提50%坏账准备,但2024年1月31日(日后期间)对资产负债表日已经存在的因财务问题导致的减值获取了进一步证据,属于资产负债表日后调整事项,应对资产负债表日已经存在的减值损失进行调整,将其由50%的计提比例调整为90%,并同时确认相关的递延所得税影响。

(1) 补提坏账准备。

$$应补提的坏账准备＝应计提的坏账准备－已计提的坏账准备$$
$$＝1\,160×(1－10\%)－1\,160×50\%＝464(万元)$$

借:以前年度损益调整——信用减值损失　　　　　　　　　　　4 640 000
　　贷:坏账准备　　　　　　　　　　　　　　　　　　　　　4 640 000

(2) 确认相关递延所得税影响。

借:递延所得税资产(464×25%×10 000)　　　　　　　　　　1 160 000
　　贷:以前年度损益调整——所得税费用　　　　　　　　　　1 160 000

(3) 结转"以前年度损益调整"账户余额。

借:盈余公积、利润分配——未分配利润　　　　　　　　　　　3 480 000
　　贷:以前年度损益调整　　　　　　　　　　　　　　　　　3 480 000

7. 本题考查资产负债表日后调整事项中关于未结诉讼日后结案的会计处理。

(1) 2024年3月4日,判决且不再上诉时。

借:以前年度损益调整——营业外支出　　　　　　　　　　　　3 000 000
　　预计负债——未决诉讼　　　　　　　　　　　　　　　　12 000 000
　　贷:其他应付款——乙公司　　　　　　　　　　　　　　15 000 000

(2) 调整递延所得税资产。

借:以前年度损益调整——所得税费用　　　　　　　　　　　　3 000 000
　　贷:递延所得税资产(1 200×25%×10 000)　　　　　　　　3 000 000

(3) 调整应交所得税。

借:应交税费——应交所得税(1 500×25%×10 000)　　　　　　3 750 000
　　贷:以前年度损益调整——所得税费用　　　　　　　　　　3 750 000

(4) 结转"以前年度损益调整"账户余额。

借：盈余公积(225×10%×10 000)   225 000
  利润分配——未分配利润(225×90%×10 000)   2 025 000
  贷：以前年度损益调整   2 250 000

综上可知，选项CD正确，选项AB错误。

8. 乙公司财务状况恶化的情况于资产负债表日已经存在，在资产负债表日后期间提供了进一步证据，因此甲公司为其承担债务担保属于资产负债表日后调整事项。2023年，甲公司调整后应确认的营业外支出(不影响营业利润，仅影响利润总额)和预计负债金额均为800万元，选项A正确，选项B错误。由于税法不允许扣除企业为其他方提供债务担保导致的损失，属于永久性差异而非暂时性差异，不确认递延所得税资产，选项C错误。甲公司2023年应纳税所得额为8 600万元(7 800+800)，应确认应交所得税的金额为2 150万元(8 600×25%)，选项D正确。

9. 选项A，诉讼发生在资产负债表日后期间，但在资产负债表日并不存在，属于资产负债表日后非调整事项，无须在2023年财务报告调整，选项A错误。选项B，丙公司发生火灾在资产负债表日并不存在，属于资产负债表日后非调整事项，但重要的非调整事项应在附注中加以披露，选项B正确。选项C，该事项发生于财务报告批准对外报出日之后，不属于资产负债表日后事项，作为2024年新发生的事项进行处理即可，无须调整2023年财务报告，选项C错误，选项D正确。

10. 选项AC考查资产负债表日后调整事项涉税处理，资产负债表日后调整事项涉及所得税的，如果税法允许调整当期所得税，可以调整"应交税费——应交所得税"账户，选项A当选。如果是由于日后调整事项产生暂时性差异的，满足相关条件时应确认递延所得税资产或负债，选项C不当选。资产负债表日后调整事项涉及损益类账户的应通过"以前年度损益调整"账户调整，选项B当选。资产负债表日后调整事项需对报告年度相关项目的期末数和本年发生数进行调整，以及当期编制财务报表相关项目的期初数和上年数进行调整，选项D当选。

三、判断题

1	2	3	4	5	6	7	8	9	10
×	√	×	×	√	√	√	×	×	√

难点解析：

1. 资产负债表日后期间通过利润分配方案属于资产负债表日后非调整事项。

3. 资产负债表日后期间发生的重要的非调整事项，有利事项和不利事项均应在财务报表附注中披露。

4. 如果有确凿证据表明资产负债表日后事项对资产负债表日存货已经存在的情况提供了新的或进一步的证据，应当作为资产负债表日后调整事项进行处理；否则，应当作为资产负债表日后非调整事项进行处理；而非直接以可变现净值的变化作为资产负债表日后调整事项与资产负债表日后非调整事项的判断依据。

8. 企业利润分配方案发生在资产负债表日后期间,在资产负债表日相关情形并不存在,属于资产负债表日后非调整事项。

9. 本题中的相关事项发生在资产负债表日后期间,在资产负债表日相关情形并不存在,属于资产负债表日后非调整事项;对于资产负债表日后非调整事项,不应当调整资产负债表日的财务报表,但重要的资产负债表日后非调整事项可能影响资产负债表日以后的财务状况和经营成果,如不加以说明将会影响财务报告使用者做出正确估计和决策,应在附注中加以披露。

四、实务题

1. (1) 属于资产负债表日后调整事项。

借:以前年度损益调整——主营业务收入　　　　　　　　　　10 000 000
　　贷:其他应付款　　　　　　　　　　　　　　　　　　　　10 000 000

借:其他应付款　　　　　　　　　　　　　　　　　　　　　10 000 000
　　贷:银行存款　　　　　　　　　　　　　　　　　　　　　10 000 000

借:库存商品　　　　　　　　　　　　　　　　　　　　　　7 500 000
　　贷:以前年度损益调整——主营业务成本　　　　　　　　　7 500 000

(2) 属于前期差错。

借:递延收益　　　　　　　　　　　　　　　　　　　　　　15 000 000
　　贷:以前年度损益调整——主营业务收入　　　　　　　　　15 000 000

(3) 属于资产负债表日后调整事项。

借:以前年度损益调整——营业外支出[(180−130)×10 000]　　500 000
　　贷:预计负债　　　　　　　　　　　　　　　　　　　　　500 000

(4) "以前年度损益调整"账户贷方余额为1 200万元(750+1 500−1 000−50),应转入留存收益。

借:以前年度损益调整　　　　　　　　　　　　　　　　　　12 000 000
　　贷:盈余公积[(1 200×10%)×10 000]　　　　　　　　　　1 200 000
　　　　利润分配——未分配利润[(1 200×90%)×10 000]　　　10 800 000

2. (1) 属于资产负债表日后调整事项。

理由:该事项发生于资产负债表日后期间,在资产负债表日或以前已经存在,属于资产负债表日后调整事项。应编制的会计分录为:

借:预计负债(1 000×20%×10 000)　　　　　　　　　　　　2 000 000
　　贷:以前年度损益调整——主营业务收入　　　　　　　　　2 000 000

借:以前年度损益调整(200×25%×10 000)　　　　　　　　　500 000
　　贷:递延所得税资产　　　　　　　　　　　　　　　　　　500 000

借:以前年度损益调整——主营业务成本(800×20%×10 000)　1 600 000
　　贷:应收退货成本　　　　　　　　　　　　　　　　　　　1 600 000

借：递延所得税负债(160×25%×10 000)	400 000	
贷：以前年度损益调整		400 000
借：以前年度损益调整	300 000	
贷：盈余公积		30 000
利润分配——未分配利润		270 000

(2) 属于资产负债表日后调整事项。

理由：该事项发生于资产负债表日后期间，在资产负债表日或以前已经存在，属于资产负债表日后调整事项。

借：以前年度损益调整——营业外支出[(400-300)×10 000]	1 000 000	
预计负债	3 000 000	
贷：其他应付款		4 000 000
借：其他应付款	4 000 000	
贷：银行存款		4 000 000
借：以前年度损益调整——所得税费用(300×25%×10 000)	750 000	
贷：递延所得税资产		750 000
借：应交税费——应交所得税(400×25%×10 000)	1 000 000	
贷：以前年度损益调整——所得税费用		1 000 000
借：盈余公积	75 000	
利润分配——未分配利润	675 000	
贷：以前年度损益调整		750 000

(3) 属于资产负债表日后调整事项。

理由：该事项发生于资产负债表日后期间，在资产负债表日或以前已经存在，属于资产负债表日后调整事项。

借：以前年度损益——主营业务收入	1 000 000	
贷：其他应付款		1 000 000
借：其他应付款	1 000 000	
贷：银行存款		1 000 000
借：应交税费——应交所得税(100×25%×10 000)	250 000	
贷：以前年度损益调整——所得税费用		250 000
借：盈余公积	75 000	
利润分配——未分配利润	675 000	
贷：以前年度损益调整		750 000

(4) 属于资产负债表日后非调整事项。

理由：该事项虽发生于资产负债表日后期间，但在资产负债表日或以前尚未存在，属于资产负债表日后非调整事项。

(5) 属于资产负债表日后调整事项。

理由：该事项发生于资产负债表日后期间，在资产负债表日或以前已经存在，属于资产负债表日后调整事项。

  借:以前年度损益调整——管理费用   13 500 000
    贷:累计折旧[60 000×(1-10%)÷40×10 000]   13 500 000
  借:应交税费——应交所得税(1 350×25%×10 000)   3 375 000
    贷:以前年度损益调整——所得税费用   3 375 000
  借:盈余公积   1 012 500
    利润分配——未分配利润   9 112 500
    贷:以前年度损益调整   10 125 000

五、资料题

  存在不当之处。

  处理意见:甲公司应将超出原已计提预计负债部分的赔偿金 100 万元作为资产负债表日后调整事项,计入 2023 年度损益。

第九章 企业合并

第一部分 内容概要

一、企业合并概述

(一) 企业合并的概念

企业合并是指将两个或两个以上单独的企业合并形成一个报告主体的交易或事项。交易是否构成企业合并,主要应关注以下两个方面:

(1) 被购买方是否构成业务。业务是指企业内部某些生产经营活动或资产负债的组合,该组合具有投入、加工处理和产出能力,能够独立计算其成本费用或所产生的收入。

(2) 交易发生前后是否涉及对标的业务控制权转移。

(二) 企业合并的类型

企业合并的类型如图 9-1 所示。

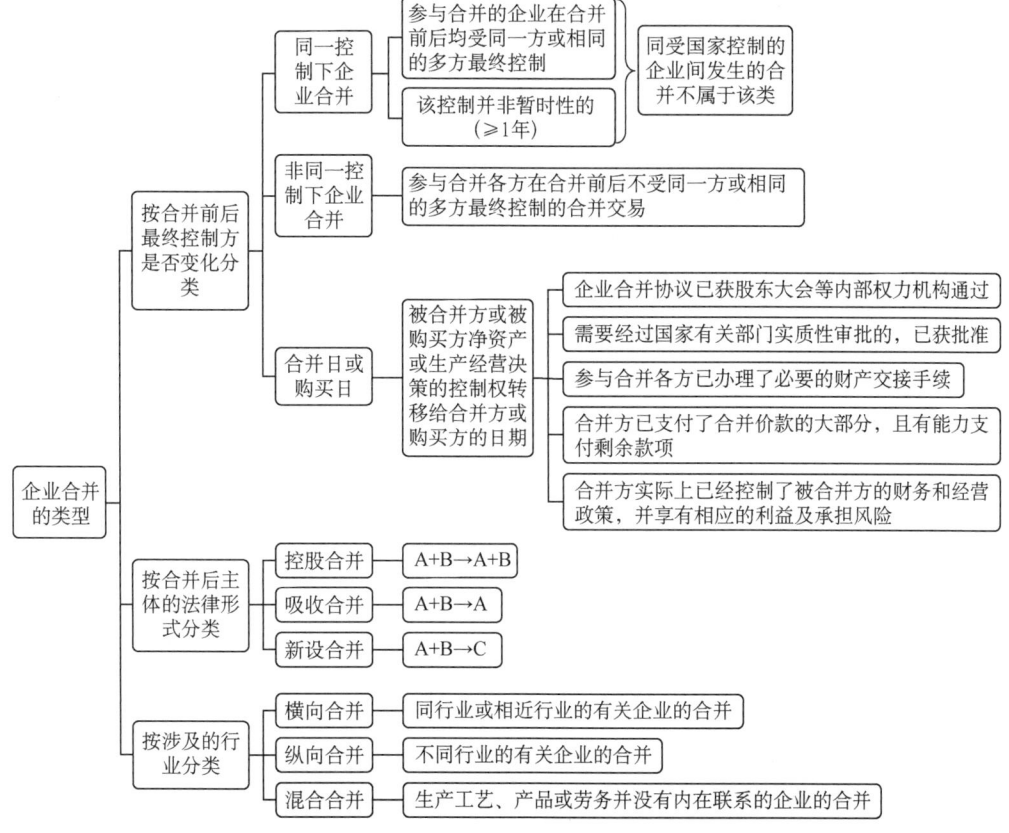

图 9-1 企业合并的类型

二、同一控制下企业合并的会计处理

(一) 同一控制下企业合并的基本处理原则

同一控制下企业合并本质上属于非交易性的集团内部的资产、负债重组,在会计处理时不使用公允价值计量,而使用账面价值计量。同一控制下企业合并的基本处理原则如图 9-2 所示。

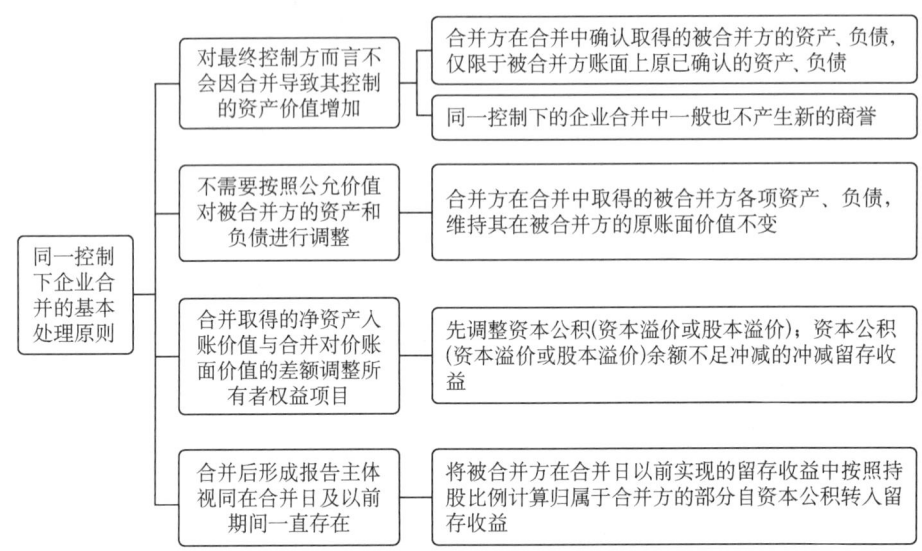

图 9-2　同一控制下企业合并的基本处理原则

(二) 合并相关费用的会计处理

(1) 合并方为进行企业合并发生的有关费用,计入管理费用。

借:管理费用
　　贷:银行存款等

(2) 以发行权益性证券作为合并对价的,与所发行权益性证券相关的手续费、佣金等应从所发行权益性证券的溢价收入中扣除,在权益性证券发行无溢价或溢价金额不足以扣减的情况下,冲减留存收益。

借:资本公积——股本溢价
　　盈余公积
　　利润分配——未分配利润
　　贷:银行存款等

(3) 以发行债券方式进行的企业合并,与发行债券相关的手续费、佣金等应计入负债的初始计量金额。

借:应付债券——利息调整
　　贷:银行存款等

(三) 一次交换交易实现同一控制下企业合并的会计处理

1. 一次交换交易形成同一控制下的吸收合并

同一控制下的吸收合并,合并方在合并日进行会计处理时,遵循以下原则:

(1) 合并方取得的被合并方资产和负债按其在被合并方的原账面价值入账。

(2) 合并方所支付的合并对价,按账面价值结转,不产生处置损益。

(3) 合并方取得有关净资产的入账价值与支付的合并对价账面价值之间的差额,调整合并方的所有者权益项目。

借:有关资产账户(取得的被合并方资产账面价值)
　　贷:有关负债账户(取得的被合并方负债账面价值)
　　　　银行存款/库存商品/股本等(支付对价的账面价值)
　　　　资本公积(差额)

若为借方差额,则以合并方"资本公积"账户的资本溢价或股本溢价贷方余额为上限,不足部分冲减合并方留存收益账面余额。

2. 一次交换交易形成同一控制下的控股合并

同一控制下的控股合并,合并方在合并日进行会计处理时,遵循以下原则:

(1) 合并方应以合并日应享有被合并方账面所有者权益的份额作为形成长期股权投资的初始投资成本。

(2) 合并方所支付的对价,按账面价值结转,不产生处置损益。

(3) 合并方确认的长期股权投资的初始投资成本与支付的合并对价账面价值之间的差额,调整合并方的所有者权益项目。

借:长期股权投资(被合并方所有者权益相对于最终控制方而言的账面价值×持股比例)
　　贷:银行存款/库存商品/股本等(支付对价的账面价值)
　　　　资本公积(差额)

若为借方差额,则以合并方"资本公积"账户的资本溢价或股本溢价贷方余额为上限,不足部分冲减合并方留存收益账面余额。

(四) 分步投资实现同一控制下企业合并的会计处理

分步投资实现同一控制下控股合并的会计处理规则如图 9-3 所示。

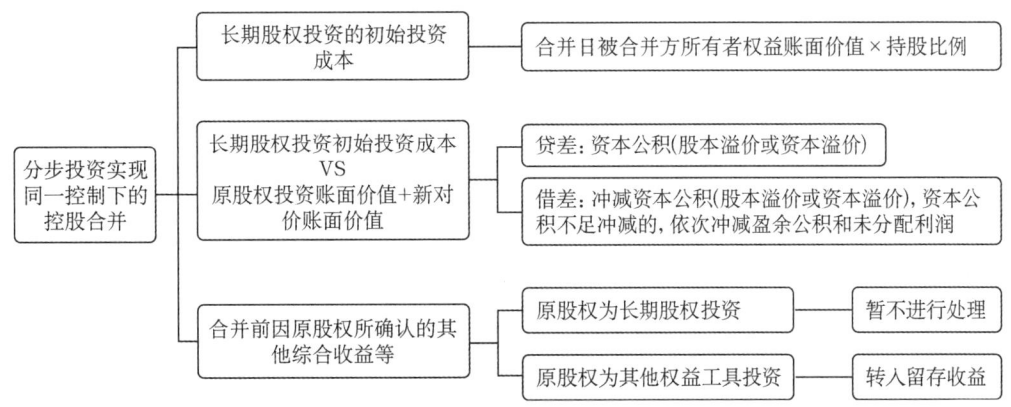

图 9-3　分步实现同一控制下控股合并的会计处理规则

三、非同一控制下企业合并的会计处理

(一) 非同一控制下企业合并的基本处理原则

非同一控制下企业合并本质上属于一项交易,所以在会计处理时应采用公允价值计量,而不是采用账面价值计量。非同一控制下企业合并的基本处理原则如图 9-4 所示。

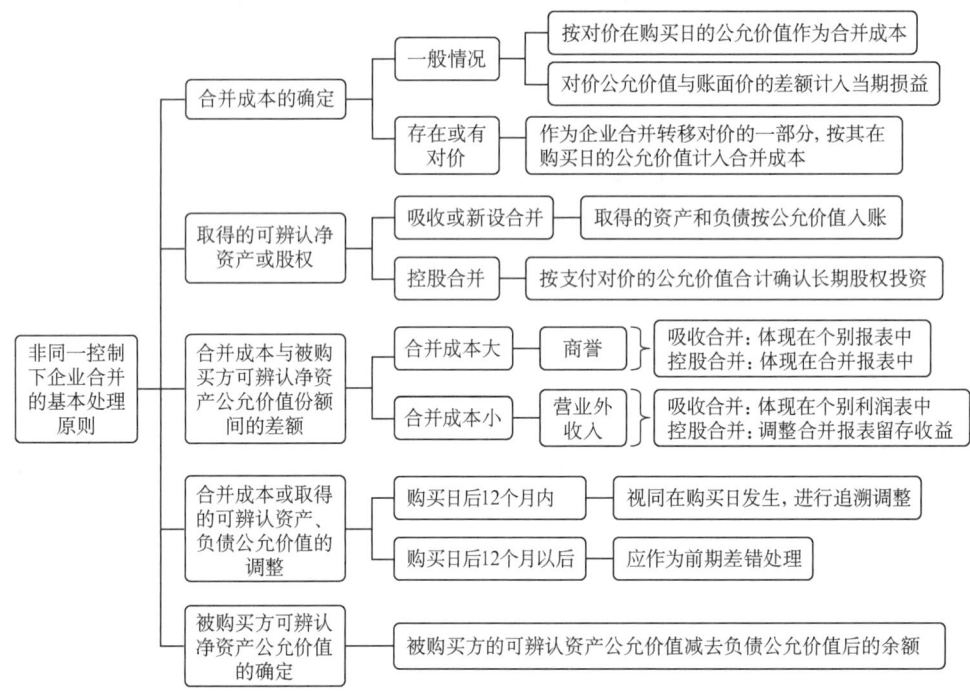

图 9-4　非同一控制下企业合并的基本处理原则

(二) 合并相关费用的会计处理

非同一控制下企业合并相关费用的会计处理参照同一控制下企业合并相关费用的会计处理。

(三) 一次交换交易实现非同一控制下企业合并的会计处理

1. 一次交换交易实现非同一控制下的吸收合并

非同一控制下的吸收合并,购买方在购买日进行会计处理时,遵循以下原则:

(1) 购买方取得的被购买方各项可辨认资产和负债按其公允价值入账。

(2) 购买方所支付的对价以公允价值为基础进行处理。作为对价的资产公允价值与账面价值的差额计入当期损益(与直接出售资产差额处理相同)。

(3) 购买方取得有关净资产的入账价值与支付的对价公允价值之间的差额,确认为商誉或计入营业外收入。

借:有关资产账户(取得的被购买方资产公允价值)
　　商誉(借方差额)
　贷:有关负债账户(取得的被购买方负债公允价值)
　　　银行存款/主营业务收入等(支付对价的公允价值)
　　　营业外收入(贷方差额)

2. 一次交换交易实现非同一控制下的控股合并

非同一控制下的控股合并,购买方在购买日进行会计处理时,遵循以下原则:

(1) 购买方在购买日应按确定的合并成本(支付对价的公允价值合计)作为长期股权投资的初始入账成本。

(2) 购买方所支付的对价以公允价值为基础进行处理。作为对价的资产公允价值与账面价值的差额计入当期损益(与直接出售资产差额处理相同)。

借:长期股权投资(支付对价的公允价值合计)
　　贷:银行存款/主营业务收入等

(四) 分步投资实现非同一控制下企业合并的会计处理

1. 个别财务报表中的处理

分步投资实现非同一控制下的控股合并,购买方在个别财务报表中的相关会计处理规则,如图9-5所示。

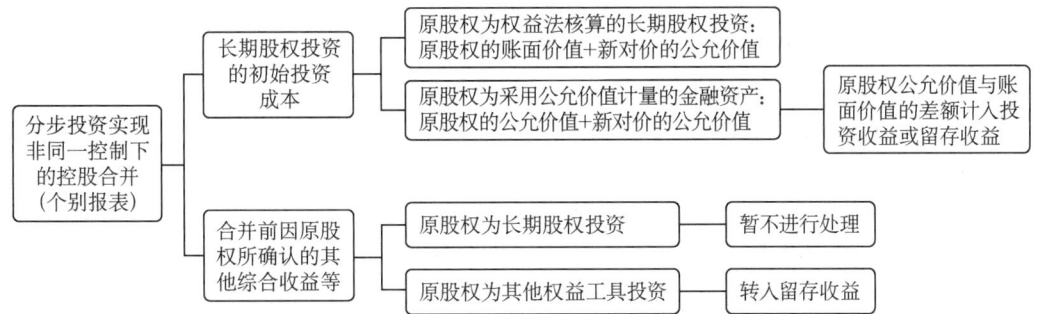

图9-5　分步投资实现非同一控制下控股合并个别报表中的会计处理规则

2. 合并财务报表中的处理

分步投资实现非同一控制下的控股合并,购买方在合并财务报表中的相关会计处理规则,如图9-6所示。

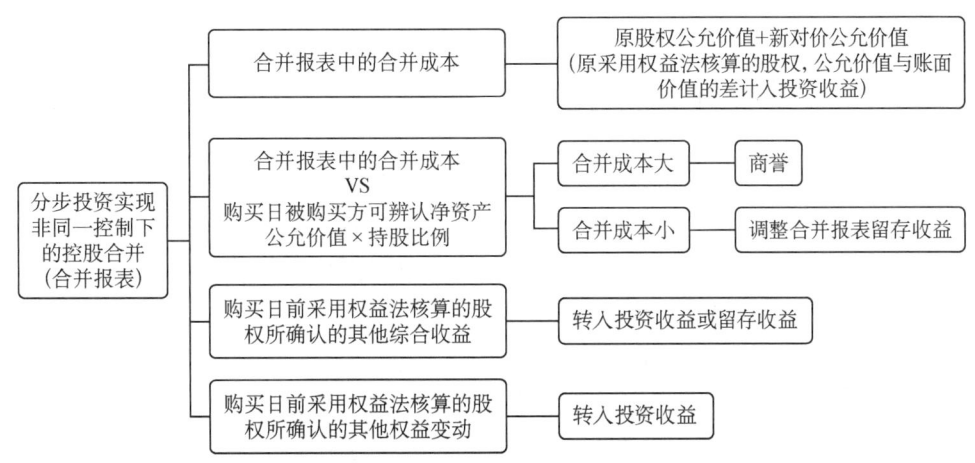

图9-6　分步投资实现非同一控制下控股合并合并报表中的会计处理规则

第二部分 练 习 题

一、单项选择题

1. 下列关于企业合并的界定中,不正确的是(　　)。
   A. 如果一个企业取得了对另一个或多个企业的控制权,而被购买方并不构成业务,则该交易或事项不形成企业合并
   B. 企业取得不形成业务的一组资产或资产、负债的组合时,应将购买成本基于购买日所取得各项可辨认资产、负债的相对公允价值比例进行分配,不按企业合并准则进行处理
   C. 在构成非同一控制下企业合并的情况下,合并中自被购买方取得的各项可辨认资产、负债应当按照其在购买日的公允价值计量
   D. 是否形成企业合并,只需要看取得的资产或资产、负债组合是否构成业务

2. 下列各项中,应作为同一控制下企业合并进行会计处理的是(　　)。
   A. 某市国资委将其投资的甲公司与 A 公司进行企业合并
   B. 乙公司和丙公司不存在关联方关系,乙公司能够控制 B 公司,丙公司能够控制 C 公司,B 公司对 C 公司进行企业合并
   C. 张某、李某、王某和赵某共同设立丁公司、戊公司、己公司,D 公司是丁公司的子公司,E 公司是戊公司的子公司,F 公司是己公司的子公司,G 公司是 D 公司的子公司,E 公司对 G 公司进行企业合并
   D. 庚公司是 H 的联营企业,J 公司能够控制 K 公司,辛公司是 J 公司的合营企业,辛公司能够控制庚公司,K 公司对 H 公司进行企业合并

3. 合并方在企业合并中取得的生产经营活动或资产的组合构成业务时所应具备的要素中,属于加工处理过程要素的是(　　)。
   A. 原材料
   B. 人工
   C. 企业日常活动产生的其他收益
   D. 具有一定的管理能力、运营过程,能够组织投入形成产出能力的系统、标准、协议、惯例或规则

4. 非同一控制下的控股合并中,合并资产负债表中被合并方资产、负债应按(　　)计量。
   A. 原账面价值　　　B. 公允价值　　　C. 重置成本　　　D. 现值

5. 同一控制下的吸收合并中,合并方主要涉及合并日取得被合并方资产、负债入账价值的确定,以及合并中取得有关净资产的入账价值与支付的合并对价账面价值间差额的处理。下列各项中,表述不正确的是(　　)。
   A. 合并方对同一控下吸收合并中取得的资产、负债应当按照相关资产和负债在被合并方的原账面价值入账
   B. 以发行权益证券方式进行的该类合并,所确认的净资产入账价值与发行股份面值总额的差额,应计入资本公积,资本公积余额不足冲减的,冲减盈余公积和未分配利润

C. 合并方为进行企业合并发生的各项直接相关费用,应当于发生时计入合并成本

D. 以支付非现金资产方式进行的该类合并,所支付的非现金资产按账面价值结转

6. 同一控制下的吸收合并中,合并方在企业合并中取得的资产和负债,应当按照合并日在被合并方的账面价值计量。合并方取得的净资产账面价值与支付的合并对价账面价值的差额,依次借记的会计账户为(   )。

   A. 资本公积、盈余公积、利润分配——未分配利润

   B. 利润分配——未分配利润、盈余公积、资本公积

   C. 其他综合收益、资本公积、盈余公积、利润分配——未分配利润

   D. 资本公积、盈余公积、利润分配——未分配利润、股本

7. 甲、乙两家公司同属丙公司的子公司。甲公司于2023年12月1日以发行股票方式从乙公司的股东手中取得乙公司60%的股份。甲公司发行1 500万股普通股股票,该股票每股面值为1元。乙公司在2023年12月1日的所有者权益为2 000万元,甲公司在2023年12月1日的资本公积为180万元,盈余公积为100万元,未分配利润为10万元。甲公司取得该项长期股权投资时应调整"资本公积"账户的金额为(   )万元。

   A. 20   B. 180   C. 100   D. 10

8. 兴茂公司控股合并A公司,占A公司有表决权股份的70%,支付购买价款7 900万元。当日,A公司可辨认净资产的账面价值为9 000万元,公允价值为10 000万元。根据合并协议,如果合并后A公司连续3年净利润增长率在15%以上,兴茂公司需额外向A公司支付业绩奖金1 000万元。购买日,兴茂公司预计A公司很可能完成对赌目标。兴茂公司和A公司原控股股东不存在关联方关系。不考虑其他因素的影响,兴茂公司在合并报表中应确认的商誉金额是(   )万元。

   A. 900   B. 1 900   C. 1 600   D. 2 600

9. 2023年11月20日,甲公司合并乙企业,该项合并属于同一控制下的企业合并。合并中,甲公司发行本公司普通股股票1 000万股(每股面值为1元,市价为2.1元),作为对价取得乙企业60%股权。合并日,乙企业相对于最终控制方而言的净资产账面价值为3 200万元,公允价值为3 500万元。假定合并前双方采用的会计政策及会计期间均相同。不考虑其他因素的影响,甲公司对乙企业长期股权投资的初始投资成本为(   )万元。

   A. 1 920   B. 2 100   C. 3 200   D. 3 500

10. 长江公司于2024年1月1日自非关联方处购入A公司70%有表决权股份,当日能够对A公司实施控制,长江公司支付购买价款8 000万元,另支付审计、评估费50万元。当日A公司可辨认净资产的账面价值为8 000万元,公允价值为9 000万元(差额源自一批存货的公允价值高于账面价值1 000万元,其他资产和负债的账面价值与计税基础相同)。不考虑企业所得税及其他因素的影响。长江公司在合并报表中应确认的商誉为(   )万元。

    A. 1 875   B. 2 400   C. 1 700   D. 1 750

11. 2024年1月1日,甲公司通过向乙公司股东定向增发1 500万股普通股(每股面值为1元,市价为6元),取得乙公司90%的股权,并控制乙公司,另以银行存款支付财务顾问费400万元。双方约定,如果乙公司未来3年平均净利润增长率超过10%,甲公司需要另外向乙公司股东支付150万元的合并对价;当日,甲公司预计乙公司未来3年平均

净利润增长率很可能达到12%。该项交易前,甲公司与乙公司及其控股股东不存在关联关系。不考虑其他因素的影响,甲公司该项企业合并的合并成本是( )万元。

  A. 9 000   B. 9 150   C. 9 300   D. 9 400

12. 2023年6月30日,甲公司以银行存款1 000万元及一项土地使用权取得其母公司控制的乙公司80%的股权,并于当日起能够对乙公司实施控制。合并日,该土地使用权的账面价值为3 200万元,公允价值为4 000万元;2023年6月30日,母公司合并财务报表中调整后的乙公司净资产账面价值为6 250万元。乙公司个别报表净资产的账面价值为6 000万元。假定甲公司与乙公司的会计年度和采用的会计政策相同,不考虑其他因素的影响。下列各项中,甲公司会计处理正确的是( )。

  A. 确认长期股权投资5 000万元,不确认资本公积
  B. 确认长期股权投资5 000万元,确认资本公积800万元
  C. 确认长期股权投资4 800万元,确认资本公积600万元
  D. 确认长期股权投资4 800万元,冲减资本公积200万元

13. 2024年1月1日,甲公司发行1 000万股普通股(每股面值1元,市价5元)作为合并对价取得乙企业100%的股权,涉及合并方均受同一母公司最终控制。合并日乙企业账面资产总额为5 000万元,账面负债总额为2 000万元,甲公司合并成本与长期股权投资初始确认金额的差额为( )。

  A. 商誉3 000万元   B. 资本公积3 000万元
  C. 未分配利润2 000万元   D. 资本公积2 000万元

14. A、B两家公司属于非同一控制下的独立公司。A公司于2023年7月1日以本公司的固定资产对B公司投资,取得B公司70%的股份。该固定资产原值1 500万元,已计提折旧400万元,已提取减值准备50万元,2023年7月1日该固定资产公允价值为1 250万元。B公司2023年7月1日所有者权益为2 000万元。不考虑其他因素的影响,甲公司该项长期股权投资的初始入账成本为( )万元。

  A. 1 500   B. 1 050   C. 1 200   D. 1 250

15. 下列关于企业合并过程中发生的各项直接相关费用会计处理的表述中,不正确的是( )。

  A. 以发行权益性证券作为合并对价的,与所发行权益证券相关的佣金、手续费应冲减溢价收入,溢价收入不足冲减时,冲减盈余公积和未分配利润
  B. 以发行债券方式进行的企业合并,与发行债券相关的佣金、手续费应计入负债的入账价值
  C. 非同一控制下企业合并,合并方为进行合并发生的各项直接相关费用,应计入合并成本
  D. 同一控制下企业合并,合并方为进行合并发生的各项直接相关费用,应计入管理费用

16. 下列关于商誉会计处理的表述中,不正确的是( )。

  A. 非同一控制下企业合并中,购买方实际支付的对价小于取得被投资方于购买日可辨认净资产公允价值份额的差额应计入当期损益
  B. 同一控制下企业合并中,合并方实际支付的对价与取得被投资方于合并日净资产账面价值份额的差额不应确认为商誉

C. 企业内部产生的商誉不应确认为一项资产

D. 因商誉不具有实物形态,符合无形资产的特征,应确认为无形资产

17. 企业合并后仍维持其独立法人资格继续经营的企业合并形式为(   )。

  A. 控股合并   B. 吸收合并   C. 新设合并   D. 换股合并

18. 下列关于企业合并的表述中,不正确的是(   )。

  A. 同一控制下企业合并中,对于投出资产公允价值与应享有被投资单位所有者权益账面价值之间的差额应调整资本公积

  B. 同一控制下企业合并中,合并后形成的报告主体应视同在合并日及以前期间一直存在

  C. 非同一控制下企业合并中,在购买日合并财务报表中对于被购买方的资产和负债应按公允价值计量

  D. 新设合并是指合并各方在合并后法人资格注销,并重新注册一家新的企业

19. 同一控制下的企业合并中所称的"控制非暂时性"是指参与合并各方在合并前后受同一方或多方控制的时间通常在(   )。

  A. 3个月以上 B. 6个月以上 C. 12个月以上 D. 24个月以上

20. 2021年12月20日,A公司董事会做出决议,准备购买甲公司股份;2022年1月1日,A公司取得甲公司30%的股份,能够对甲公司施加重大影响;2023年1月1日,A公司取得甲公司30%的股份,能够对甲公司实施控制;2024年1月1日,A公司又取得B公司10%的股份,持股比例达到70%。在上述情况下,购买日为(   )。

  A. 2021年12月20日   B. 2022年1月1日

  C. 2023年1月1日   D. 2024年1月1日

二、多项选择题

1. 下列关于企业合并的表述中,正确的有(   )。

  A. 参与合并各方在合并前后不受同一方或相同多方最终控制的合并交易属于非同一控制下企业合并

  B. 参与合并各方在合并前后均受同一方或相同多方最终控制的合并交易属于同一控制下企业合并

  C. 非同一控制下企业合并以公允价值为基础进行会计处理,同一控制下企业合并以账面价值为基础进行会计处理

  D. 同受国家控制的企业之间发生的合并,不应仅因为参与合并各方在合并前后均受国家控制而将其作为同一控制下企业合并

2. 同一控制下企业合并中,合并方取得的净资产账面价值与支付的合并对价账面价值(或发行股份面值总额)的差额,可能调整(   )。

  A. 盈余公积   B. 资本公积   C. 营业外收入   D. 未分配利润

3. 下列关于购买方合并成本与合并中取得的被购买方可辨认净资产公允价值份额差额的说法中,正确的有(   )。

  A. 购买方合并成本大于合并中取得的被购买方可辨认净资产公允价值份额的差额,应当确认为商誉

B. 购买方合并成本大于合并中取得的被购买方可辨认净资产公允价值份额的差额,应当确认为当期损益

C. 购买方合并成本小于合并中取得的被购买方可辨认净资产公允价值份额的差额,应当确认为商誉

D. 购买方合并成本小于合并中取得的被购买方可辨认净资产公允价值份额的差额,应先对取得的被购买方各项可辨认资产、负债及或有负债的公允价值,以及合并成本的计量进行复核,经复核后合并成本仍小于合并中取得的被购买方可辨认净资产公允价值份额的,其差额应当计入当期损益

4. 甲公司和 A 公司不存在关联方关系,A 公司对乙公司持股比例为 100%,甲公司向 A 公司定向增发股票 10 000 万股,取得 A 公司所持乙公司 80% 股权,能够控制乙公司,甲公司发行股票,每股面值为 1 元,公允价值为 8 元,支付发行股票手续费 400 万元,支付审计费、评估费和律师费合计 800 万元。同时,甲公司与 A 公司签订对赌协议,根据协议约定乙公司自购买日起连续 3 年的净利润累计不得低于 6 000 万元,如果低于 6 000 万元,A 公司需要向甲公司支付业绩补偿 300 万元。购买日,甲公司合理估计乙公司能够完成承诺期利润。不考虑其他因素的影响,下列说法正确的有( )。

A. 甲公司应确认的长期股权投资入账价值为 10 000 万元

B. 甲公司支付的发行股票的手续费构成合并成本

C. 甲公司支付的审计费、评估费和律师费在发生时计入当期损益

D. 甲公司预期获得的业绩补偿 300 万元,在购买日不计入其合并成本

5. 下列关于同一控制下企业合并的表述中,正确的有( )。

A. 同一控制下企业合并过程中,发生的与合并相关的各项直接相关费用,一般应于发生时费用化计入当期损益

B. 合并中不产生新的资产和负债

C. 合并方在合并中取得的被合并方各项资产、负债,应维持其在被合并方的原有账面价值不变

D. 合并方在合并中取得净资产的入账价值与为进行企业合并支付对价的账面价值之间的差额,不作为资产的处置损益

6. 下列关于企业合并方式的表述中,正确的有( )。

A. 按合并后的法律形式分类,企业合并方式包括控股合并、吸收合并、新设合并

B. 控股合并后,被合并方应纳入合并方的合并财务报表编制范围

C. 吸收合并后,注销被合并方法人资格,合并方取得被合并方全部净资产

D. 新设合并后,参与合并各方合并后法人资格均被注销,重新注册成立一家新公司

7. 下列各项中,对非同一控制下企业合并成本小于合并中取得的被购买方可辨认净资产公允价值份额的部分的会计处理正确的有( )。

A. 在吸收合并的情况下,应计入购买方的合并当期的个别利润表中

B. 在控股合并的情况下,应体现在购买日的合并资产负债表中

C. 在吸收合并的情况下,应体现在合并当期的合并利润表中

D. 在控股合并的情况下,应计入购买方的合并当期的个别利润表中

8. 下列关于同一控制下企业合并形成母子公司关系的合并日的说法中,正确的有( )。

A. 合并资产负债表中被合并方的各项资产、负债,应按其账面价值计量
B. 合并利润表应包括参与合并各方自合并当期期初至合并日所发生的收入、费用和利润
C. 合并现金流量表应包括参与合并各方自合并当期期初至合并日的现金流量
D. 合并资产负债表中,对于被合并方在企业合并前实现的留存收益中归属于合并方的部分,应从合并方资本公积转入留存收益

9. 对于非同一控制下的企业合并,合并成本包括(　　)。
A. 购买方为进行企业合并发生的权益性证券在购买日的公允价值
B. 企业合并中发生的各项直接相关费用
C. 购买方为进行企业合并付出的非现金资产的公允价值
D. 购买方为进行企业合并支付的现金

10. 下列关于非同一控制下企业合并的表述中,正确的有(　　)。
A. 分步投资实现的企业合并中,应以购买日之前所持有被购买方的股权投资的账面价值与购买日新增投资成本之和,作为个别报表中该项投资的初始投资成本
B. 吸收合并的情况下,合并方应将取得的被合并方各项可辨认资产、负债等按其原账面价值反映在个别财务报表中
C. 分步投资实现的企业合并中,购买日是指购买方最终取得对被购买方控制权的日期
D. 合并成本小于合并中取得的被购买方可辨认净资产公允价值份额的差额,应计入资本公积

11. 2023年1月1日,兴茂公司以6 000万元取得A公司20%股权并具有重大影响,采用权益法核算。当日,A公司可辨认净资产公允价值为28 000万元。2024年1月1日,兴茂公司另支付16 000万元取得A公司40%股权。购买日,兴茂公司原持有的对A公司20%股权的公允价值为8 000万元,账面价值为7 000万元。其中,因A公司实现净利润确认的累计净损益为200万元,因A公司其他债权投资变动确认的其他综合收益为800万元。A公司可辨认净资产公允价值为36 000万元。不考虑企业所得税等其他因素的影响,下列各项中,兴茂公司会计处理正确的有(　　)。
A. 购买日合并成本为24 000万元
B. 购买日应确认的商誉为2 400万元
C. 购买日合并财务报表中确认投资收益3 900万元
D. 购买日合并财务报表中应将原计入其他综合收益的800万元转入合并当期投资收益

12. 2023年1月1日,甲公司与乙公司签订股权转让协议,以发行权益性证券方式取得乙公司持有的丙公司80%股权。购买日,甲公司所发行权益性证券的公允价值为14 000万元,丙公司可辨认净资产账面价值为13 000万元,公允价值为16 000万元。购买日,丙公司有一项正在开发并符合资本化条件的生产工艺专有技术,已资本化金额为560万元,公允价值为650万元。甲公司取得丙公司80%股权后,丙公司继续开发该项目,购买日至年末发生开发支出1 000万元。该项目年末仍在开发中。购买日前,甲公司、乙公司不存在关联方关系。下列关于甲公司取得丙公司股权会计处理的表述中,不正确的有(　　)。

A. 取得丙公司股权作为同一控制下企业合并处理

B. 对丙公司长期股权投资的初始投资成本按 10 400 万元计量

C. 在购买日合并财务报表中合并取得的无形资产按 560 万元计量

D. 合并成本大于购买日丙公司可辨认净资产账面价值份额的差额确认为商誉

13. 下列关于企业合并的说法中,不正确的有( )。

A. 交易日即合并日

B. 企业合并按涉及行业的不同可分为同一控制下企业合并和非同一控制下企业合并

C. 分步投资实现同一控制下的控股合并,按原股权账面价值与新对价账面价值之和作为长期股权投资的初始入账成本

D. 非同控制下的企业合并,作为合并对价的固定资产的公允价值与账面价值之间的差额计入营业外收入或营业外支出

14. 非同一控制下企业合并中发生的与企业合并直接相关的费用包括( )。

A. 为进行合并而发生的咨询费

B. 为进行合并而发生的审计费

C. 为进行合并而发生的法律服务费

D. 为进行合并发行的权益性证券相关的手续费

15. 下列关于同一控制下控股合并会计处理的表述中,正确的有( )。

A. 合并方取得的净资产入账价值大于支付的合并对价账面价值的差额,应在合并财务报表中确认为商誉

B. 合并方应按照应享有被合并相对于最终控制方而言所有者权益账面价值的份额确认初始投资成本

C. 合并方应按照被合并方资产、负债的账面价值在合并财务报表中对其进行计量

D. 被合并方在合并前账面上原已确认的商誉,合并方应作为合并中取得的资产确认

三、判断题

1. 合并方为进行企业合并而发生的各项相关费用,计入当期对被合并企业的长期股权投资。 ( )

2. 对于同一控制下的企业合并,不产生新的商誉。 ( )

3. 同一控制下的企业吸收合并取得有关净资产的入账价值与支付的合并对价账面价值之间差额作为合并商誉入账。 ( )

4. 若以发行股票的方式进行非同一控制下企业合并,则发行股票相关手续费计入管理费用。 ( )

5. 同一控制下的企业合并,按享有被合并方净资产账面价值的份额作为长期股权投资的初始入账成本。 ( )

6. 同一控制下的企业合并,其主要特征为参与合并的企业 在合并前后均受同一方或相同的多方最终控制且该控制并非暂时性的。 ( )

7. 非同一控制下的控股合并,以支付对价的账面价值合计作为长期股权投资的初始入账成本。 ( )

8. 对于非同一控制下的控股合并,其合并成本大于合并中取得的被购买方可辨认净资产

公允价值份额的部分,购买方应在其账簿及个别财务报表中确认商誉。			( )
9. 控股合并的合并方通过企业合并交易或事项取得被合并方的控制权,对其产生重大影响。			( )
10. 吸收合并方式下,参与合并的各方在企业合并后法人资格均被注销。			( )
11. 非同一控制下企业合并,若以存货作为对价,则需要按照存货的公允价值确定主营业务收入,同时按照作为对价存货的账面价值结转主营业务成本。			( )
12. 同一控制下的企业合并不产生新的商誉因素,也不确认被合并方在企业合并前账面上原已确认的商誉。			( )
13. 同一控制下的企业合并,合并方在合并中取得的被合并方各项资产、负债应维持其在被合并方的原账面价值不变。			( )
14. 以发行权益性证券作为合并对价的,与所发行权益性证券相关的手续费、佣金等计入管理费用。			( )
15. 纵向合并的目的是发展规模经济、实现规模效益、优势互补,提高竞争能力。			( )
16. 非同一控制下的吸收合并,合并成本大于合并中取得的被购买方可辨认净资产公允价值份额的部分,以商誉体现在购买方合并当期的个别资产负债表中。			( )
17. 非同一控制下的吸收合并,购买方在购买日应当将合并中取得的符合确认条件的各项可辨认资产、负债,按其公允价值确认为本企业的资产和负债。			( )
18. 自购买日算起 6 个月内取得进一步的信息表明需对原暂时确定的企业合并成本或所取得的可辨认资产、负债的暂时性价值进行调整的,应视同在购买日发生,进行追溯调整。			( )
19. 多次交换交易实现非同一控制下的控股合并,在个别报表中应将原股权由账面价值调整为公允价值。			( )
20. 如果一个企业取得了对另一个或多个企业的控制权,而被合并方并不构成业务,则该交易或事项不形成企业合并。			( )

四、实务题

1. 东方公司以固定资产和无形资产作为对价,取得华夏公司 70% 有表决权的股份。作为对价的固定资产公允价值为 1 800 万元,账面价值为 1 300 万元(原价为 2 000 万元,已计提累计折旧 600 万元,已计提减值准备 100 万元);无形资产公允价值为 1 400 万元,账面价值为 700 万元(原价为 1 200 万元,已计提累计摊销 500 万元)。

    合并日,华夏公司所有者权益公允价值为 4 000 万元,账面价值为 3 200 万元(股本为 1 500 万元,资本公积为 500 万元,盈余公积为 400 万元,未分配利润为 800 万元)。在合并中,东方公司以银行存款支付为合并而发生的审计、评估费用 30 万元。
    要求:若你是东方公司的财务人员,请根据上述资料,回答下列问题。
    (1) 假设东方公司与华夏公司在合并前无任何关联关系,请根据上述资料编制相关会计分录,并计算商誉。
    (2) 假设东方公司与华夏公司在合并前同受兴茂公司控制,请根据上述资料编制相关会计分录。

2. 2023 年 12 月 28 日,德瑞公司发行 3 000 万股股票(面值为 1 元/股,公允价值为 3.3 元/股)

作为对价取得盛达公司全部股权。购买日盛达公司资产、负债情况表如表9-1所示。

表9-1　　　　　　　　　　购买日盛达公司资产、负债情况表　　　　　　　　单位：万元

项目	账面价值	公允价值
银行存款	2 500	2 500
库存商品	1 300	1 550
固定资产	6 200	6 700
长期借款	1 250	1 250
净资产	8 750	9 500

德瑞公司与盛达公司在合并前不存在关联关系。德瑞公司以银行存款支付与股票发行相关的手续费40万元，支付与合并相关的咨询费、评估费等65万元。不考虑企业所得税等其他因素的影响。

要求：若你是德瑞公司的财务人员，请根据上述资料，回答下列问题。

(1) 假设合并后盛达公司注销。计算合并商誉和合并产生的资本公积金额，并编制相关会计分录。

(2) 假设合并后德瑞公司与盛达公司仍继续存在。计算产生的资本公积金额，并编制相关会计分录。

3. 昌盛公司是一家上市公司，拥有乙、丙两家子公司。2024年1月6日，丙公司自昌盛公司取得乙公司80%的股权，为进行此项合并交易，丙公司发行6 000万股本公司普通股（每股面值1元，公允价值6.5元）作为合并对价。

乙公司2023年1月1日以前是昌盛集团外部一家独立企业，2023年1月1日，昌盛公司以公允价值为12 000万元、账面价值为6 500万元的设备（该设备原价为8 000万元，已计提折旧1 000万元，计提减值准备500万元）和本公司普通股2 500万股（面值为1元，公允价值为10元）购入乙公司80%股权并能够对其实施控制。

购买日，乙公司可辨认净资产的账面价值为43 000万元（股本2 000万元，资本公积40 000万元，盈余公积300万元，未分配利润700万元），公允价值为45 000万元（包括一项管理用固定资产评估增值2 000万元，尚可使用年限为5年，直线法计提折旧，设备净残值为0）。

2023年1月1日至2023年12月31日，乙公司按照购买日净资产账面价值计算实现的净利润为5 000万元；假设无其他所有者权益变动事项，按净利润的10%提取法定盈余公积，从年初开始计提折旧，不考虑企业所得税因素的影响。

要求：若你是相关财务人员，请根据上述资料，回答下列问题。

(1) 编制2023年1月1日昌盛公司投资乙公司的会计分录。

(2) 计算2023年1月1日昌盛公司在合并报表中确认的商誉。

(3) 计算2024年1月6日丙公司取得的乙公司股权投资的初始投资成本。

(4) 编制2024年1月6日丙公司取得乙公司股权的会计分录。

4. 2023年12月20日，兴茂公司用账面价值为400万元、公允价值为600万元的原材料和900万元的银行存款取得芳嘉公司全部股权。以银行存款支付与合并相关的法律咨询

费、评估费等共12万元。不考虑增值税、企业所得税等其他因素的影响。合并日芳嘉公司资产、负债情况如表9-2所示。

表9-2 合并日芳嘉公司资产、负债情况表 单位:万元

项目	账面价值	公允价值
银行存款	30	30
库存商品	500	510
固定资产	900	950
无形资产	200	200
应付账款	430	430
股本	200	—
资本公积	300	—
未分配利润	700	—

要求:若你是兴茂公司的财务人员,请根据上述资料,回答下列问题。

(1) 假设兴茂公司与芳嘉公司在合并前无任何关联关系。若合并后芳嘉公司注销,请根据上述资料编制相关会计分录;若合并后兴茂公司与芳嘉公司仍继续存在,请根据上述资料编制相关会计分录。

(2) 假设兴茂公司与芳嘉公司在合并前属于同一企业集团。若合并后芳嘉公司注销,请根据上述资料编制相关会计分录;若合并后兴茂公司与芳嘉公司仍继续存在,请根据上述资料编制相关会计分录。

五、资料题

2023年和2024年,兴鹏股份有限公司(以下简称"兴鹏公司")发生了以下交易或事项。

资料一:2023年4月1日,兴鹏公司以定向发行本公司普通股2 000万股为对价,取得昊宇公司30%股权,对昊宇公司有重大影响。当日,兴鹏公司发行股份的市场价格为5元/股,另支付发行机构佣金800万元。

昊宇公司可辨认净资产公允价值为30 000万元,除一项固定资产公允价值为1 800万元、账面价值为600万元外,其他资产、负债的公允价值与账面价值相同。自兴鹏公司取得昊宇公司股权时起,该项固定资产尚可使用10年,采用年限平均法计提折旧,预计净残值为0。

资料二:昊宇公司2023年实现净利润2 200万元,假定有关损益在年度中均衡实现;2023年4月至2023年12月,由于其他债权投资公允价值上升,导致其他综合收益增加600万元。

资料三:2024年1月1日,兴鹏公司追加购入昊宇公司30%股权并自当日起控制昊宇公司。购买日,兴鹏公司以本公司一项土地使用权及一台机器设备作为合并对价。土地使用权的原价为5 000万元,公允价值为12 000万元;机器设备原价为1 000万元,已计提折旧650万元,公允价值为600万元。

购买日,昊宇公司所有者权益账面价值为31 200万元,其中,股本为7 000万元、资本公

积(股本溢价)为3 500万元、其他综合收益为2 000万元、盈余公积为7 700万元、未分配利润为11 000万元。昊宇公司可辨认净资产公允价值为36 000万元,公允价值与账面价值的差额由一项存货产生。

兴鹏公司原持有昊宇公司30%股权于购买日的公允价值为12 500万元。

已知:①兴鹏公司和昊宇公司在发生该项交易前不存在关联方关系。②不考虑企业所得税等相关税费的影响。

要求:若你是兴鹏公司的财务人员,请根据上述资料,回答下列问题。

(1) 根据资料一,计算兴鹏公司2023年4月1日对昊宇公司30%股权投资的投资成本,并编制相关会计分录。

(2) 根据资料二,计算兴鹏公司2023年因持有昊宇公司30%股权应确认的投资收益,并编制2022年与调整该项股权投资账面价值相关的会计分录。

(3) 根据资料一至资料三,判断兴鹏公司合并昊宇公司的合并类型及合并日。

(4) 根据资料一至资料三,计算2024年1月1日兴鹏公司个别财务报表中长期股权投资的账面价值及应计入损益的金额,并编制相关会计分录。

(5) 根据资料一至资料三,计算兴鹏公司对昊宇公司的合并成本和应确认的商誉金额,以及2024年1月1日兴鹏公司合并财务报表中应计入损益的金额。

第三部分　参考答案

一、单项选择题

1	2	3	4	5	6	7	8	9	10
D	C	D	B	C	A	B	B	A	C
11	12	13	14	15	16	17	18	19	20
B	B	D	D	C	D	A	A	C	C

难点解析:

1. 是否形成企业合并,除要看取得的资产或资产、负债组合是否构成业务之外,还要看有关交易或事项发生前后,是否引起报告主体的变化,选项D错误。

2. 同受国家控制的企业之间发生的合并不属于同一控制下企业合并,选项A错误。B公司受乙公司控制,C公司受丙公司控制,乙公司和丙公司不存在关联方关系,B公司将C公司合并属于非同一控制下企业合并,选项B错误。G公司受D公司控制,D公司受丁公司控制,E公司受戊公司控制,丁公司和戊公司同受张某、李某、王某和赵某控制(投资者群体),因此E公司合并G公司属于同一控制下企业合并,选项C正确。H公司的最终控制方并未说明,即不是题目中的任何一家公司,K公司受J公司控制,K公司合并H公司属于非同一控制下企业合并,选项D错误。

3. 合并方在合并中取得的生产经营活动或资产的组合(以下简称组合)构成业务,通常应具备下列3个要素:①投入是指原材料、人工、必要的生产技术等无形资产,以及构成生产能力的机器设备等其他长期资产的投入。②加工处理过程是指具有一定的管理能力、运营过程,能够组织投入形成产出能力的系统、标准、协议、惯例或规则。③产出包括为客户提供的产品或服务、为投资者或债权人提供的股利或利息等投资收益,以及企业日常活动产生的其他收益。选项 AB 属于投入要素,选项 C 属于产出要素。

4. 非同一控制下控股合并,合并资产负债表中被合并方的资产、负债应按公允价值进行计量,选项 B 正确。

5. 合并方为进行企业合并发生的各项直接相关费用,应计入当期损益(管理费用),选项 C 错误。

6. 同一控制下的吸收合并中,合并方取得的净资产账面价值与支付的合并对价账面价值的差额,依次冲减"资本公积""盈余公积""利润分配——未分配利润"账户,选项 A 正确。

7. 由题目可知,该合并为同一控制下企业合并,具体会计处理如下:

借：长期股权投资(20 000 000×60%)   12 000 000
     资本公积   1 800 000
     盈余公积   1 000 000
     利润分配——未分配利润   200 000
  贷：股本(15 000 000×1)   15 000 000

选项 B 正确。

8. 兴茂公司和 A 公司原控股股东不存在关联方关系,兴茂公司合并 A 公司形成非同一控制下企业合并。在购买日,兴茂公司预计 A 公司很可能完成对赌目标,因此满足将或有对价计入合并成本的条件,兴茂公司的合并成本为 8 900 万元(7 900+1 000),合并商誉为 1 900 万元(8 900－10 000×70%),选项 B 正确。选项 A 错误,未将或有对价计入合并成本;选项 C 错误,未将或有对价计入合并成本,且按照被购买方可辨认净资产账面价值的份额计算合并商誉;选项 D 错误,误以被购买方可辨认净资产账面价值的份额为基础计算合并商誉。

9. 本题属于同一控制下企业合并,长期股权投资的初始投资成本=相对于最终控制方而言的被合并方所有者权益账面价值的份额＋最终控制方收购被合并方形成的商誉。本题中,给出了相对于最终控制方而言的净资产(即所有者权益总额)账面价值为 3 200 万元,甲公司的持股比例是 60%,没有给出是否形成商誉的信息,但是明确了不考虑其他因素,所以,长期股权投资的初始投资成本为 1 920 万元(3 200×60%＋0)。

借：长期股权投资   19 200 000
  贷：股本   10 000 000
      资本公积——股本溢价   9 200 000

10. 合并商誉为 1 700 万元(8 000－9 000×70%),审计评估费在发生时计入管理费用,选项 C 正确。

11. 财务顾问费属于为企业合并发生的直接费用,计入管理费用;某些情况下,合并各方可能在合并协议中约定,根据未来一项或多项或有事项的发生,购买方通过发行额外证券、支付额外现金或其他资产等方式追加合并对价,或者要求返还之前已经支付的对价。购买方应当将合并协议约定的或有对价作为企业合并转移对价的一部分,按其在购买日的公允价值计入企业合并成本。因此,企业合并成本为 9 150 万元(1 500×6＋150)。

12. 同一控制下企业合并取得长期股权投资的入账价值 5 000 万元(6 250×80%),应确认的资本公积为 800 万元[5 000－(1 000＋3 200)],选项 B 正确。

13. 同一控制下企业合并不产生商誉,合并对价与取得被合并方可辨认净资产账面价值份额的差额计入资本公积,资本公积不足冲减的冲减留存收益。本题中,合并成本为 1 000 万元(1 000×1),取得被合并方可辨认净资产账面价值份额为 3 000 万元(5 000－2 000),所以,应计入资本公积 2 000 万元(3 000－1 000),选项 D 正确。

14. 此合并属于非同一控制下企业合并,长期股权投资投资的初始入账成本为支付对价的公允价值合计,即固定资产的公允价值 1 250 万元,选项 D 正确。

15. 无论是同一控制下企业合并还是非同一控制下企业合并,合并方为进行合并发生的各项直接相关费用都计入管理费用,选项 C 错误。

16. 非同一控制下企业合并中购买方实际支付的对价小于取得被投资方于购买日可辨认净资产公允价值份额的差额,应计入当期损益(营业外收入),选项 A 正确。同一控制下企业合并中合并方实际支付的对价与取得的被投资方于合并日净资产账面价值份额的差额调整所有者权益,选项 B 正确。无形资产是企业拥有或控制的,没有实物形态的可辨认非货币性资产,企业内部产生的商誉成本不能可靠计量,不符合资产确认条件,不应确认为一项资产,选项 C 正确。商誉不具有可辨认性,不符合无形资产定义,不应确认为无形资产,选项 D 错误。

17. 按合并后主体的法律形式不同分类,企业合并包括控股合并、吸收合并和新设合并,其中吸收合并和新设合并均只保留了一个法人资格,选项 BCD 错误,选项 A 正确。

18. 同一控制下企业合并对于投出资产的账面价值与应享有被投资单位相对于最终控制方而言的所有者权益账面价值份额的差额调整资本公积,资本公积不足冲减的,调整留存收益,选项 A 错误。

19. 同一控制下的企业合并中所称的"控制非暂时性",是指参与合并各方在合并前、后受同一方或多方控制的时间通常在 1 年以上(含 1 年),企业合并后所形成的报告主体在最终控制方的控制时间也应达到 1 年以上(含 1 年),选项 C 正确。

20. 合并日或购买日是指被合并方或被购买方净资产或生产经营决策的控制权转移给合并方或购买方的日期。本题中,2023 年 1 月 1 日 A 公司累计取得甲公司 60% 的股权,能够对甲公司实施控制,选项 C 正确。

二、多项选择题

1	2	3	4	5	6	7	8	9	10
ACD	ABD	AD	CD	ABCD	ABCD	AB	ABCD	ACD	AC
11	12	13	14	15					
ABD	ABCD	ABCD	ABC	BCD					

难点解析:

1. 参与合并各方在合并前后均受同一方或相同多方最终控制的合并,并且该控制并非暂时性的,才属于同一控制下企业合并,选项 B 错误。

2. 在同一控制下的企业合并中,合并方取得的净资产账面价值与支付的合并对价账面价值(或发行股份面值总额)的差额计入资本公积(资本溢价或股本溢价),资本公积不足冲减的冲减留存收益(盈余公积和未分配利润),选项 ABD 正确。

3. 非同一控制下企业合并,购买方合并成本大于合并中取得的被购买方可辨认净资产公允价值份额的差额,应当确认为商誉;购买方合并成本小于合并中取得的被购买方可辨认净资产公允价值份额的差额,应计入当期损益,选项 A 正确,选项 BC 错误。

4. 甲公司和 A 公司不存在关联方关系,购买日,甲公司应确认的长期股权投资入账价值(等于合并成本)为 80 000 万元(10 000×8),选项 A 错误。发行股票的手续费冲减"资本公积——股本溢价",不构成合并成本,选项 B 错误。为企业合并发生的中介费用(审计费、评估费和律师费)在发生时计入当期损益(管理费用),选项 C 正确。甲公司在购买日合理估计乙公司能够完成承诺期利润,或有对价的最佳估计数为 0;预期获得的业绩补偿 300 万元,在购买日不计入合并成本,选项 D 正确。该项企业合并应编制的会计分录为如下:

(1) 确认长期股权投资初始投资成本(入账价值)。

借:长期股权投资 800 000 000
  贷:股本 100 000 000
    资本公积——股本溢价 700 000 000

(2) 确认发行股票手续费。

借:资本公积——股本溢价 4 000 000
  贷:银行存款 4 000 000

(3) 确认审计费、评估费和律师费。

借:管理费用 8 000 000
  贷:银行存款 8 000 000

5. 无论是同一控制下企业合并,还是非同一控制下企业合并,合并方为进行合并发生的各项直接相关费用都计入管理费用,选项 A 正确。同一控制下企业合并,以账面价值为基础进行会计处理,不产生新的资产和负债,选项 BC 正确。同一控制下企业合并,合并方取得的被合并方可辨认净资产账面价值份额与支付对价账面价值的差额调整所有者权益,选项 D 正确。

6. 按照法律形式,企业合并包括吸收合并、新设合并和控股合并 3 种,选项 A 正确。达到控制,才纳入合并财务报表的编制范围,控股合并已经取得了控制权,所以被合并方要纳入合并财务报表编制范围,选项 B 正确。企业合并完成后,注销被合并方的法人资格,由合并方持有合并中取得的被合并方的资产、负债,在新的基础上继续经营,该类合并为吸收合并,选项 C 正确。参与合并的各方在企业合并后法人资格均被注销,重新注册成立一家新的企业,由新注册成立的企业持有参与合并各企业的资产、负债,并在新的基础上经营,为新设合并,选项 D 正确。

7. 企业合并成本小于合并中取得的被购买方净资产公允价值份额的部分,应计入合并当期损益。在吸收合并的情况下,上述企业合并成本小于合并中取得的被购买方可辨认净资产公允价值份额的差额,应计入购买方的合并当期的个别利润表,选项 A 正确,选项C错误。在控股合并的情况下,购买日只编制合并资产负债表,因此该差额体现在购买日合并资产负债表的留存收益中;当期期末编制合并资产负债表、合并利润表、合并现金流量表等,上述差额体现在当期期末合并利润表中的营业务收入项目中,选项B正确,选项D错误。

8. 同一控制下企业合并,合并资产负债表中被合并方的各项资产、负债,应当按其账面价值计量,选项A正确。合并利润表应当包括参与合并各方自合并当期期初至合并日所发生的收入、费用和利润,选项B正确。合并现金流量表应当包括参与合并各方自合并当期期初至合并日的现金流量,选项C正确。在同一控制下的控股合并中,应视同合并后形成的报告主体自最终控制方开始实施控制时一直是一体化存续下来的,参与合并各方在合并以前期间实现的留存收益应体现为合并财务报表中的留存收益。合并财务报表中,应以合并方的资本公积(或经调整后的资本公积中的资本溢价部分)为限,在所有者权益内部进行调整,将被合并方在合并日以前实现的留存收益中,按照持股比例计算归属于合并方的部分自资本公积转入留存收益,选项D正确。

9. 非同一控制下企业合并,合并成本为购买方支付对价的公允价值合计,包括所付出的现金、非现金资产的公允价值、发行权益性证券的公允价值等,选项ACD正确。合并方为进行企业合并发生的有关费用应计入当期损益(管理费用),选项B错误。

10. 非同一控制下的吸收合并,合并方应将取得的被合并方各项可辨认资产、负债等按其公允价值反映在个别财务报表中,选项B错误。合并成本小于合并中取得的被购买方可辨认净资产公允价值份额的差额,应计入当期损益,选项D错误。

11. 多次交换交易实现非同一控制下的控股合并,个别财务报表中的合并成本为23 000万元[(6 000+200+800)+16 000],其会计处理如下:

借:长期股权投资　　　　　　　　　　　　　　　　　　230 000 000
　　贷:长期股权投资——投资成本　　　　　　　　　　　60 000 000
　　　　　　　　　　——损益调整　　　　　　　　　　　 2 000 000
　　　　　　　　　　——其他综合收益　　　　　　　　　 8 000 000
　　　　银行存款　　　　　　　　　　　　　　　　　　160 000 000

合并财务报表中合并成本=原股权公允价值+新对价的公允价值
=8 000+16 000=24 000(万元)

原股权公允价值8 000万元与账面价值7 000万元之间的差额计入投资收益,因此在合并财务报表中需要将原股权调整为公允价值,其会计处理如下:

借:长期股权投资　　　　　　　　　　　　　　　　　　 10 000 000
　　贷:投资收益　　　　　　　　　　　　　　　　　　　10 000 000

多次交换交易实现非同一控制下的控股合并,在合并报表中,应将购买日之前所持有的被购买方的股权所涉及的其他综合收益转为购买日所属当期的投资收益,其会计处理如下:

借:其他综合收益　　　　　　　　　　　　　　　　　　　8 000 000
　　贷:投资收益　　　　　　　　　　　　　　　　　　　 8 000 000

合并商誉=24 000-36 000×(20%+40%)=2 400(万元)

综上可知,选项 ABD 正确。

12. 甲公司和乙公司合并前不存在关联方关系,属于非同一控制下的企业合并,选项 A 错误。非同一控制下企业合并,以支付对价的公允价值合计作为长期股权投资的初始入账成本,因此长期股权投资的初始入账成本为 14 000 万元,选项 B 错误。因开发尚未结束,已资本化的金额应在"开发支出"项目反映,不确认无形资产,且该项专有技术应以购买日公允价值 650 万元作为合并财务报表初始确认金额,选项 C 错误。合并成本大于购买日丙公司可辨认净资产公允价值份额的差额确认为商誉,选项 D 错误。

13. 合并日(或购买日)与股权投资的交易日可能不一致。交易日是各单项投资在投资方财务报表中确认的日期,购买日则是购买方获得对被购买方控制权的日期,选项 A 错误。企业合并按涉及行业的不同可分为横向合并、纵向合并和混合合并,选项 B 错误。分步投资实现同一控制下的控股合并,以按持股比例计算的合并日应享有被合并方所有者权益账面价值的份额作为该项股权投资的初始投资成本,选项 C 错误。非同控制下的企业合并,作为合并对价的固定资产的公允价值与账面价值之间的差额计入资产处置损益,选项 D 错误。

14. 合并方为进行企业合并发生的有关费用是指合并方为进行企业合并发生的各项直接相关费用,如为进行企业合并支付的审计费用、资产评估费用及有关的法律咨询费用等增量费用,选项 ABC 正确。

15. 同一控制下的企业合并中不产生新的商誉,选项 A 错误。

三、判断题

1	2	3	4	5	6	7	8	9	10
×	√	×	×	√	√	×	×	×	×
11	12	13	14	15	16	17	18	19	20
√	×	√	×	×	×	√	×	×	√

难点解析:

1. 合并方为进行企业合并而发生的各项相关费用,计入合并当期损益(管理费用)。

3. 同一控制下企业合并不产生新的商誉,合并对价与被合并方可辨认净资产账面价值的差额调整资本公积,资本公积不足冲减的冲减留存收益。

4. 若以发行股票的方式进行非同一控制下企业合并,则发行股票相关手续费冲减资本公积(股本溢价),资本公积不足冲减的,冲减留存收益。

7. 非同一控制下的控股合并,以支付对价的公允价值合计作为长期股权投资的初始入账成本。

8. 对于非同一控制下的控股合并,其合并成本大于合并中取得的被购买方可辨认净资产公允价值份额的部分,购买方应在其合并资产负债表中确认为商誉。

9. 控股合并的合并方通过企业合并交易或事项取得被合并方的控制权,对其形成控制。

10. 在吸收合并方式下,在企业合并后被合并方的法人资格被注销;在新设合并方式下,参与合并的各方在企业合并后法人资格均被注销。

12. 同一控制下的企业合并一般不产生新的商誉因素,即不确认新的资产,但被合并方在企业合并前账面上原已确认的商誉应作为合并中取得的资产确认。

14. 以发行权益性证券作为合并对价的,与所发行权益性证券相关的手续费、佣金等应自所发行权益性证券的溢价收入中扣除,在权益性证券发行无溢价或溢价金额不足以扣减的情况下,冲减留存收益(即盈余公积和未分配利润)。

15. 横向合并的目的是发展规模经济、实现规模效益、优势互补,提高竞争能力。纵向合并的目的往往是保证生产经营活动的配套、产供销各个环节的通畅。

18. 自购买日算起12个月内取得进一步的信息表明需对原暂时确定的企业合并成本或所取得的可辨认资产、负债的暂时性价值进行调整的,应视同在购买日发生,进行追溯调整。

19. 多次交换交易实现非同一控制下的控股合并,在个别报表中,应按原股权的账面价值与新对价的公允价值之和作为长期股权投资的初始投资成本;在合并报表中,应按原股权的公允价值与新对价的公允价值之和作为合并成本。因此,在个别报表中无须将长期股权投资调整为公允价值,在合并报表中需要按长期股权投资公允价值与账面价值的差额调整长期股权投资,同时计入投资收益。

四、实务题

1. (1) 若东方公司与华夏公司在合并前无任何关联关系,则东方公司与华夏公司的合并为非同一控制下的企业合并。

将固定资产的账面价值转入固定资产清理:

借:固定资产清理　　　　　　　　　　　　　　　　13 000 000
　　累计折旧　　　　　　　　　　　　　　　　　　 6 000 000
　　固定资产减值准备　　　　　　　　　　　　　　 1 000 000
　　贷:固定资产　　　　　　　　　　　　　　　　　20 000 000

确认长期股权投资:

长期股权投资的初始入账成本=1 800+1 400=3 200(万元)

借:长期股权投资　　　　　　　　　　　　　　　　32 000 000
　　累计摊销　　　　　　　　　　　　　　　　　　 5 000 000
　　贷:无形资产　　　　　　　　　　　　　　　　　12 000 000
　　　　资产处置损益　　　　　　　　　　　　　　　 7 000 000
　　　　固定资产清理　　　　　　　　　　　　　　　18 000 000

结转固定资产处置净损益:

借:固定资产清理　　　　　　　　　　　　　　　　 5 000 000
　　贷:资产处置损益　　　　　　　　　　　　　　　 5 000 000

支付合并费用:

借:管理费用　　　　　　　　　　　　　　　　　　　 300 000
　　贷:银行存款　　　　　　　　　　　　　　　　　 300 000

商誉=3 200-4 000×70%=400(万元)

(2) 若东方公司与华夏公司在合并前同受兴茂公司控制,则东方公司与华夏公司的合并为同一控制下的企业合并。

将固定资产的账面价值转入固定资产清理：

借：固定资产清理	13 000 000
累计折旧	6 000 000
固定资产减值准备	1 000 000
贷：固定资产	20 000 000

确认长期股权投资：

长期股权投资的初始入账成本＝3 200×70％＝2 240（万元）

借：长期股权投资	22 400 000
累计摊销	5 000 000
贷：无形资产	12 000 000
固定资产清理	13 000 000
资本公积	2 400 000

支付合并费用：

借：管理费用	300 000
贷：银行存款	300 000

2.（1）合并后盛达公司注销，则合并类型为非同一控制下的吸收合并。

合并商誉＝3 000×3.3－9 500＝9 900－9 500＝400（万元）

合并产生的资本公积＝3 000×3.3－3 000＝6 900（万元）

相关会计分录如下：

借：银行存款	25 000 000
库存商品	15 500 000
固定资产	67 000 000
商誉	4 000 000
贷：长期借款	12 500 000
股本	30 000 000
资本公积——股本溢价	69 000 000
借：资本公积——股本溢价	400 000
贷：银行存款	400 000
借：管理费用	650 000
贷：银行存款	650 000

（2）合并后德瑞公司和盛达公司仍继续存在，则合并类型为非同一控制下的控股合并。

合并产生的资本公积＝3 000×3.3－3 000＝6 900（万元）

相关会计分录如下：

借：长期股权投资	99 000 000
贷：股本	30 000 000
资本公积——股本溢价	69 000 000

借：资本公积——股本溢价　　　　　　　　　　　　　　　　　　400 000
　　贷：银行存款　　　　　　　　　　　　　　　　　　　　　　　　　400 000

借：管理费用　　　　　　　　　　　　　　　　　　　　　　　　650 000
　　贷：银行存款　　　　　　　　　　　　　　　　　　　　　　　　　650 000

3.（1）2023年1月1日,昌盛公司投资乙公司的会计分录如下：

借：固定资产清理　　　　　　　　　　　　　　　　　　　　65 000 000
　　累计折旧　　　　　　　　　　　　　　　　　　　　　　10 000 000
　　固定资产减值准备　　　　　　　　　　　　　　　　　　 5 000 000
　　贷：固定资产　　　　　　　　　　　　　　　　　　　　　　80 000 000

借：长期股权投资　　　　　　　　　　　　　　　　　　　 370 000 000
　　贷：固定资产清理　　　　　　　　　　　　　　　　　　　 120 000 000
　　　　股本　　　　　　　　　　　　　　　　　　　　　　　 25 000 000
　　　　资本公积——股本溢价　　　　　　　　　　　　　　　 225 000 000

借：固定资产清理　　　　　　　　　　　　　　　　　　　　55 000 000
　　贷：资产处置损益　　　　　　　　　　　　　　　　　　　 55 000 000

（2）昌盛公司在合并报表中确认的商誉。

商誉＝37 000－45 000×80％＝1 000(万元)

（3）2024年1月6日,丙公司所取得的乙公司股权投资的初始投资成本。

2024年1月6日合并日乙公司的净资产在昌盛公司编制的合并报表上的账面价值＝45 000＋5 000－2 000÷5＋1 000＝49 600＋1 000＝50 600(万元)

丙公司长期股权投资初始成本＝49 600×80％＋1 000＝40 680(万元)

（4）2024年1月6日,丙公司取得乙公司股权的会计分录如下：

借：长期股权投资　　　　　　　　　　　　　　　　　　　406 800 000
　　贷：股本　　　　　　　　　　　　　　　　　　　　　　　60 000 000
　　　　资本公积——股本溢价　　　　　　　　　　　　　　 346 800 000

4.（1）假设兴茂公司与芳嘉公司在合并前无任何关联关系。

若合并后芳嘉公司注销,则该合并为非同一控制下的吸收合并：

商誉＝(600＋900)－(30＋510＋950＋200－430)＝240(万元)

借：银行存款　　　　　　　　　　　　　　　　　　　　　　 300 000
　　库存商品　　　　　　　　　　　　　　　　　　　　　　5 100 000
　　固定资产　　　　　　　　　　　　　　　　　　　　　　9 500 000
　　无形资产　　　　　　　　　　　　　　　　　　　　　　2 000 000
　　商誉　　　　　　　　　　　　　　　　　　　　　　　　2 400 000
　　贷：应付账款　　　　　　　　　　　　　　　　　　　　　 4 300 000
　　　　银行存款　　　　　　　　　　　　　　　　　　　　　 9 000 000
　　　　其他业务收入　　　　　　　　　　　　　　　　　　　 6 000 000

借：其他业务成本　　　　　　　　　　　　　　　　　　　　4 000 000
　　贷：原材料　　　　　　　　　　　　　　　　　　　　　　 4 000 000

若合并后兴茂公司与芳嘉公司仍继续存在,则该合并为非同一控制下的控股合并:
长期股权投资的初始入账成本＝600＋900＝1 500(万元)

借：长期股权投资　　　　　　　　　　　　　　　　　　　　　　　　15 000 000
　　贷：银行存款　　　　　　　　　　　　　　　　　　　　　　　　　9 000 000
　　　　其他业务收入　　　　　　　　　　　　　　　　　　　　　　　6 000 000
借：其他业务成本　　　　　　　　　　　　　　　　　　　　　　　　　4 000 000
　　贷：原材料　　　　　　　　　　　　　　　　　　　　　　　　　　4 000 000

(2) 假设兴茂公司与芳嘉公司在合并属于同一企业集团。
若合并后芳嘉公司注销,则该合并为同一控制下的吸收合并:
调整的资本公积金额＝(400＋900)－(200＋300＋700)＝100(万元)

借：银行存款　　　　　　　　　　　　　　　　　　　　　　　　　　　　300 000
　　库存商品　　　　　　　　　　　　　　　　　　　　　　　　　　　5 000 000
　　固定资产　　　　　　　　　　　　　　　　　　　　　　　　　　　9 000 000
　　无形资产　　　　　　　　　　　　　　　　　　　　　　　　　　　2 000 000
　　资本公积　　　　　　　　　　　　　　　　　　　　　　　　　　　1 000 000
　　贷：应付账款　　　　　　　　　　　　　　　　　　　　　　　　　4 300 000
　　　　银行存款　　　　　　　　　　　　　　　　　　　　　　　　　9 000 000
　　　　原材料　　　　　　　　　　　　　　　　　　　　　　　　　　4 000 000

若合并后兴茂公司与芳嘉公司仍继续存在,则该合并为同一控制下的控股合并:
长期股权投资的初始入账成本＝(200＋300＋700)×100％＝1 200(万元)
调整的资本公积金额＝(400＋900)－(200＋300＋700)＝100(万元)

借：长期股权投资　　　　　　　　　　　　　　　　　　　　　　　　12 000 000
　　资本公积　　　　　　　　　　　　　　　　　　　　　　　　　　　1 000 000
　　贷：银行存款　　　　　　　　　　　　　　　　　　　　　　　　　9 000 000
　　　　原材料　　　　　　　　　　　　　　　　　　　　　　　　　　4 000 000

五、资料题

(1) 2023年4月1日,兴鹏公司取得昊宇公司30％股权的投资成本。
长期股权投资的初始投资成本＝2 000×5＝10 000(万元)

借：长期股权投资——投资成本　　　　　　　　　　　　　　　　　100 000 000
　　贷：股本　　　　　　　　　　　　　　　　　　　　　　　　　　20 000 000
　　　　资本公积——股本溢价　　　　　　　　　　　　　　　　　　80 000 000
借：资本公积——股本溢价　　　　　　　　　　　　　　　　　　　　8 000 000
　　贷：银行存款　　　　　　　　　　　　　　　　　　　　　　　　　8 000 000

(2) 2023年兴鹏公司应确认的投资收益＝[2 200－(1 800－600)÷10]×(9÷12)×30％＝468(万元)

借：长期股权投资——损益调整　　　　　　　　　　　　　　　　　　4 680 000
　　　　　　　　　——其他综合收益　　　　　　　　　　　　　　　　1 800 000

贷：投资收益　　　　　　　　　　　　　　　　　　　　　　　　4 680 000
　　　其他综合收益　　　　　　　　　　　　　　　　　　　　　1 800 000

（3）兴鹏公司合并昊宇公司属于多次交换交易实现非同一控制下企业合并。合并日为2024年1月1日。

（4）2024年1月1日兴鹏公司个别财务报表长期股权投资的账面价值＝(10 000＋468＋180)＋(12 000＋600)＝23 248(万元)

2024年1月1日兴鹏公司个别财务报表中应计入损益的金额＝(12 000－5 000)＋[600－(1 000－650)]＝7 250(万元)

借：固定资产清理　　　　　　　　　　　　　　　　　　　　　3 500 000
　　累计折旧　　　　　　　　　　　　　　　　　　　　　　　6 500 000
　贷：固定资产　　　　　　　　　　　　　　　　　　　　　　10 000 000

借：长期股权投资　　　　　　　　　　　　　　　　　　　　　232 480 000
　贷：固定资产清理　　　　　　　　　　　　　　　　　　　　6 000 000
　　　无形资产　　　　　　　　　　　　　　　　　　　　　　50 000 000
　　　资产处置损益　　　　　　　　　　　　　　　　　　　　70 000 000
　　　长期股权投资——投资成本　　　　　　　　　　　　　　100 000 000
　　　　　　——损益调整　　　　　　　　　　　　　　　　　4 680 000
　　　　　　——其他综合收益　　　　　　　　　　　　　　　1 800 000

借：固定资产清理　　　　　　　　　　　　　　　　　　　　　2 500 000
　贷：资产处置损益　　　　　　　　　　　　　　　　　　　　2 500 000

（5）兴鹏公司对昊宇公司的合并成本＝12 500＋(12 000＋600)＝25 100(万元)

商誉＝25 100－36 000×(30％＋30％)＝3 500(万元)

2024年1月1日兴鹏公司合并财务报表中应计入损益的金额＝(12 000－5 000)＋[600－(1 000－650)]＋(12 500－10 000－468－180)＋180＝9 282(万元)

第十章 合并财务报表

第一部分 内容概要

一、合并财务报表概述

(一) 合并财务报表的概念及特点

合并财务报表又称合并会计报表,它是以母公司及其子公司形成的企业集团为会计主体,以母公司及其子公司单独编制的个别财务报表为基础,由母公司编制,综合反映母公司和其全部子公司形成的企业集团整体财务状况、经营成果和现金流量的财务报表。合并财务报表的特点如图10-1所示。

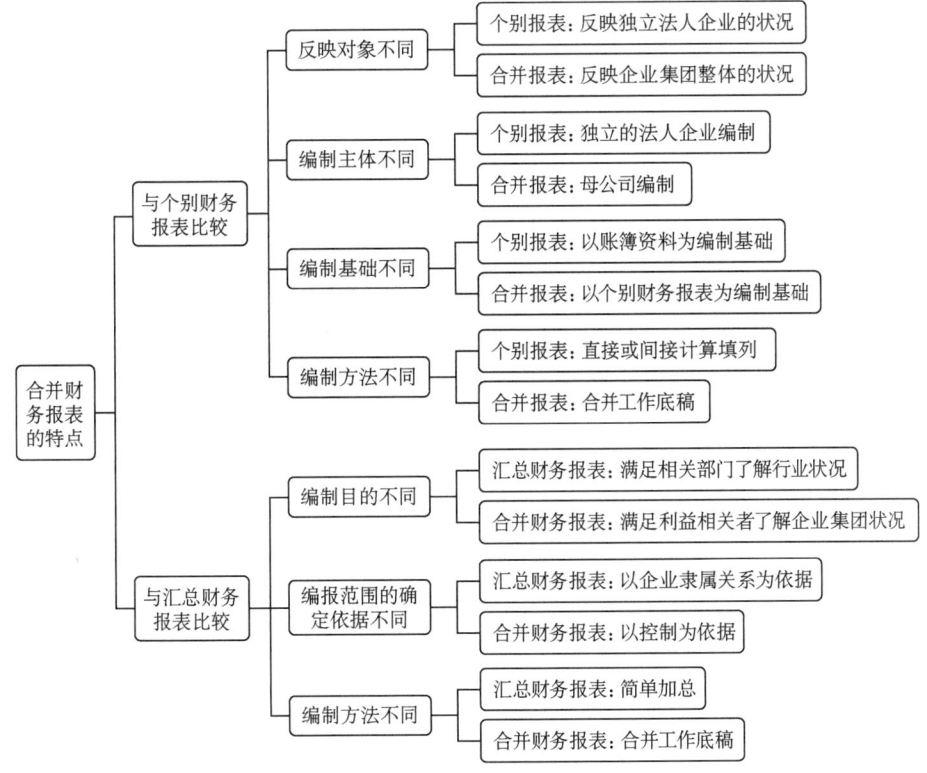

图10-1 合并财务报表的特点

(二) 合并财务报表的分类

1. 按反映的具体内容分类

合并财务报表按反映的具体内容不同分类,可分为合并资产负债表、合并利润表、合并所有者权益变动表、合并现金流量表及附注。

2. 按编制时间及目的分类

合并财务报表按编制时间及目的不同分类,可分为合并日合并财务报表和合并日后合并财务报表。同一控制下的企业合并,母公司在合并日编制的合并报表包括合并资产负债表、期初至合并日的合并利润表和合并现金流量表;非同一控制下的企业合并,母公司在购买日只编制合并资产负债表。

二、合并范围的确定

(一)合并范围的确定原则

《企业会计准则第33号——合并财务报表》规定,合并财务报表的合并范围应以控制为基础予以确定。如果母公司是投资性主体,则只应将那些为投资性主体的投资活动提供相应服务的子公司纳入合并范围。

(二)母公司与子公司

母公司是指控制一个或一个以上主体的主体,子公司是指被母公司控制的主体。

(三)控制

控制是指投资方拥有对被投资方的权力,通过参与被投资方的相关活动而享有可变回报,并且有能力运用对被投资方的权力影响其回报金额。控制的三要素如图10-2所示。

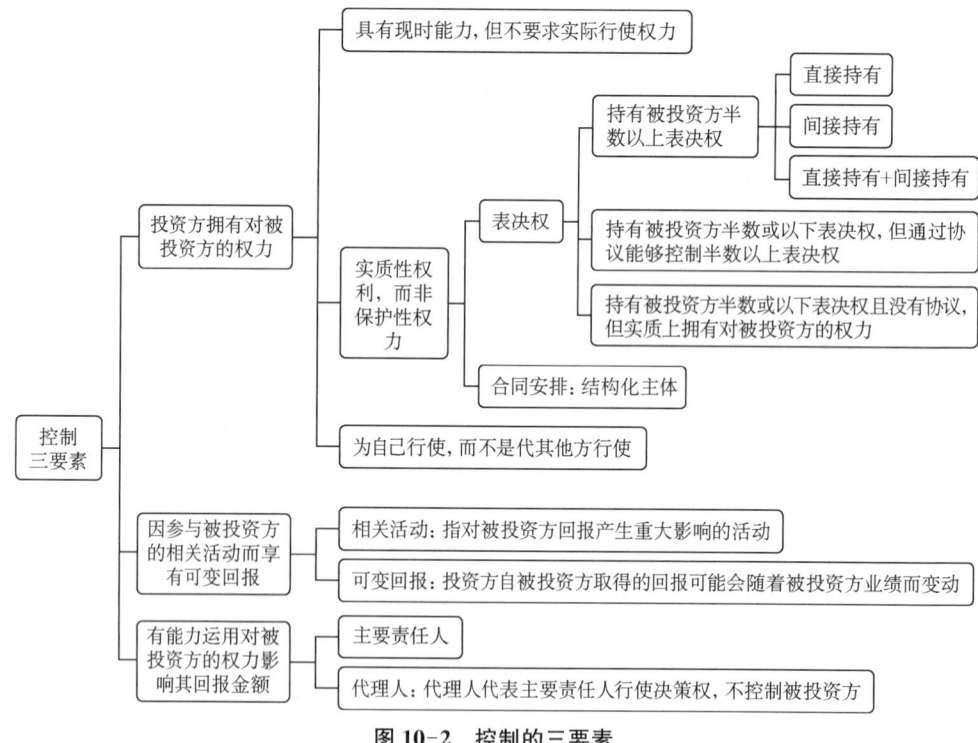

图10-2 控制的三要素

三、合并财务报表的编制

(一)合并财务报表的编制原则

合并财务报表的编制除应遵循财务报表编制的一般原则和要求外,还应当遵循以下原则和要求：①以个别财务报表为基础编制。②一体性原则。③重要性原则。

(二) 合并财务报表的编制前期准备

合并财务报表编制的前期准备事项主要包括以下内容：①统一母子公司的会计政策。②统一母子公司的资产负债表日及会计期间。③对子公司以外币表示的财务报表进行折算。④收集编制合并财务报表的相关资料。

(三) 合并财务报表的编制程序

合并财务报表的编制程序如下：①设置合并工作底稿。②将母公司、纳入合并范围的子公司个别资产负债表、利润表及所有者权益变动表各项目的数据过入合并工作底稿，并对数据进行加总，计算得出各项目合计数金额。③编制调整分录与抵销分录。④计算合并财务报表各项目的合并数额。⑤填列合并财务报表。

四、长期股权投资与所有者权益的合并处理

(一) 同一控制下企业合并长期股权投资与所有者权益的合并处理

1. 合并日合并财务报表工作底稿中的抵销处理

(1) 抵销子公司所有者权益与母公司确认的长期股权投资。

借：股本
　　资本公积
　　其他综合收益　　（子公司报告价值）
　　盈余公积
　　未分配利润
　贷：长期股权投资　　（母公司对子公司长期股权投资报告价值）
　　　少数股东权益　　（子公司股东权益×少数股东持股比例）

(2) 根据子公司合并前留存收益中母公司享有部分调整母公司股东权益。

借：资本公积　　　　　（子公司合并前留存收益×母公司持股比例）
　贷：盈余公积　　　　（子公司合并前盈余公积×母公司持股比例）
　　　未分配利润　　　（子公司合并前未分配利润×母公司持股比例）

2. 合并日后合并财务报表工作底稿中的调整、抵销处理

1) 按权益法调整对子公司的长期股权投资

长期股权投资由成本法调整为权益法的相关分录如表 10-1 所示。

表 10-1　　长期股权投资由成本法调整为权益法的相关分录

项目		追溯调整分录
调整净损益的影响	调整取得日至上期期末净损益的影响	调整金额 = $\left(\begin{array}{l}\text{取得日至上期期末} \\ \text{子公司累计实现净损益}\end{array} - \begin{array}{l}\text{取得日至上期期末} \\ \text{子公司累计分派现金股利}\end{array}\right)$ × 母公司持股比例 借：长期股权投资 　贷：未分配利润——年初（或相反会计分录）
	调整本期净损益的影响	调整金额 = $\left(\begin{array}{l}\text{本期子公司} \\ \text{累计实现净损益}\end{array} - \begin{array}{l}\text{本期子公司} \\ \text{累计分派现金股利}\end{array}\right)$ × 母公司持股比例 借：长期股权投资 　贷：投资收益（或相反会计分录）

(续表)

项目	追溯调整分录
调整其他综合收益的影响	调整金额 = 取得日至本期期末子公司其他综合收益累计变动金额 × 母公司持股比例 借：长期股权投资 　　贷：其他综合收益（或相反会计分录）
调整其他权益变动的影响	调整金额 = 取得日至本期期末子公司其他权益变动累计变动金额 × 母公司持股比例 借：长期股权投资 　　贷：资本公积（或相反会计分录）

2）合并抵销处理

（1）将母公司对子公司的股权投资余额与子公司的股东权益余额相抵销。

借：股本　　　　　　　　　　　⎫
　　资本公积　　　　　　　　　｜
　　其他综合收益　　　　　　　⎬（子公司期末报告价值）
　　盈余公积　　　　　　　　　｜
　　未分配利润——年末　　　　⎭
　　贷：长期股权投资　　　　　（母公司对子公司的长期股权投资按权益法调整后的金额）
　　　　少数股东权益　　　　　（子公司期末股东权益×少数股东持股比例）

（2）将母公司股权投资收益与子公司分配给母公司股利相抵销。

借：投资收益　　　　　　　　　（子公司当年实现净利润×母公司持股比例）
　　少数股东损益　　　　　　　（子公司当年实现净利润×少数股东持股比例）
　　未分配利润——年初　　　　（子公司年初未分配利润）
　　贷：对所有者(股东)的分配　（子公司本期分配的利润）
　　　　本期提取盈余公积　　　（子公司本期提取的盈余公积）
　　　　未分配利润——年末　　（子公司年末未分配利润）

（3）结转子公司合并前实现的留存收益中归属于母公司的部分。

借：资本公积　　　　　　　　　（子公司合并前留存收益×母公司持股比例）
　　贷：盈余公积　　　　　　　（子公司合并前盈余公积×母公司持股比例）
　　　　未分配利润——年初　　（子公司合并前未分配利润×母公司持股比例）

(二) 非同一控制下企业合并长期股权投资与所有者权益的合并处理

1. 合并日合并财务报表工作底稿中的抵销处理

1）一次交换交易实现非同一控制下控股合并

（1）将子公司可辨认净资产调整至公允价值。

借：（或贷）有关资产　　　　　（购买日子公司有关资产公允价值与账面价值的差额）
　　贷：（或借）有关负债　　　（购买日子公司有关负债公允价值与账面价值的差额）
　　　　（或借）资本公积　　　（差额）

（2）将母公司对子公司的股权投资与子公司调整后的股东权益相抵销。

商誉＝母公司合并成本－购买日子公司可辨认净资产公允价值×母公司持股比例

借：股本
　　资本公积
　　其他综合收益　　　　　　　（购买日子公司可辨认净资产公允价值）A
　　盈余公积
　　未分配利润
　　商誉　　　　　　　　　　　（B 大于 A×母公司持股比例的差额）D1
　　贷：长期股权投资　　　　　（母公司对该子公司长股权投资报告价值）B
　　　　少数股东权益　　　　　（A×少数股东持股比例）C
　　　（或）未分配利润　　　　（B 小于 A×母公司持股比例的差额）D2

2）分步实现非同一控制下控股合并

(1) 对购买日之前持有的股权投资，按其在合并日的公允价值重新计量。

借：长期股权投资　　　　（原股权在合并日的公允价值－原股权在合并日的账面价值）
　　贷：投资收益

(2) 购买日之前持有的股权涉及的其他综合收益转为购买日所属当期投资收益。

借：其他综合收益
　　贷：投资收益

或相反会计分录。

(3) 将子公司可辨认净资产调整至公允价值。

借：（或贷）有关资产　　　　（购买日子公司有关资产公允价值与账面价值的差额）
　　贷：（或借）有关负债　　（购买日子公司有关负债公允价值与账面价值的差额）
　　（或借）资本公积　　　　（差额）

(4) 将母公司对子公司的股权投资与子公司调整后的股东权益相抵销。
合并成本＝原股权在购买日的公允价值＋新支付对价的公允价值
合并商誉＝合并成本－购买日被购买方可辨认净资产公允价值×母公司持股比例

借：股本
　　资本公积
　　其他综合收益　　　　　　　（购买日子公司可辨认净资产公允价值）A
　　盈余公积
　　未分配利润
　　商誉　　　　　　　　　　　（B 大于 A×母公司持股比例的差额）D1
　　贷：长期股权投资　　　　　（长期股权投资调整后的价值）B
　　　　少数股东权益　　　　　（A×少数股东持股比例）C
　　　（或）未分配利润　　　　（B 小于 A×母公司持股比例的差额）D2

2. 合并日后合并财务报表工作底稿中的调整、抵销处理

(1) 对子公司的个别财务报表进行调整。若不存在会计政策和会计期间不一致的情况，则无须对子公司的个别财务报表进行调整。

(2) 调整子公司可辨认净资产账面价值与公允价值的差额。

借：(或贷)有关资产　　　　　　　(购买日子公司有关资产公允价值与账面价值的差额)
　　贷：(或借)有关负债　　　　　　(购买日子公司有关负债公允价值与账面价值的差额)
　　　　(或借)资本公积　　　　　　(差额)

借：(或贷)未分配利润——年初　　　(以前年度成本费用差异)
　　(或贷)管理费用/销售费用/营业成本等　(本年度成本费用差异)
　　贷：(或借)固定资产——累计折旧/无形资产——累计摊销/存货等

(3) 按权益法调整对子公司的长期股权投资。长期股权投资由成本法调整为权益法的相关分录如表 10-2 所示。

表 10-2　　　　　　长期股权投资由成本法调整为权益法的相关分录

项目		追溯调整分录
调整净损益的影响	调整取得日至上期期末净损益的影响	调整金额 = (取得日至上期期末子公司调整后累计实现净损益 − 取得日至上期期末子公司累计分派现金股利) × 母公司持股比例 借：长期股权投资 　　贷：未分配利润——年初(或相反会计分录)
	调整本期净损益的影响	调整金额 = (本期子公司调整后累计实现净损益 − 本期子公司累计分派现金股利) × 母公司持股比例 借：长期股权投资 　　贷：投资收益(或相反会计分录)
调整其他综合收益的影响		调整金额 = 取得日至本期期末子公司其他综合收益累计变动金额 × 母公司持股比例 借：长期股权投资 　　贷：其他综合收益
调整其他权益变动的影响		调整金额 = 取得日至本期期末子公司其他权益变动累计变动金额 × 母公司持股比例 借：长期股权投资 　　贷：资本公积

(4) 将母公司对子公司调整后的股权投资与子公司调整后的股东权益相抵销。

商誉＝母公司合并成本−购买日子公司可辨认净资产公允价值×母公司持股比例

借：股本
　　资本公积
　　其他综合收益　　　　　　　　(子公司调整后期末报告价值)A
　　盈余公积
　　未分配利润——年末
　　商誉　　　　　　　　　　　　(B 大于 A×母公司持股比例的差额)D1
　　贷：长期股权投资　　　　　　(母公司对子公司长期股权投资调整后价值)B
　　　　少数股东权益　　　　　　(A×少数股东持股比例)C
　　(或)未分配利润——年初　　　(B 小于 A×母公司持股比例的差额)D2

(5) 将母公司股权投资收益与子公司分配给母公司股利相抵销。

借：投资收益　　　　　　　　　　（子公司调整后当年实现净利润×母公司持股比例）
　　少数股东损益　　　　　　　　（子公司调整后当年实现净利润×少数股东持股比例）
　　未分配利润——年初　　　　　（子公司年初未分配利润）
　　贷：对所有者(股东)的分配　　（子公司本期分配的利润）
　　　　本期提取盈余公积　　　　（子公司本期提取的盈余公积）
　　　　未分配利润——年末　　　（子公司年末未分配利润）

五、内部交易的合并处理

(一) 内部存货交易的抵销处理

1. 当期内部购进商品的抵销处理

(1) 内部购进的商品当期全部实现对外销售的抵销处理。

借：营业收入　　　　　　（内部销售价格）
　　贷：营业成本　　　　（内部销售价格）

(2) 内部购进的商品未实现对外销售的抵销处理。

借：营业收入　　　　　　（内部销售价格）
　　贷：营业成本　　　　（存货成本）
　　　　存货　　　　　　（未实现内部销售损益＝内部销售价格－存货成本）

(3) 内部购进的商品部分实现对外销售的抵销处理。

借：营业收入　　　　　　（内部销售价格）
　　贷：营业成本　　　　（内部销售价格×对外销售百分比＋存货成本×尚未对外销售百分比）
　　　　存货　　　　　　（内部销售利润×尚未对外销售百分比）

2. 连续编制合并财务报表时内部购进商品的抵销处理

(1) 抵销以前年度内部存货交易未实现利润对期初未分配利润的影响。

借：未分配利润——年初　　（以前内部购进存货价值中包含的未实现内部销售损益）
　　贷：营业成本

(2) 抵销当年发生的内部存货交易。

借：营业收入　　　　　　（内部销售价格）
　　贷：营业成本　　　　（内部销售价格）

(3) 抵销期末存货价值中包含的未实现内部交易利润。

借：营业成本
　　贷：存货　　　　　　（期末存货价值中包含的未实现内部销售损益）

3. 存货跌价准备的合并处理

(1) 初次编制合并财务报表时存货跌价准备的合并处理。

期末内部购进存货的可变现净值低于其取得成本,但高于销售企业的销售成本。

借:存货　　　　　　　　　　　　　　(个别报表计提的跌价准备)
　　贷:资产减值损失

期末内部购进存货的可变现净值既低于内部销售价格,又低于销售企业的取得成本。

借:存货　　　　　　　　　　　　　　(内部交易价格高于销售企业取得成本的数额)
　　贷:资产减值损失

(2) 连续编制合并财务报表时存货跌价准备的合并处理。

将上期资产减值损失中抵销的存货跌价准备对本期期初未分配利润的影响予以抵销。

借:存货/营业成本　　　　　　　　　(上期抵销的存货跌价准备的数额)
　　贷:未分配利润——年初

抵销本期对内部购进存货在个别财务报表中补提或冲销的存货跌价准备的数额。

借:(或贷)存货
　　贷:(或借)资产减值损失

(二) 内部固定资产或无形资产交易的抵销处理

1. 内部交易形成的固定资产或无形资产在购入当期的抵销处理

(1) 抵销与内部交易形成的固定资产或无形资产原价中包含的未实现内部销售损益。

企业集团内部产品销售给其他企业作为固定资产或无形资产的抵销处理。

借:营业收入　　　　　　　　　　　　(内部交易销售方的收入)
　　贷:营业成本　　　　　　　　　　(内部交易销售方的成本)
　　　　固定资产——原价/无形资产——原价(未实现内部销售损益)

企业集团内部固定资产或无形资产销售给其他企业作为固定资产或无形资产的抵销。

借:资产处置损益　　　　　　　　　　(内部交易价格高于资产原账面价值的差额)
　　贷:固定资产——原价/无形资产——原价

若内部交易价格低于资产原账面价值,则作与上述相反的会计处理。

(2) 抵销内部交易形成的资产当期多计提的折旧或摊销。

借:固定资产——累计折旧/无形资产——累计摊销
　　贷:管理费用等　　　　　　　　　(当年多计提的折旧或摊销)

2. 到期前使用期间各期末的抵销处理

(1) 抵销内部交易形成的资产原价中包含的未实现内部销售损益。

借:未分配利润——年初　　　　　　　(原价中包含的未实现内部销售损益)
　　贷:固定资产——原价/无形资产——原价

(2) 抵销以前会计期间内部交易形成的资产多计提的折旧或摊销。

借:固定资产——累计折旧/无形资产——累计摊销
　　贷:未分配利润——年初　　　　　(以前期间内部交易形成的资产多计提的折旧或摊销)

(3) 抵销本期内部交易形成的资产多计提的折旧或摊销。

借：固定资产——累计折旧/无形资产——累计摊销
　　贷：管理费用等　　　　　　　　　　　　（本期内部交易形成的资产多计提的折旧或摊销）

3. 到期后至清理前各使用期间各期末的抵销处理

借：固定资产——累计折旧/无形资产——累计摊销
　　贷：固定资产——原价/无形资产——原价　（原价中包含的未实现内部销售损益）

4. 清理期的抵销处理

(1) 内部销售形成的固定资产或无形资产使用寿命未满提前进行清理时的抵销处理。

借：未分配利润——年初
　　贷：资产处置损益　　　　　　　　　　　（尚未按未实现利润多提的折旧或摊销）
　　　　管理费用等　　　　　　　　　　　　（当年按未实现利润多提的折旧或摊销）

(2) 内部销售形成的固定资产或无形资产使用寿命届满进行清理时的抵销处理。

借：未分配利润——年初
　　贷：管理费用等　　　　　　　　　　　　（当年按未实现利润多提的折旧或摊销）

(3) 内部销售形成的固定资产或无形资产超期使用进行清理时，无须编制抵销分录。

六、内部债权债务的合并处理

1. 内部债权债务余额的抵销

借：债务类报表项目
　　贷：债权类报表项目

2. 与内部债权债务相关的利息收益、利息费用的抵销

借：投资收益
　　贷：财务费用/在建工程等

3. 内部应收账款计提坏账准备的抵销

(1) 抵销内部应收账款坏账准备的期初余额。

借：应收账款——坏账准备　　　　　　　　　（内部应收账款期初坏账准备的余额）
　　贷：未分配利润——年初

(2) 抵销本期计提或转回的内部应收账款坏账准备金额。

借：应收账款——坏账准备　　　　　　　　　（本期计提的内部应收账款坏账准备金额）
　　贷：信用减值损失

若本期为转回内部应收账款坏账准备，则作与上述抵销分录相反的分录。

七、合并现金流量表的编制

编制合并现金流量表时，主要应对以下内部经济事项进行抵销：

（1）抵销集团内部以现金投资或收购股权增加的投资所产生的现金流量。

借：投资支付的现金
贷：吸收投资收到的现金/收回投资收到的现金

（2）抵销集团内部取得投资收益收到的现金与分配股利、利润或偿付利息支付的现金。

借：分配股利、利润或偿付利息支付的现金
贷：取得投资收益收到的现金

（3）抵销集团内部以现金结算债权与债务所产生的现金流量。

借：购买商品、接受劳务支付的现金/支付的其他与经营活动有关的现金等
贷：销售商品、提供劳务收到的现金/收到的其他与经营活动有关的现金等

（4）抵销集团内部当期销售商品所产生的现金流量。

借：购买商品、接受劳务支付的现金
　　购建固定资产、无形资产和其他长期资产所支付的现金等
贷：销售商品、提供劳务收到的现金

（5）抵销集团内部处置固定资产等收回的现金净额与购建固定资产等支付的现金。

借：购建固定资产、无形资产和其他长期资产支付的现金
贷：处置固定资产、无形资产和其他长期资产收回的现金净额

第二部分　练　习　题

一、单项选择题

1. 合并财务报表的合并范围,应以（　　）为基础确定。
   A. 控制　　　　　　B. 共同控制　　　　C. 重大影响　　　　D. 一般影响

2. 下列关于合并财务报表编制的表述中,不正确的是（　　）。
   A. 合并财务报表编制前应当对子公司以外币表示的财务报表进行折算
   B. 合并财务报表编制前应当统一母公司的会计政策和会计估计
   C. 对于非同一控制下控股合并,企业应当设置备查簿,以记录被购买方各项可辨认资产、负债及或有负债等在购买日的公允价值
   D. 应当将整个企业集团视为一个会计主体,抵销母公司与子公司、子公司相互之间发生的经济业务对合并财务报表的财务状况、经营成果和现金流量产生的影响

3. 下列各项中,不属于合并财务报表编制的前提及准备事项的是（　　）。
   A. 统一母子公司的会计政策
   B. 统一母子公司的会计管理体制
   C. 对子公司以外币表示的财务报表进行折算
   D. 统一母子公司的资产负债表日及会计期间

4. 下列各项中,不应纳入母公司合并财务报表范围的是（　　）。

A. 转移资金能力受限的子公司
B. 业务与母公司有显著差别的子公司
C. 由法院指定的破产管理人主导的处于清算阶段的子公司
D. 与母公司及其他子公司的规模有显著差别的子公司

5. 合并财务报表的会计主体是(　　)。
   A. 母公司   B. 子公司
   C. 母公司和子公司组成的企业集团   D. 母公司的会计部门

6. 甲公司拥有乙公司、丙公司和丁公司表决权资本的比例分别为75%、50%和35%；乙公司拥有丁公司和戊公司表决权资本的比例分别为30%和70%。不考虑其他影响因素的影响,则不应纳入甲公司合并财务报表范围的是(　　)。
   A. 乙公司   B. 丙公司   C. 丁公司   D. 戊公司

7. 下列各项中,与个别财务报表相比,不属于合并财务报表特点的是(　　)。
   A. 反映对象不同   B. 编制主体不同
   C. 编制基础不同   D. 编制目的不同

8. 编制合并财务报表前,需要统一母子公司会计政策。子公司所采用的会计政策与母公司不一致的,应按照(　　)的会计政策对子公司财务报告进行必要的调整,或者要求子公司按照(　　)的会计政策另行编制财务报告。
   A. 母公司,子公司   B. 子公司,母公司
   C. 母公司,母公司   D. 子公司,子公司

9. 根据我国企业会计准则的规定,母公司日常对子公司的长期股权投资核算应采用(　　),在编制合并财务报表时,应将其调整为(　　)。
   A. 权益法,成本法   B. 权益法,权益法
   C. 成本法,成本法   D. 成本法,权益法

10. 编制非同一控制下控股合并控制权取得日后合并财务表时,将子公司的各项资产及负债调整成公允价值时应计入(　　)。
    A. 公允价值变动损益   B. 投资收益
    C. 资本公积   D. 其他综合收益

11. 将期初内部交易管理用固定资产多提的折旧额抵销时,应进行的会计处理是(　　)。
    A. 借记"未分配利润(期初)"项目,贷记"管理费用"项目
    B. 借记"固定资产——累计折旧"项目,贷记"管理费用"项目
    C. 借记"固定资产——累计折旧"项目,贷记"未分配利润(期初)"项目
    D. 借记"未分配利润(期初)"项目,贷记"固定资产——累计折旧"项目

12. 下列关于同一控制下企业合并会计处理的表述中,不正确的是(　　)。
    A. 进行合并日会计处理时,不存在转让资产账面价值和公允价值的差额
    B. 编制合并财务报表时,取得被合并方净资产按照账面价值确认应有份额的金额
    C. 编制合并财务报表时不存在合并商誉
    D. 编制合并财务报表时有可能存在合并商誉,需要抵销

13. 下列各项中,非同一控制下的企业合并在合并日需要编制的财务报表是(　　)。
    A. 合并资产负债表   B. 合并利润表

C. 合并所有者权益变动表　　　　　　D. 合并现金流量表

14. 编制合并日后同一控制下控股合并的合并报表时,母公司调整后的长期股权投资抵销子公司的一部分所有者权益项目,另一部分计入(　　)。
    A. 营业外收入　　　　　　　　　　B. 少数股东权益
    C. 商誉　　　　　　　　　　　　　D. 资本公积

15. 下列关于企业合并的说法中,正确的是(　　)。
    A. 内部购进的存货全部未对外销售时,合并工作底稿中应编制的抵销分录为:借记"营业收入"项目,贷记"营业成本"项目
    B. 非同一控制下企业合并,在母公司确认的长期股权投资初始投资成本大于购买时享有子公司可辨认净资产公允价值的差额,应以"商誉"项目在合并资产负债表中列示
    C. 非同一控制下企业合并,合并日后资产负债表日只编制合并资产负债表
    D. 抵销企业集团成员间的应收股利和应付股利时,合并工作底稿中应编制的抵销分录为:借记"应付股利"项目,贷记"应收股利"项目

16. A公司为B公司的母公司,能够控制B公司。2023年11月1日,A公司将一批商品出售给B公司,售价为1 000万元,销售成本为800万元。B公司取得后作为存货核算,至2023年年末B公司对外出售该批存货的30%。不考虑相关税费等其他因素的影响,2023年年末A公司编制合并财务报表时,应抵销"存货"项目的金额是(　　)万元。
    A. 140　　　　B. 200　　　　C. 60　　　　D. 0

17. 甲公司和乙公司不属于同一控制下的公司,2024年1月1日,甲公司以银行存款780万元取得乙公司所有者权益80%,另支付相关税费3万元。同日,乙公司所有者权益账面价值为1 000万元,可辨认净资产公允价值为1 100万元。2024年1月1日,甲公司应确认的合并成本金额为(　　)万元。
    A. 780　　　　B. 783　　　　C. 880　　　　D. 800

18. A公司是B公司的母公司,2023年11月,A公司将成本为60 000元的产品以76 000元的价格出售给B公司,截至2023年年末,该产品尚未出售,则在编制合并财务报表时,抵销分录中应冲减的存货金额为(　　)元。
    A. 0　　　　B. 60 000　　　　C. 80 000　　　　D. 16 000

19. A公司为B公司的母公司,2023年8月1日,A公司将一批商品出售给B公司,商品售价为100万元,成本为65万元。B公司取得后作为存货核算,至2023年年末B公司将该批存货全部对外出售。不考虑其他因素的影响,则2023年年末A公司编制合并财务报表时,应抵销"存货"项目的金额为(　　)万元。
    A. 10.5　　　　B. 35　　　　C. 24.5　　　　D. 0

20. 甲公司拥有乙公司60%的有表决权的股份,能够控制乙公司的财务和经营决策。2023年4月1日,甲公司将生产的产品出售给乙公司,售价500万元(不含增值税),成本为400万元。至2023年年末,乙公司已对外出售该批存货的80%,且对剩余部分未计提减值准备。则甲公司2023年编制合并财务报表时,因该事项应抵销的营业成本金额为(　　)万元。
    A. 20　　　　B. 400　　　　C. 480　　　　D. 80

21. 甲公司拥有乙公司60%的有表决权的股份,能够控制乙公司的财务和经营决策。2023年4月1日,甲公司将生产的产品出售给乙公司,售价500万元(不含增值税),成本为400万元。

至 2023 年年末,乙公司已对外出售该批存货的 80%,且对剩余部分未计提减值准备。则甲公司 2023 年合并利润表中,因该事项应列示的营业成本金额为（　　）万元。

A. 320　　　　　B. 400　　　　　C. 240　　　　　D. 160

22. 2023 年 7 月 15 日,母公司将成本为 65 000 元的产品以 80 000 元的价格销售给子公司,本期该产品尚未实现对外销售。期末该产品的可变现净值为 71 000 元。则编制合并财务报表时,应抵销存货跌价准备（　　）元。

A. 0　　　　　B. 15 000　　　　　C. 9 000　　　　　D. 6 000

23. 甲公司对乙公司进行股权投资,占有表决权股份的 70%,甲公司能够控制乙公司。2023 年 6 月 30 日,甲公司将一台设备出售给乙公司,该设备的原值为 300 万元,已提折旧 100 万元,未计提减值准备,售价为 240 万元。乙公司作为管理用固定资产核算,预计使用 5 年,预计净残值为 0,采用年限平均法计提折旧。不考虑其他相关因素的影响,甲公司在编制 2023 年合并财务报表时应抵销"固定资产"项目的金额为（　　）万元。

A. 8　　　　　B. 4　　　　　C. 32　　　　　D. 36

24. 甲公司是乙公司的母公司。2022 年 6 月 30 日,甲公司将其生产成本为 120 万元的产品以 200 万元的价格销售给乙公司,乙公司将该产品作为固定资产核算,预计使用 5 年,预计净残值为 0,采用年限平均法计提折旧。不考虑其他因素的影响,该固定资产在甲公司 2023 年 12 月 31 日合并资产负债表中列示的金额为（　　）万元。

A. 72　　　　　B. 84　　　　　C. 160　　　　　D. 140

25. 母公司"应收账款"项目年初余额为 70 万元（其中应收子公司 55 万元）;"应收账款"项目年末余额为 90 万元（其中应收子公司 60 万元）。年末编制合并财务报表时,应抵销"应收账款"和"应付账款"项目的金额是（　　）万元。

A. 20　　　　　B. 30　　　　　C. 60　　　　　D. 90

26. 2023 年 8 月 12 日,甲公司从子公司购进一台设备,该设备成本为 435 万元,售价为 480 万元,该设备当月投入使用,预计使用年限为 5 年,净残值为 0,采用年限平均法计提折旧。甲公司 2023 年年末编制合并财务报表时,应抵销固定资产内部交易多计提的折旧金额为（　　）万元。

A. 3　　　　　B. 3.75　　　　　C. 29　　　　　D. 32

27. 2022 年年末,母公司对子公司应收账款的余额为 250 万元;2023 年年末,母公司对子公司应收账款的余额为 200 万元。母公司按应收账款余额的 0.5% 计提坏账准备,2022 年为首次计提坏账准备。则 2023 年年末母公司编制合并报表时,抵销内部应收账款计提的坏账准备的会计分录为（　　）。

A. 借:应收账款——坏账准备　　　　　　　　　　　　　　　　10 000
　　　贷:信用减值损失　　　　　　　　　　　　　　　　　　　　　　10 000
B. 借:信用减值损失　　　　　　　　　　　　　　　　　　　　　2 500
　　　贷:应收账款——坏账准备　　　　　　　　　　　　　　　　　　2 500
C. 借:应收账款——坏账准备　　　　　　　　　　　　　　　　12 500
　　　贷:信用减值损失　　　　　　　　　　　　　　　　　　　　　　12 500
D. 借:坏账准备　　　　　　　　　　　　　　　　　　　　　　　12 500
　　　贷:未分配利润——年初　　　　　　　　　　　　　　　　　　　12 500

28. 母公司当期销售一批产品给子公司,产品成本为 60 万元,售价为 80 万元。截至当期期末,子公司已对外销售该批存货的 60%,取得收入 50 万元。不考虑其他因素的影响,子公司期末存货价值中包含的未实现内部销售利润为(　　)万元。
    A. 4.8　　　　　B. 0.8　　　　　C. 1.2　　　　　D. 3.2

29. 2023 年 9 月 7 日,母公司将成本为 50 000 元的商品销售给子公司,售价为 60 000 元。截至 2023 年 12 月 31 日,子公司已将该批存货对外销售 40%。不考虑其他因素的影响,2023 年合并利润表中该事项应列示的营业成本为(　　)元。
    A. 600 000　　　B. 50 000　　　C. 24 000　　　D. 20 000

30. 2023 年 8 月 10 日,母公司将成本为 600 万元的存货以 1 000 万元的价格销售给子公司。至 2023 年 12 月 31 日,子公司已将该批存货对外销售 60%,售价为 700 万元。不考虑其他因素的影响,2023 年合并利润表中该事项应列示的营业收入为(　　)万元。
    A. 1 000　　　　B. 1 700　　　　C. 600　　　　　D. 700

二、多项选择题

1. 即使一个参与合并的主体未获得另一参与合并主体一半以上的表决权,它仍有可能获得对另一主体的控制权,其条件包括(　　)。
    A. 通过与其他投资者之间的协议,获得对另一主体一半以上的表决权的权力
    B. 通过法律或协议,获得另一主体的财务和经营政策的权力
    C. 获得任命或解除另一主体董事会或类似治理机构大多数成员的权力
    D. 获得在另一主体董事会会议或类似治理机构中投多数票的权力

2. 下列关于控制的表述中,正确的有(　　)。
    A. 投资方在判断其能否控制被投资方时,应该综合考虑所有相关事实和情况
    B. 投资方对被投资方拥有权力,并能够运用此权力影响回报金额
    C. 权力表明投资方主导被投资方相关活动的现时能力,同时要求投资方实际行使其权力
    D. 权力是一种实质性权利,而不是保护性权利

3. 下列各项中,投资方在确定合并财务报表合并范围时应考虑的因素有(　　)。
    A. 被投资方的设立目的
    B. 投方是否拥有被投资方的权力
    C. 投资方是否通过参与被投资方的相关活动而享有可变回报
    D. 投资方是否有能力运用对被投资方的权力影响其回报金额

4. 同一控制下的企业合并,控股合并的母公司在合并日应当编制的合并财务报表种类包括(　　)。
    A. 合并利润表　　　　　　　　　　B. 合并资产负债表
    C. 合并现金流量表　　　　　　　　D. 合并所有者权益变动表

5. 母公司在编制合并财务报表时,对子公司采用的会计政策与其不一致的情形进行的会计处理中正确的有(　　)。
    A. 按照子公司的会计政策另行编报母公司的财务报表
    B. 要求子公司按照母公司的会计政策另行编报子公司的财务报表

C. 按照母公司的会计政策对子公司财务报表进行必要的调整
D. 按照子公司的会计政策对母公司的财务报表进行必要的调整

6. 下列各项中,相对于个别财务报表,仅属于企业合并财务报表项目的有( )。
   A. 少数股东权益
   B. 债权投资
   C. 少数股东损益
   D. 投资收益

7. 下列各项中,企业编制合并财务报表时,需要进行抵销处理的有( )。
   A. 母公司对子公司长期股权投资与对应子公司所有者权益中所享有的份额
   B. 母公司和子公司之间的债权债务
   C. 母公司向子公司转让无形资产价款中包含的未实现内部销售利润
   D. 子公司对母公司销售商品价款中包含的未实现内部销售利润

8. 在同一控制企业合并中,对于被合并方在企业合并前实现的留存收益中归属于合并方的部分,在合并工作底稿中应编制的调整分录中可能涉及的项目有( )。
   A. 其他综合收益
   B. 盈余公积
   C. 未分配利润
   D. 资本公积

9. 下列关于合并财务报表的说法中,不正确的有( )。
   A. 编制合并工作底稿中的调整、抵销分录时应使用会计账户
   B. 编制合并财务报表前,需要统一母公司和子公司的固定资产折旧年限
   C. "少数股东损益"属于合并资产负债表项目
   D. 如果母公司是投资性主体,则只应将那些为投资性主体的投资活动提供相应服务的子公司纳入合并范围

10. 将内部交易形成的固定资产中包含的当期未实现内部销售利润抵销时,可能编制的分录有( )。
    A. 借记"营业收入"项目,贷记"营业成本""固定资产——原价"项目
    B. 借记"主营业务收入"项目,贷记"固定资产——原价"项目
    C. 借记"营业利润"项目,贷记"固定资产——原价"项目
    D. 借记"资产处置损益"项目,贷记"固定资产——原价"项目

11. 同一控制下企业合并,当母公司拥有子公司全部股权,母公司对子公司长期股权投资项目与子公司所有者权益项目进行抵销时,借方可能涉及的项目有( )。
    A. 商誉
    B. 资本公积
    C. 其他综合收益
    D. 盈余公积

12. 一般情况下,投资方持有被投资方半数以上表决权时,证明对被投资方拥有权力。假设拥有半数以上表决权,但投资方不对被投资方拥有权力的情形有( )。
    A. 被投资方相关活动被法院、接管人、清算人等其他方主导
    B. 根据公司章程规定相关活动需经过有表决权股份2/3以上方可通过
    C. 拥有的表决权并不是实质性权利
    D. 不具有主导相关活动的现时能力

13. 甲公司为乙公司的母公司,2023年7月1日,乙公司将其自用的一项非专利技术转让给甲公司,售价为500万元。该非专利技术的原值为800万元,已计提摊销500万元,已计提减值准备50万元。甲公司取得该非专利技术后将其作为管理用无形资产核算,预计

尚可使用5年,无残值,采用直线法计提摊销(与乙公司会计估计相同)。不考虑其他因素的影响,下列关于甲公司年末编制合并财务报表会计处理的表述中,正确的有(　　)。

A. 抵销资产处置收益250万元　　　　B. 抵销管理费用25万元

C. 抵销无形资产250万元　　　　　　D. 抵销未分配利润250万元

14. 甲公司是乙公司的母公司,2023年9月22日,乙公司出售商品给甲公司,售价210万元,成本150万元。至2023年12月31日,甲公司从乙公司购买的商品对外出售60%,售价120万元。下列关于甲公司合并财务报表会计处理的表述中,正确的有(　　)。

A. 抵销营业收入210万元　　　　　　B. 抵销营业成本186万元

C. 抵销存货24万元　　　　　　　　　D. 确认营业收入120万元

15. 甲公司是乙公司的母公司,2023年3月1日,甲公司向乙公司销售一件产品,产品销售价格为220万元,成本为160万元。乙公司将购入的该产品作为管理用固定资产核算,并于当日投入使用,产品预计使用寿命10年,预计净残值为0,采用年限平均法计提折旧。不考虑其他因素的影响,甲公司编制2023年合并财务报表时,对于该内部交易的抵销分录处理正确的有(　　)。

A. 抵销营业收入220万元　　　　　　B. 抵销营业成本160万元

C. 抵销管理费用5万元　　　　　　　D. 抵销固定资产60万元

16. 下列各项中,因母公司持有子公司长期股权投资在合并报表中抵销投资收益时,可能涉及的报表项目有(　　)。

A. 资本公积　　　　　　　　　　　　B. 本期提取盈余公积

C. 少数股东权益　　　　　　　　　　D. 少数股东损益

17. 甲公司直接投资占乙公司有表决权股份的49.8%,根据公司章程规定,拥有50%以上表决权可主导相关活动。下列甲公司发生的交易或事项中,能够表明甲公司对乙公司拥有权力的有(　　)。

A. 甲公司购买乙公司发行的可转换公司债券,6个月后转股可取得乙公司0.5%的股份

B. 甲公司另一合营企业A公司持有乙公司1%的股权投资

C. 甲公司另一全资子公司B公司持有乙公司1.2%的表决权股份

D. 甲公司另一联营企业C公司持有乙公司2%的表决权股份

18. 下列内部债权债务项目中,在编制合并财务报表时应予以抵销的有(　　)。

A. 应收票据和应付票据

B. 预付账款和应付账款

C. 债权投资和应付债券

D. 其他应收款和其他应付款

19. 下列各项中,在编制合并财务报表时,需要通过"未分配利润——年初"账户予以抵销的有(　　)。

A. 内部存货交易中期末存货未实现利润

B. 内部存货交易中期初存货未实现利润

C. 内部固定资产交易的期初未实现利润

D. 内部期初应收账款计提的坏账准备

20. 甲公司是乙公司的母公司。2022年年末,甲公司对乙公司的应收账款为500万元;

2023年年末,甲公司对乙公司的应收账款为600万元。甲公司坏账准备的计提比例为1%。则甲公司2023年合并财务报表工作底稿中应编制的抵销分录包括( )。

A. 借：应付账款　　　　　　　　　　　　　　　　　　　　　　6 000 000
　　贷：应收账款　　　　　　　　　　　　　　　　　　　　　　　6 000 000
B. 借：应收账款——坏账准备　　　　　　　　　　　　　　　　　50 000
　　贷：未分配利润——年初　　　　　　　　　　　　　　　　　　　50 000
C. 借：应收账款——坏账准备　　　　　　　　　　　　　　　　　10 000
　　贷：信用减值损失　　　　　　　　　　　　　　　　　　　　　　10 000
D. 借：应收账款——坏账准备　　　　　　　　　　　　　　　　　60 000
　　贷：信用减值损失　　　　　　　　　　　　　　　　　　　　　　60 000

三、判断题

1. 合并日同一控制下企业合并只需要编制合并资产负债表。　　　　　　（　　）
2. 合并财务报表的会计主体同时也一定是法律主体。　　　　　　　　　（　　）
3. 在编制合并财务报表时,母公司不能将已被人民法院宣告破产的子公司纳入合并范围。　　　　　　　　　　　　　　　　　　　　　　　　　　　　　　（　　）
4. 合并财务报表根据母公司和子公司的账簿编制。　　　　　　　　　　（　　）
5. 虽然甲企业对乙企业的持股比例在50%以下,但也有可能控制乙企业。（　　）
6. 计算合并财务报表各项目的数额时,对于合并资产负债表,根据加总的所有者权益类项目的数额,加上抵销分录的贷方发生额,减去抵销分录的借方发生额,计算得出所有者权益类项目的合并数额。　　　　　　　　　　　　　　　　　　　　（　　）
7. 在合并财务报表工作底稿中编制的有关抵销分录,能作为记账的依据。（　　）
8. 合并财务报表中,少数股东权益项目的列报金额不能为负数。　　　　（　　）
9. 内部销售形成的固定资产超期使用进行清理时,需要按照当年多提的折旧额借记"未分配利润——年初"账户,贷记"管理费用"账户。　　　　　　　　　　　　（　　）
10. 购买日非同一控制下企业合并,长期股权投资成本小于合并中取得的被购买方可辨认净资产公允价值份额的差额计入营业外收入。　　　　　　　　　　　　（　　）
11. 合并日同一控制下企业合并,长期股权投资成本大于合并中取得的被合并方可辨认净资产账面价值份额的差额计入所有者权益。　　　　　　　　　　　　（　　）
12. 合并日后编制合并财务报表时,需要将成本法核算的长期股权投资按照权益法进行调整。　　　　　　　　　　　　　　　　　　　　　　　　　　　　　　　（　　）
13. 在非同一控制下企业合并,子公司的净资产公允价值与账面价值之间的差额应该调整留存收益。　　　　　　　　　　　　　　　　　　　　　　　　　　　　（　　）
14. 企业集团内部某企业将自身生产的产品销售给企业集团内的其他企业作为管理用固定资产,期末应编制的抵销分录为:借记"主营业务收入"项目,贷记"主营业务成本"和"固定资产"项目。　　　　　　　　　　　　　　　　　　　　　　（　　）
15. "少数股东权益"为合并资产负债表项目。　　　　　　　　　　　　　（　　）
16. 内部交易存货若全部对外销售,则期末编制合并报表时,应按照内部交易价格借记"营业收入"账户,同时按照内部交易价格贷记"营业成本"账户。　　　　（　　）

17. 在企业集团母公司将存货出售给子公司的情况下,如果子公司将该存货销售给企业集团,则年末编制合并财务报表时不需要编制抵销分录。　　　　　　　　（　　）
18. 抵销内部应收账款坏账准备的期初余额时,借记"坏账准备"账户,贷记"信用减值损失"账户。　　　　　　　　　　　　　　　　　　　　　　　　　　　　　　（　　）
19. 同一控制下企业合并中按一体化存续原则,在合并财务报表上,对被合并方在企业合并前实现的留存收益中归属于合并方的部分,应自合并方资本公积(资本溢价或股本溢价)转入留存收益。　　　　　　　　　　　　　　　　　　　　　　　　　　（　　）
20. 母公司对子公司的债权投资与子公司应付债券抵销时出现的差额,应当计入合并利润表的"投资收益"或"财务费用"项目。　　　　　　　　　　　　　　　　　　（　　）

四、实务题

1. X 公司与 Y 公司分别属于不同的企业集团。2023 年 1 月 1 日,X 公司以银行存款 1 500 万元购入 Y 公司 80% 的股份,X 公司在个别资产负债表中采用成本法核算该项长期股权投资。

　　2023 年 1 月 1 日,Y 公司股东权益总额账面价值为 1 400 万元,其中股本为 800 万元、资本公积为 600 万元。在购买日 Y 公司账上有一项管理用固定资产公允价值高出账面价值 100 万元,使用寿命 20 年,采用直线法计提折旧。其他资产、负债均可辨认,且公允价值均等于账面价值。

　　2023 年 Y 公司实现净利润 400 万元,提取法定盈余公积 40 万元,宣告分派现金股利 250 万元。

　　2023 年 12 月 31 日,Y 公司股东权益总额账面价值为 1 550 万元,其中股本为 800 万元、资本公积为 600 万元、盈余公积为 40 万元、未分配利润为 110 万元。

　　已知:①Y 公司会计政策和会计期间与 X 公司一致,Y 公司账上各项资产负债均为可辨认的资产、负债。②不考虑企业所得税等其他因素的影响。
要求:若你是 X 公司的财务人员,请根据上述资料,回答下列问题。
(1) 计算合并过程中产生的商誉。
(2) 编制购买日的调整分录和抵销分录。
(3) 编制 2023 年年末将 Y 公司可辨认净资产由账面价值调整为公允价值的分录。
(4) 编制 2023 年年末将长期股权投资由成本法调整为权益法的调整分录。
(5) 编制 2023 年年末将母公司长期股权投资与子公司所有者权益抵销的分录。
(6) 编制 2023 年年末将母公司投资收益与子公司股利分配抵销的分录。

2. 甲公司与乙公司为非同一控制下的两个公司。

　　资料 1:2022 年 10 月 31 日,甲公司用账面价值为 400 万元、公允价值为 500 万元的库存商品和 800 万元银行存款取得乙公司 80% 有表决权的股份,以银行存款支付与合并相关的法律咨询费、评估费等共 12 万元。购买日,乙公司有关资产、负债情况如表 10-3 所示。

表 10-3　　　　　　　　　　　乙公司资产、负债情况　　　　　　　　　　单位:万元

项目	账面价值	公允价值
银行存款	30	30
存货	500	510
固定资产	900	950
无形资产	200	200
应付账款	430	430
股本	200	—
资本公积	300	—
未分配利润	700	—

资料2:2022年母公司甲将一批商品销售给子公司乙,售价为20万元,成本为16万元。乙公司当年对集团外部销售其中的60%;剩余40%形成乙公司的期末存货。2023年乙公司将2022年内部交易剩余存货的50%向集团外部销售,2023年甲、乙公司之间没有新的商品销售业务。

上述事项均不考虑企业所得税等其他因素的影响。

要求:若你是甲公司的财务人员,请根据上述资料,回答下列问题。

(1) 根据资料1,编制甲公司购买日与取得长期股权投资相关的会计分录。

(2) 根据资料1,计算商誉的金额。

(3) 根据资料1,编制2022年10月31日合并工作底稿中的相关调整分录与抵销分录。

(4) 根据资料2,编制2022年年末合并工作底稿中与内部存货交易相关的抵销分录。

(5) 根据资料2,编制2023年年末合并工作底稿中与内部存货交易相关的抵销分录。

3. 瑞美公司是一家主要从事电子设备生产和销售的上市公司,因业务发展需要,瑞美公司对甲公司进行了长期股权投资。瑞美公司和甲公司在该投资交易达成前,相互间不存在关联方关系,且均为增值税一般纳税人,适用的增值税税率均为13%;销售价格均不含增值税税额,瑞美公司普通股面值为1元/股。

资料1:2023年1月1日,瑞美公司定向增发本公司普通股股票500万股给A公司,A公司以其所持有甲公司70%的股权作为支付对价。2023年1月1日瑞美公司普通股收盘价为每股15.50元。瑞美公司为定向增发普通股股票,支付佣金和手续费120万元;为进行合并对甲公司资产进行评估发生评估费用90万元,相关款项已通过银行存款支付。投资当日,甲公司的可辨认净资产公允价值与账面价值均为10 000万元(其中,股本4 000万元,资本公积1 800万元,盈余公积800万元,未分配利润3 400万元)。

资料2:瑞美公司在编制2023年合并财务报表时,相关资料及业务处理如下:2023年9月24日,瑞美公司向甲公司赊销一批产品,销售价格为1 000万元,增值税税额为130万元,实际成本为700万元;相关应收款项至年末尚未收到,瑞美公司对其计提了坏账准备5万元。甲公司在2023年度已将该批产品全部向外部独立第三方销售。

上述事项均不考虑企业所得税等其他因素的影响。

要求:若你是瑞美公司的财务人员,请根据上述资料,回答下列问题。

(1) 根据资料1,编制瑞美公司与取得长期股权投资、支付发行股票手续费及支付合并评估费相关的会计分录。

(2) 根据资料1,计算购买日合并报表中少数股东权益的金额。

(3) 根据资料1,计算商誉的金额。

(4) 根据资料1,编制购买日将母公司长期股权投资与子公司股东权益抵销的分录。

(5) 根据资料2,编制2023年年末合并工作底稿中与内部商品购销相关的抵销分录。

(6) 根据资料2,编制2023年年末合并工作底稿中与内部债权债务相关的抵销分录。

4. 兴茂公司2023年发生的有关交易或事项如下：

资料1:2023年1月1日,兴茂公司发行5 000万股普通股作为对价,购买乙公司60%的股权,当日办理了股权过户登记手续,兴茂公司与乙公司不存在关联关系。兴茂公司所发行股份的面值为每股1元,公允价值为每股10元。另外,兴茂公司以银行存款支付与乙公司股权评估相关的费用150万元。

2023年1月1日,乙公司可辨认净资产账面价值为65 000万元,其中,股本25 000万元,资本公积5 000万元,盈余公积26 000万元,未分配利润9 000万元;可辨认净资产的公允价值为80 000万元。公允价值与账面价值的差额为一宗土地增值15 000万元,其他资产和负债的账面价值等于公允价值。

资料2:2023年6月25日,兴茂公司出售其生产的设备给乙公司,含税售价为2 825万元(其中,设备价款为2 500万元,增值税税额为325万元),销售成本为2 000万元。乙公司将购买的设备作为管理用固定资产,并在2023年6月28日投入使用,该设备预计使用10年,预计净残值为0,采用年限平均法计提折旧。截至2023年12月31日,兴茂公司尚未收到款项,兴茂公司按应收款项余额的5%计提了坏账准备。

上述事项均不考虑企业所得税等其他因素的影响。

要求:若你是兴茂公司的财务人员,请根据上述资料,回答下列问题。

(1) 根据资料1,编制与取得长期股权投资相关的会计分录。

(2) 根据资料1,计算合并商誉的金额。

(3) 根据资料1,编制购买日合并工作底稿中的相关调整分录和抵销分录。

(4) 根据资料2,编制2023年年末合并工作底稿中与固定资产相关的抵销分录。

(5) 根据资料2,编制2023年年末合并工作底稿中与内部债权债务相关的抵销分录。

5. 恒信股份有限公司(以下简称"恒信公司")为上市公司,与合并相关的资料如下:

资料1:2023年1月1日,恒信公司以银行存款1 300万元自东方公司购入A公司90%的股份,发生合并费用3万元。东方公司是恒信公司母公司的全资子公司。

A公司2023年1月1日股东权益总额为1 600万元,其中股本为800万元、资本公积为300万元、盈余公积为260万元、未分配利润为240万元。

A公司2023年1月1日可辨认净资产的公允价值为1 800万元。

资料2:2023年,A公司调整以后净利润为250万元,A公司提取盈余公积25万元。

资料3:2024年A公司从恒信公司购进W商品400件,购买价格为每件2万元。恒信公司W商品每件成本为1.5万元。2024年A公司对外销售W商品300件,每件销售价格为2.2万元;年末结存W商品100件。

资料4:2024年12月31日,W商品每件可变现净值为1.8万元,A公司对W商品计提存货跌价准备 20 万元。

上述事项均不考虑企业所得税等其他因素的影响。

要求：若你是恒信公司的财务人员，请根据上述资料，回答下列问题。

(1) 根据资料 1，编制 2023 年 1 月 1 日购入 A 公司 90% 股权的相关会计分录。

(2) 根据资料 2，编制 2023 年年末合并工作底稿中将长期股权投资由成本法调整为权益法的调整分录。

(3) 根据资料 2，编制 2023 年年末合并工作底稿中长期股权投资与 A 公司所有者权益抵销的分录。

(4) 根据资料 2，编制 2023 年年末合并工作底稿中抵销来自 A 公司投资收益的相关分录。

(5) 根据资料 3，编制 2024 年年末合并工作底稿中与内部商品交易相关的抵销分录。

(6) 根据资料 4，编制 2024 年年末合并工作底稿中与内部存货跌价相关的抵销分录。

6. 兴茂公司、顺德公司合并前不具有关联方关系，采用的会计政策、会计期间一致。2023 年有关长期股权投资及内部交易或事项如下：

(1) 2023 年 1 月 1 日，兴茂公司以银行存款 34 800 万元取得了顺德公司 80% 有表决权的股份，相关手续于当日办理完成，取得了对顺德公司的控制权。

顺德公司当日可辨认净资产的账面价值为 40 000 万元（其中，股本 12 000 万元，资本公积 6 000 万元，盈余公积 4 000 万元，其他综合收益 1 000 万元，未分配利润 17 000 万元）。除一批存货和一栋管理用办公大楼外，其余可辨认资产、负债的公允价值与其账面价值均相同。该批存货的账面价值为 500 万元，经评估的公允价值为 700 万元。该栋办公大楼账面价值为 4 500 万元，评估的公允价值为 7 300 万元。

(2) 2023 年 1 月 1 日，兴茂公司、顺德公司均预计管理用办公大楼尚可使用 10 年，预计净残值为 0，采用年限平均法计提折旧。截至 2023 年 12 月 31 日，购买日发生评估增值的存货已对外销售 70%。

(3) 2023 年，顺德公司实现净利润 8 000 万元，提取法定盈余公积 800 万元，因投资性房地产由成本模式计量转为公允价值模式计量，导致其他综合收益增加 400 万元。

上述事项均不考虑增值税、企业所得税等其他因素的影响。

要求：若你是兴茂公司的财务人员，请根据上述资料，回答下列问题。

(1) 编制购买日取得顺德公司 80% 股权的相关会计分录。

(2) 编制购买日合并工作底稿中与顺德公司资产相关的调整分录。

(3) 分别计算购买日合并资产负债表中的商誉和少数股东权益的金额。

(4) 编制购买日长期股权投资与子公司所有者权益抵销的分录。

(5) 编制 2023 年年末与合并资产负债表、合并利润表相关的调整分录和抵销分录。

7. 2020 年 12 月 10 日，兴茂公司向其子公司 W 公司出售一批产品，售价为 600 000 元，成本为 400 000 元。W 公司购入后作为管理用固定资产使用。该公司固定资产使用年限为 5 年，预计净残值为 0，采用年限平均法计提折旧。2024 年 9 月 30 日，W 公司以 170 000 元将该设备销售给集团外的 K 公司。

假设不考虑增值税、企业所得税等因素的影响。

要求：若你是兴茂公司的财务人员，请根据上述资料编制 2020—2024 年每年年末合并工作底稿中与内部交易固定资产相关的抵销分录。

8. 2021年11月8日,兴茂公司向其子公司H公司出售一批产品,售价为25 000元,成本为20 000元。至2024年12月31日,H公司尚未将该批产品售出企业集团。2021年12月31日,该批产品的可变现净值为22 000元;2022年12月31日,该批产品的可变现净值为17 000元;2023年12月31日,该批存货的可变现净值为18 000元;2024年12月31日,该批存货的可变现净值为21 500元。

假设不考虑企业所得税等因素的影响。

要求:若你是兴茂公司的财务人员,请根据上述资料编制2021—2024年每年年末合并工作底稿中与内部交易存货相关的抵销分录。

五、资料题

兴茂公司财务人员丁艳根据公司发生的经济业务进行了相关会计处理,具体资料如下:

资料一:2022年1月1日,兴茂公司以银行存款20 000万元自非关联方购入大兴公司80%有表决权的股份,取得对大兴公司的控制权。当日,大兴公司可辨认净资产账面价值与公允价值均为23 000万元(其中,股本6 000万元,资本公积4 800万元,盈余公积1 200万元,未分配利润11 000万元)。

(1) 确认长期股权投资的会计分录。

借:长期股权投资	184 000 000
资本公积	16 000 000
贷:银行存款	200 000 000

(2) 购买日,长期股权投资与子公司所有者权益抵销的分录。

借:股本	60 000 000
资本公积	48 000 000
盈余公积	12 000 000
未分配利润	110 000 000
贷:长期股权投资	184 000 000
少数股东权益	46 000 000

资料二:2022年,大兴公司实现净利润6 000万元,提取法定盈余公积600万元,向股东分配现金股利3 000万元;因持有的其他权益工具投资公允价值上升,计入当期其他综合收益的金额为400万元。

(3) 2022年合并工作底稿中将长期股权投资由成本法调整为权益法。

借:长期股权投资	51 200 000
贷:投资收益	48 000 000
其他综合收益	3 200 000

(4) 2022年合并工作底稿中母公司长期股权投资与子公司所有者权益抵销的分录。

借:股本	60 000 000
资本公积	48 000 000
盈余公积	18 000 000
未分配利润	134 000 000

  贷：长期股权投资   235 200 000
    少数股东损益   24 800 000

（5）2022 年合并工作底稿中母公司投资收益与子公司股利分配抵销的分录。

  借：投资收益   48 000 000
    少数股东损益   12 000 000
    未分配利润——年初   110 000 000
  贷：本期提取盈余公积   6 000 000
    对所有者（股东）的分配   30 000 000
    未分配利润——年末   134 000 000

  资料三：2023 年 3 月 9 日，大兴公司向兴茂公司赊销 Y 产品，售价为 2 000 万元，成本为 1 400 万元。截至 2023 年年末，兴茂公司已向集团外销售 Y 产品的 60%，剩余存货可变现净值为 600 万元，兴茂公司计提了 200 万元的存货跌价准备。截至 2023 年年末，大兴公司应收兴茂公司的款项 2 000 万元尚未收回，大兴公司计提坏账准备 100 万元。

  2023 年 6 月 30 日，兴茂公司将其生产的成本为 900 万元的 Q 产品以 1 200 万元的价格出售给大兴公司，款项于当日收存银行。大兴公司取得后作为管理部门的固定资产，预计使用年限为 5 年，预计净产值为 0，采用年限平均法计提折旧。

（6）2023 年合并工作底稿中与内部存货交易相关的抵销分录。

  借：主营业务收入   20 000 000
  贷：主营业务成本   14 000 000
    库存商品   6 000 000

（7）2023 年合并工作底稿中与内部债权债务相关的抵销分录。

  借：应付账款   20 000 000
  贷：应收账款   20 000 000

（8）2023 年合并工作底稿中与内部固定资产交易相关的抵销分录。

  借：主营业务收入   12 000 000
  贷：主营业务成本   9 000 000
    固定资产   3 000 000

  借：累计折旧   300 000
  贷：管理费用   300 000

  资料四：至 2024 年 12 月 31 日，兴茂公司支付了 2023 年欠大兴公司的货款 2 000 万元。

（9）针对兴茂公司支付所欠大兴公司货款的事项，丁艳在合并工作底稿中未作处理。

  已知：①兴茂公司和大兴公司合并前不存在关联方关系，双方采用的会计政策和会计期间相同。②不考虑增值税、企业所得税等其他因素的影响。

  要求：若你是公司的财务总监，请根据上述资料逐项判断财务人员丁艳（1）—（9）的会计处理是否正确；若不正确，请说明理由并指导丁艳做出正确的会计处理。

第三部分 参 考 答 案

一、单项选择题

1	2	3	4	5	6	7	8	9	10
A	B	B	C	C	B	D	C	D	C
11	12	13	14	15	16	17	18	19	20
C	D	A	B	B	A	A	D	D	C
21	22	23	24	25	26	27	28	29	30
A	C	D	B	C	A	B	B	D	D

难点解析：

1.《企业会计准则第33号——合并财务报表》规定，合并财务报表的合并范围应以控制为基础予以确定，选项A正确。

2. 合并财务报表编制前应当统一母子公司的会计政策和会计期间，但无须统一会计估计，选项B错误。

3. 合并财务报表编制的前期准备事项包括：①统一母子公司的会计政策。②统一母子公司的资产负债表日及会计期间。③对子公司以外币表示的财务报表进行折算。④收集编制合并财务报表的相关资料。选项ACD属于前期准备事项，选项B不属于编制合并财务报表的前期准备事项。

4. 纳入合并财务报表范围以控制为基础确定。转移资金能力受限的子公司、业务与母公司有显著差别的子公司和与母公司及其他子公司的规模有显著差别的子公司，均属于母公司能够控制的子公司，应纳入合并财务报表范围，选项ABD不符合题目要求。在破产清算的情况下，进入清算阶段的子公司相关活动的决策权移交给破产管理人时，原母公司对其已丧失控制权，不应将其纳入合并财务报表范围，选项C符合题目要求。

5. 合并财务报表是以母公司及其子公司形成的企业集团为会计主体，以公司及其子公司单独编制的个别财务报表为基础，由母公司编制的，综合反映母公司和其全部子公司形成的企业集团整体财务状况、经营成果和现金流量的财务报表。因此，选项C正确。

6. 甲公司直接拥有乙公司75%的表决权，能够控制乙公司，需要将乙公司纳入合并财务报表范围。甲公司直接拥有丁公司35%的表决权，通过乙公司间接拥有丁公司30%的表决权，直接加间接合计拥有丁公司65%的表决权，能够控制丁公司，需要将丁公司纳入合并财务报表范围。甲公司通过乙公司间接拥有戊公司70%的表决权，能够控制戊公司，需要将戊公司纳入合并财务报表范围。甲公司直接拥有丙公司50%的表决权，不能控制丙公司，不能将其纳入合并财务报表范围，选项B符合题目要求。

7. 与个别财务报表相比，合并财务报表有以下特点：①反映对象不同。②编制主体不同。③编制基础不同。④编制方法不同。选项D不符合题目要求。

8. 母公司应当统一子公司所采用的会计政策，使子公司采用的会计政策与母公司保持一致。子公司所采用的会计政策与母公司不一致的,应当按照母公司的会计政策对子公司财务报告进行必要的调整,或者要求子公司按照母公司的会计政策另行编制财务报告,选项C正确。

9. 投资方能够对被投资单位实施控制的长期股权投资应当采用成本法核算,因此母公司对子公司的长期股权投资在日常核算应采用成本法。在编制合并财务报表时,应将成本法核算的长期股权投资调整为权益法,选项D正确。

10. 非同一控制下企业合并,将子公司可辨认净资产调整至公允价值的分录为:

借:(或贷)有关资产　　　(购买日子公司有关资产公允价值与账面价值的差额)
　　贷:(或借)有关负债　　　(购买日子公司有关负债公允价值与账面价值的差额)
　　　　(或借)资本公积　　　(差额)

选项C正确。

11. 上期抵销内部交易固定资产多提的折旧额时,相应地使合并报表中的未分配利润增加。因此,本期进行会计处理时,应借记"固定资产——累计折旧"项目,贷记"未分配利润(期初)"项目,选项C正确。

12. 同一控制下企业合并以账面价值为基础进行处理,不确认新的资产和负债,因此同一控制下企业合并不存在合并商誉,选项D错误。

13. 非同一控制下企业合并,合并日编制合并资产负债表;同一控制下企业合并,合并日编制合并资产负债表、合并利润表和合并现金流量表。因此,选项A正确。

14. 合并日后,编制同一控制下控股合并的合并报表时,将母公司对子公司按权益法调整后的股权投资与子公司的股东权益相抵销的分录如下:

借:股本
　　资本公积
　　其他综合收益　　　(子公司期末报告价值)
　　盈余公积
　　未分配利润——年末
　　贷:长期股权投资　　　(母公司对子公司的长期股权投资按权益法调整后的金额)
　　　　少数股东权益　　　(子公司期末股东权益×少数股东持股比例)

选项B正确。

15. 内部购进的存货全部未对外销售时,合并工作底稿中应编制的抵销分录为:

借:营业收入　　　(内部销售价格)
　　贷:营业成本　　　(存货成本)
　　　　存货　　　(未实现内部销售损益=内部销售价格-存货成本)

内部购进的存货全部对外销售时,合并工作底稿中应编制的抵销分录为:

借:营业收入　　　(内部销售价格)
　　贷:营业成本　　　(内部销售价格)

选项A错误。非同一控制下企业合并,合并日只编制合并资产负债表,合并日后需要编制合并资产负债表、合并利润表、合并现金流量表和合并所有者权益变动表,选项C错误。

编制资产负债表时,"其他应收款"项目根据"其他应收款""应收股利"和"应收利息"项目减去相对应的坏账准备填列,"其他应付款"项目根据"其他应付款""应付股利"和"应付利息"项目填列,因此抵销企业集团成员间的应收股利和应付股利,合并工作底稿中应编制的抵销分录为:

借:其他应付款
　　贷:其他应收款

选项 D 错误。

16. 编制合并报表时应抵销"存货"项目的金额为 140 万元[(1 000－800)×(1－30%)],选项 A 正确。选项 B 错误,误将全部内部交易损益予以抵销。选项 C 错误,误将出售部分予以抵销。选项 D 错误,未进行内部交易抵销。本题抵销分录为:

借:营业收入　　　　　　　　　　　　　　　　　　　　　　10 000 000
　　贷:营业成本　　　　　　　　　　　　　　　　　　　　　　10 000 000

借:营业成本　　　　　　　　　　　　　　　　　　　　　　 1 400 000
　　贷:存货　　　　　　　　　　　　　　　　　　　　　　　 1 400 000

17. 非同一控制下企业合并的合并成本为支付对价的公允价合计为 780 万元,合并过程中支付的相关税费 3 万元计入管理费用,选项 A 正确。

18. 编制合并报表时,合并工作底稿中的抵销分录为:

借:营业收入　　　　　　　　　　　　　　　　　　　　　　　76 000
　　贷:营业成本　　　　　　　　　　　　　　　　　　　　　　 60 000
　　　　存货　　　　　　　　　　　　　　　　　　　　　　　 16 000

选项 D 正确。

19. 从整个企业集团来看,集团内部企业之间的商品购销活动实际上相当于企业内部物资调拨活动,故在编制合并资产负债表时,应当将存货中包含的未实现内部销售损益予以抵销。本题中,期末存货全部对集团外部销售,已不存在未实现内部交易损益,应抵销的存货项目金额为 0,选项 D 正确。本题在合并报表中应编制的抵销分录如下:

借:营业收入　　　　　　　　　　　　　　　　　　　　　　 1 000 000
　　贷:营业成本　　　　　　　　　　　　　　　　　　　　　 1 000 000

20. 期末编制合并财务报表时,对于该事项,合并工作底稿中应编制的抵销分录如下:
应抵销的存货金额＝(500－400)×(1－80%)＝20(万元)

借:营业收入　　　　　　　　　　　　　　　　　　　　　　 5 000 000
　　贷:营业成本　　　　　　　　　　　　　　　　　　　　　 4 800 000
　　　　存货　　　　　　　　　　　　　　　　　　　　　　　 200 000

选项 C 正确。

21. 甲公司 2023 年合并利润表中因该事项应列示的营业成本应以甲公司、乙公司个别报表为基础,同时考虑合并报表层面的抵销分录后计算,相关会计分录如下:

(1) 甲公司向乙公司出售该资产时在甲个别报表中编制的成本结转分录。

借：主营业务成本	4 000 000	
贷：库存商品		4 000 000

(2) 乙公司对外出售80%存货时在乙个别报表中编制的成本结转会计分录。

借：主营业务成本	4 000 000	
贷：库存商品		4 000 000

(3) 合并报表中编制的抵销分录。

借：营业收入	5 000 000	
贷：营业成本		4 800 000
存货		200 000

根据上述分录,合并报表中因该事项应列示的营业成本为320万元(400+400-480),选项A正确。

22. 从子公司个别财务报表的角度,该批存货成本为80 000元,可变现净值为71 000元,计提跌价准备为9 000元(80 000-71 000)。从集团整体的角度,该批存货成本为65 000元,可变现净值为71 000元,存货未发生减值。因此,在合并工作底稿中应将子公司计提的该批存货跌价准备9 000元抵销,抵销分录为：

借：存货	9 000	
贷：资产减值损失		9 000

选项C正确。

23. (1) 抵销固定资产的内部处置损益。

借：资产处置损益	400 000	
贷：固定资产		400 000

(2) 抵销固定资产因价值虚增多计提的折旧。
多计提的折旧=40÷5×(6÷12)=4(万元)

借：固定资产——累计折旧	40 000	
贷：管理费用		40 000

综上,在编制合并财务报表时应抵销的"固定资产"项目金额为36万元(40-4),选项D正确。

24. 2023年12月31日,乙公司个别财务报表中固定资产列示金额为140万元(200-200÷5×1.5)。2023年12月31日编制合并报表时,应做的抵销分录为：

借：未分配利润——年初	800 000	
贷：固定资产——原价		800 000

以前年度多计提的折旧=80÷5÷2=8(万元)

借：固定资产——累计折旧	80 000	
贷：未分配利润——年初		80 000

当年度多计提的折旧=80÷5=16(万元)

借：固定资产——累计折旧 160 000
  贷：管理费用等 160 000

则该固定资产在甲公司2023年12月31日合并资产负债表中列示的金额为84万元[140−(80−8−16)]。

25. 年末应收账款中应收子公司60万元,年末编制合并财务报表时应予以抵销：

借：应付账款 600 000
  贷：应收账款 600 000

26. 甲公司在其个表报表中计提的折旧金额为32万元(480÷5÷12×4),从集团整体角度看应计提的折旧金额为29万元(435÷5÷12×4)。因此,期末编制合并财务报表时,应抵销多计提的折旧金额为3万元(32−29),选项A正确。

27. 2022年,母公司应计提的坏账准备金额为1.25万元(250×0.5%)。母公司个别会计处理分录为：

借：信用减值损失 12 500
  贷：坏账准备 12 500

2023年,期末坏账准备应有余额为1万元(200×0.5%),期末坏账准备实有余额为1.25万元,2023年应计提的坏账准备金额为−0.25万元(1−1.25),即2023年转回坏账准备0.25万元。母公司个别会计处理分录为：

借：坏账准备 2 500
  贷：信用减值损失 2 500

综上,2023年年末,编制合并财务报表时,应编制的抵销分录如下：

(1) 抵销2022年已计提坏账准备的影响。

借：应收账款——坏账准备 12 500
  贷：未分配利润——年初 12 500

(2) 抵销2023年已计提坏账准备的影响。

借：信用减值损失 2 500
  贷：应收账款——坏账准备 2 500

因此,选项B正确。

28. 期末,子公司存货价值中包含的未实现内部销售利润为0.8万元[(80−60)×(1−60%)],选项B正确。

29. 思路一：母公司在其个别会计处理中编制的与成本结转有关的会计分录为：

借：主营业务成本 50 000
  贷：库存商品 50 000

子公司在其个别会计处理中编制的与成本结转有关的会计分录为：

借：主营业务成本(60 000×40%) 24 000
  贷：库存商品 24 000

期末编制合并财务报表,合并工作底稿中应编制的会计分录为：

存货中包含的未实现内部交易损益＝(60 000－50 000)×(1－40％)＝6 000(元)

借：营业收入　　　　　　　　　　　　　　　　　　　　　　　　　　　　60 000
　　贷：营业成本　　　　　　　　　　　　　　　　　　　　　　　　　　　54 000
　　　　存货　　　　　　　　　　　　　　　　　　　　　　　　　　　　　6 000

合并报表中列示的营业成本为20 000元[(50 000＋24 000)－54 000]，选项D正确。

思路二：从集团角度而言，该批存货成本为50 000元，对外销售40％，应结转的成本为20 000元(50 000×40％)，选项D正确。

30. 思路一：母公司在其个别会计处理中编制的与确认收入有关的会计分录为：

借：银行存款　　　　　　　　　　　　　　　　　　　　　　　　　　　10 000 000
　　贷：主营业务收入　　　　　　　　　　　　　　　　　　　　　　　　10 000 000

子公司在其个别会计处理中编制的与确认收入有关的会计分录为：

借：银行存款　　　　　　　　　　　　　　　　　　　　　　　　　　　7 000 000
　　贷：主营业务收入　　　　　　　　　　　　　　　　　　　　　　　　7 000 000

期末编制合并财务报表，合并工作底稿中应编制的会计分录为：

存货中包含的未实现内部交易损益＝(1 000－600)×(1－60％)＝160(元)

借：营业收入　　　　　　　　　　　　　　　　　　　　　　　　　　　10 000 000
　　贷：营业成本　　　　　　　　　　　　　　　　　　　　　　　　　　8 400 000
　　　　存货　　　　　　　　　　　　　　　　　　　　　　　　　　　　1 600 000

合并报表中列示的营业收入为700万元[(1 000＋700)－1 000]，选项D正确。

思路二：从集团角度而言，该批存货对外销售60％，售价为700万元，合并报表中应列示的营业收入为700万元，选项D正确。

二、多项选择题

1	2	3	4	5	6	7	8	9	10
ABCD	ABD	ABCD	ABC	BC	AC	ABCD	BCD	ABC	AD
11	12	13	14	15	16	17	18	19	20
BCD	ABCD	AB	ABCD	AB	BD	AC	ACD	BCD	ABC

难点解析：

1. 除非有确凿证据表明其不能主导被投资方的相关活动，下列情况表明投资方对被投资方拥有权力：

(1) 投资方持有被投资方半数以上表决权。

(2) 投资方持有被投资方半数或以下表决权，但通过与其他表决权持有人之间的协议能够控制半数以上表决权。

(3) 投资方持有被投资方半数或半数以下表决权，与其他表决权持有人之间也没有协议，但实质上拥有对被投资方的权力等：①投资方持有的表决权份额相对于其他投资方持有的表决权份额的大小，以及其他投资方持有表决权的分散程度。②投资方和其他投资方持有的潜在表决权。③其他合同安排产生的权利。④其他相关事实或情况:投资方是否能够任命或批准被投资方的关键管理人员;投资方是否能够出于自身利益决定或者否决被投资方的重大交易;投资方是否能够控制被投资方董事会等类似权力机构成员的任命程序,或者从其他表决权持有人手中获得代理投票权等。

综上可知,选项 ABCD 均正确。

2. 权力只表明投资方主导被投资方相关活动的现时能力,并不要求投资方实际行使其权力,选项 C 错误。

3.《企业会计准则第 33 号——合并财务报表》规定,合并财务报表的合并范围应以控制为基础予以确定。投资方应当在综合考虑所有相关事实和情况的基础上对是否控制被投资方进行判断。一旦相关事实和情况的变化导致对控制定义所涉及的相关要素发生变化的,投资方应当进行重新评估,相关事实和情况主要包括:①被投资方的设立目的。②被投资方的相关活动,以及如何对相关活动作出决策。③投资方享有的权利是否使其目前有能力主导被投资方的相关活动。④投资方是否通过参与被投资方的相关活动而享有可变回报。⑤投资方是否有能力运用对被投资方的权力影响其回报金额。⑥投资方与其他方的关系。因此,选项 ABCD 均正确。

4. 非同一控制下企业合并,合并日编制合并资产负债表;同一控制下企业合并,合并日编制合并资产负债表、合并利润表和合并现金流量表,选项 ABC 正确。

5. 编制财务报表前,应尽可能地统一母公司和子公司的会计政策,子公司采用的会计政策应与母公司保持一致,选项 BC 正确。

6. 债权投资和投资收益在个别财务报表中也要列示,因此选项 AC 符合题目要求,选项 BD 不符合题目要求。

8. 同一控制下企业合并的基本处理原则是视同合并后形成的报告主体在合并日及以前期间一直存在(一体化存续),在编制合并日合并财务报表时,应将母公司长期股权投资和子公司所有者权益抵销,但子公司原有企业集团其他企业控制时的留存收益在合并财务报表中是存在的,所以对于被合并方在企业合并前实现的留存收益(盈余公积和未分配利润之和)中归属于合并方的部分,在合并工作底稿中,应编制下列调整分录:

借:资本公积(以资本溢价或股本溢价的贷方余额为限)
　　贷:盈余公积(归属于当前母公司部分)
　　　　未分配利润(归属于当前母公司部分)

选项 BCD 在上述调整分录中均可能涉及。

9. 编制合并工作底稿中的调整抵销分录时应使用报表项目,而非会计账户,选项 A 错误。编制合并财务报表前,需要统一母公司和子公司的会计政策,而固定资产折旧年限属于会计估计,不需要进行统一,选项 B 错误。"少数股东损益"属于合并利润表项目,"少数股东权益"属于合并资产负债表项目,选项 C 错误。

10. 内部固定资产交易,主要有 3 种情形:①商品销售后作为固定资产使用。②固定资产销售后作为固定资产使用。③固定资产销售后作为商品使用。选项 AD 是针对前 2 种情形的抵销处理。

11. 同一控制下企业合并,当母公司拥有子公司全部股权,不涉及少数股东权益和

商誉,母公司对子公司长期股权投资项目与子公司所有者权益项目进行抵销时的分录为:

借:股本
　　资本公积
　　其他综合收益
　　盈余公积
　　未分配利润
　贷:长期股权投资

因此,选项 BCD 正确,选项 A 商誉为非同一控制下企业合并可能涉及的项目。

12. 控制是指投资方拥有对被投资方的权力,通过参与被投资方的相关活动享有可变回报,并且有能力运用对被投资方的权力影响其回报金额。其中,投资方能够主导被投资方的相关活动时,称投资方对被投资方享有权力。在判断投资方是否对被投资方拥有权力时,应注意以下 4 点:①该权力只表明投资方主导被投资方相关活动的现时能力,并不要求投资方实际行使其权力。②权力是一种实质性权利,而不是保护性权利。③权力是为自己行使的,而不是代其他方行使。④权力通常表现为表决权,但有时也可能表现为其他合同安排。综上可知,选项 ABCD 均是投资方没有拥有对被投资方的权力的情形。

13. 甲公司在合并报表中应编制的抵销分录如下:
(1) 抵销无形资产的内部处置损益。

抵销无形资产中包含的内部处置损益金额=500-(800-500-50)=250(万元)

借:资产处置收益　　　　　　　　　　　　　　　　　　　　2 500 000
　贷:无形资产　　　　　　　　　　　　　　　　　　　　　　　　　2 500 000

抵销资产处置收益 250 万元,选项 A 正确。该交易发生于当期,应使用"资产处置收益"项目,无须使用"未分配利润"项目替代,选项 D 错误。

(2) 抵销无形资产多计提的折旧。

抵销无形资产多计提的折旧金额=250÷5×6÷12=25(万元)

借:无形资产　　　　　　　　　　　　　　　　　　　　　　　250 000
　贷:管理费用　　　　　　　　　　　　　　　　　　　　　　　　　250 000

综上,编制合并报表时应抵销的"无形资产"项目为 225 万元(250-25),选项 C 错误。应抵销管理费用 25 万元,选项 B 正确。

14. 2023 年 9 月 22 日,甲公司在个别会计处理中确认主营业务收入 210 万元,结转主营业务成本 150 万元。2023 年对外销售 60% 的存货时,乙公司在个别会计处理中确认主营业务收入 120 万元,结转主营业务成本 126 万元。

应抵销的存货金额=(210-150)×(1-60%)=24(万元)

在合并财务报表中,应编制的抵销分录为:

借:营业收入　　　　　　　　　　　　　　　　　　　　　　2 100 000
　贷:营业成本　　　　　　　　　　　　　　　　　　　　　　　　1 860 000
　　　存货　　　　　　　　　　　　　　　　　　　　　　　　　　　240 000

综上，合并报表中应抵销的营业收入为210万元，应抵销的营业成本为186万元，应抵销存货中包含的未实现内部交易损益为24万元，应确认的营业收入金额为120万元[(210+120)-210]，应确认的营业成本金额为90万元[(150+126)-186]，选项ABCD正确。

15. 母公司甲在编制合并财务报表时，应编制的抵销分录为：

借：营业收入　　　　　　　　　　　　　　　　　　　　　　　　　　2 200 000
　　贷：营业成本　　　　　　　　　　　　　　　　　　　　　　　　1 600 000
　　　　固定资产——原价　　　　　　　　　　　　　　　　　　　　　600 000

选项AB正确，应抵销多计提的折旧金额为4.5万元[(210-160)÷10÷12×9]。

借：固定资产——累计折旧　　　　　　　　　　　　　　　　　　　　　45 000
　　贷：管理费用　　　　　　　　　　　　　　　　　　　　　　　　　　45 000

综上，应抵销的固定资产金额55.5万元(60-4.5)，选项CD错误。

16. 合并报表中母公司对子公司长期股权投资的投资收益的抵销，应编制的抵销分录为：

借：投资收益
　　少数股东损益
　　未分配利润——年初
　　贷：本期提取盈余公积
　　　　对所有者(或股东)的分配
　　　　未分配利润——年末

结合上述分录，选项BD正确，选项AC错误。

17. 考虑是否能够控制被投资单位时，需要考虑潜在表决权因素，可转债转股后会增加0.5%股权，与原49.8%股权合并后超过50%，证明对乙公司具有权力，选项A正确。甲公司能够控制的子公司股权会间接构成甲公司对乙公司持股份额，两项合计超过50%，证明对乙公司具有权力，选项C正确。甲公司对联营企业和合营企业只具有重大影响，不能通过联营企业和合营企业间接持有乙公司的表决权股份，因此甲公司对乙公司不具有权力，选项BD错误。

18. 在编制合并财务报表时，与"应付账款"项目抵销的内部债权为"应收账款"项目，与"预付账款"项目抵销的内部债权为"预收账款"或"合同负债"项目，选项B错误。

19. 内部存货交易中期末存货未实现利润抵销的分录为：借记"营业收入"项目，贷记"营业成本"和"存货"项目，选项A不符合题目要求。内部存货交易中期初存货未实现利润抵销的分录为：借记"未分配利润——年初"项目，贷记"营业成本"项目，选项B符合题目要求。内部固定资产交易的期初未实现利润抵销的分录为：①抵销原价中包含的未实现内部交易损益，借记"未分配利润——年初"项目，贷记"固定资产——原价"项目。②抵销以前年度多计提的折旧，借记"固定资产——累计折旧"项目，贷记"未分配利润——年初"项目，选项C符合题目要求。内部期初应收账款计提的坏账准备抵销分录为：借记"应收账款——坏账准备"项目，贷记"未分配利润——年初"项目，选项D符合题目要求。

20. 首先,需要将内部债权债务抵销,选项 A 正确。其次,需要将坏账准备的期初数抵销,坏账准备期初金额为 5 万元(500×1%),选项 B 正确。最后,需要将本期计提或转回的坏账准备抵销,本期坏账准备期末应有余额为 6 万元(600×1%),本期计提或转回前坏账准备实有余额为 5 万元,本期应计提的坏账准备金额为 1 万元(6−5),选项 C 正确,选项 D 错误。

三、判断题

1	2	3	4	5	6	7	8	9	10
×	×	√	×	√	√	×	×	×	×
11	12	13	14	15	16	17	18	19	20
×	√	×	×	√	√	×	×	√	√

难点解析:

1. 合并日,同一控制下企业合并需要编制合并资产负债表、合并利润表和合并现金流量表。

2. 合并财务报表的会计主体是母公司和子公司组成的企业集团,集团是会计主体不是法律主体。

4. 合并财务报表根据母公司和子公司的个别报表编制。

7. 在合并财务报表工作底稿中编制的有关抵销分录,不能作为记账的依据。

8. 合并报表中如果被投资单位净资产为负数,则相应少数股东权益应当为负数。

9. 内部销售形成的固定资产超期使用进行清理时,不需要编制抵销分录。内部销售形成的固定资产使用寿命届满进行清理时,需要按照当年多提的折旧额,借记"未分配利润——年初"项目,贷记"管理费用"项目。

10. 购买日,非同一控制下企业合并只编制合并资产负债表,因此长期股权投资成本小于合并中取得的被购买方可辨认净资产公允价值份额的差额计入未分配利润。

11. 同一控制下企业合并,长期股权投资在合并日按照被投资方可辨认净资产账面价值的份额入账,不会产生差额。

13. 在非同一控制下企业合并,子公司的净资产公允价值与账面价值之间的差额应该调整资本公积。

14. 企业集团内部某企业将自身生产的产品销售给企业集团内的其他企业作为管理用固定资产,期末应编制的抵销分录包括:①抵销原价中包含的未实现内部交易损益,借记"营业收入"项目,贷记"营业成本"和"固定资产"项目。②抵销以前年度多计提的折旧,借记"固定资产"项目,贷记"未分配利润"项目。③抵销当年多计提的折旧,借记"固定资产"项目,贷记"管理费用"等项目。

17. 年末在编制合并财务报表时,需要按内部交易价格抵销营业收入和营业成本。

18. 在合并工作底稿中编制调整抵销分录时,应使用报表项目而不是会计账户,因此借记"坏账准备"账户不正确;抵销坏账准备的期初余额,涉及损益类项目的应计入"未分配利润——年初"项目。因此,抵销内部应收账款坏账准备的期初余额时,应借记"应收账款——坏账准备"项目,贷记"未分配利润——年初"项目。

四、实务题

1. （1）合并商誉＝1 500－(1 400＋100)×80％＝300(万元)

（2）购买日的调整分录和抵销分录。

将子公司资产由账面价值调整为公允价值：

借：固定资产	1 000 000
贷：资本公积	1 000 000

将母公司长期股权投资与子公司股东权益抵销：

借：股本	8 000 000
资本公积[(600＋100)×10 000]	7 000 000
商誉	3 000 000
贷：长期股权投资	15 000 000
少数股东权益	3 000 000

（3）2023年12月31日，将子公司可辨认净资产由账面价值调整为公允价值。

借：固定资产	950 000
管理费用[(100÷20)×10 000]	50 000
贷：资本公积	1 000 000

（4）2023年12月31日，将长期股权投资由成本法调整为权益法。

借：长期股权投资[(400－5－250)×80％×10 000]	1 160 000
贷：投资收益	1 160 000

（5）2023年12月31日，将母公司长期股权投资与子公司股东权益抵销。

借：股本	8 000 000
资本公积	7 000 000
盈余公积	400 000
未分配利润——年末[(400－5－250－40)×10 000]	1 050 000
商誉	3 000 000
贷：长期股权投资[(1 500＋116)×10 000]	16 160 000
少数股东权益[(800＋700＋40＋105)×20％×10 000]	3 290 000

（6）2023年12月31日，将母公司投资收益与子公司股利分配抵销。

借：投资收益[(400－5)×80％×10 000]	3 160 000
少数股东损益[(400－5)×20％×10 000]	790 000
贷：对所有者(或股东)的分配	2 500 000
本年提取盈余公积	400 000
未分配利润——年末	1 050 000

2. （1）与取得长期股权投资相关的会计分录。

借：长期股权投资	13 000 000
贷：主营业务收入	5 000 000
银行存款	8 000 000

借：主营业务成本	4 000 000
贷：库存商品	4 000 000
借：管理费用	120 000
贷：银行存款	120 000

(2) 商誉＝1 300－(30＋510＋950＋200－430)×80%＝292(万元)

(3) 2022年10月31日,合并工作底稿中有关的调整分录和抵销分录。

将子公司的资产由账面价值调整为公允价值：

借：存货	100 000
固定资产	500 000
贷：资本公积	600 000

将母公司长期股权投资与子公司股东权益抵销：

借：股本	2 000 000
资本公积	3 600 000
未分配利润	7 000 000
商誉	2 920 000
贷：长期股权投资	13 000 000
少数股东权益	2 520 000

(4) 2022年12月31日,合并工作底稿中与内部存货交易相关的抵销分录。

借：营业收入	200 000
贷：营业成本	184 000
存货[(20－16)×40%×10 000]	16 000

(5) 2023年12月31日,合并工作底稿中与内部存货交易相关的抵销分录。

借：未分配利润——年初	16 000
贷：营业成本	16 000
借：营业成本	8 000
贷：存货[(20－16)×40%×50%×10 000]	8 000

3. (1) 取得对甲公司的长期股权投资。

借：长期股权投资(500×15.5×10 000)	77 500 000
贷：股本	5 000 000
资本公积——股本溢价	72 500 000
借：管理费用	900 000
贷：银行存款	900 000
借：资本公积——股本溢价	1 200 000
贷：银行存款	1 200 000

(2) 合并日合并报表中少数股东权益＝10 000×30%＝3 000(万元)

(3) 商誉＝7 750－10 000×70%＝750(万元)

(4) 将母公司长期股权投资与子公司股东权益抵销。

借:股本	40 000 000
资本公积	18 000 000
盈余公积	8 000 000
未分配利润	34 000 000
商誉	7 500 000
贷:长期股权投资	77 500 000
少数股东权益	30 000 000

(5) 2023年年末,与内部商品购销相关的抵销分录。

借:营业收入	10 000 000
贷:营业成本	10 000 000

(6) 2023年年末,与内部债权债务相关的抵销分录。

借:应付账款	11 300 000
贷:应收账款	11 300 000
借:应收账款——坏账准备	50 000
贷:信用减值损失	50 000

4. (1) 长期股权投资初始入账成本＝5 000×10＝50 000(万元)

借:长期股权投资	500 000 000
贷:股本	50 000 000
资本公积——股本溢价	450 000 000
借:管理费用	1 500 000
贷:银行存款	1 500 000

(2) 合并商誉＝50 000－80 000×60%＝2 000(万元)

(3) 购买日合并工作底稿中相关调整分录和抵销分录。

将子公司的资产由账面价值调整为公允价值:

借:无形资产	150 000 000
贷:资本公积	150 000 000

将母公司长期股权投资与子公司股东权益抵销:

借:股本	250 000 000
资本公积[(5 000＋15 000)×10 000]	200 000 000
盈余公积	260 000 000
未分配利润	90 000 000
商誉	20 000 000
贷:长期股权投资	500 000 000
少数股东权益	320 000 000

(4) 2023年年末,合并工作底稿中与固定资产相关的抵销分录。

借：营业收入		25 000 000
贷：营业成本		20 000 000
固定资产——原价		5 000 000
借：固定资产		250 000
贷：管理费用		250 000

(5) 2023年年末，合并工作底稿中与内部债权债务相关的抵销分录。

借：应付账款	28 250 000
贷：应收账款	28 250 000
借：应收账款(2 825×5％×10 000)	1 412 500
贷：信用减值损失	1 412 500

5. (1) 取得长期股权投资时的相关会计分录。

借：长期股权投资(1 600×90％×10 000)	14 400 000
贷：银行存款	13 000 000
资本公积	1 400 000
借：管理费用	30 000
贷：银行存款	30 000

(2) 合并工作底稿中长期股权投资由成本法调整为权益法的调整分录。

借：长期股权投资(250×90％×10 000)	2 250 000
贷：投资收益	2 250 000

(3) 合并工作底稿中长期股权投资与A公司所有者权益抵销的分录。

借：股本	8 000 000
资本公积	3 000 000
盈余公积[(260+25)×10 000]	2 850 000
未分配利润[(240+250−25)×10 000]	4 650 000
贷：长期股权投资[(1 440+225)×10 000]	16 650 000
少数股东权益	1 850 000

(4) 抵销来自A公司投资收益的相关分录。

借：投资收益(250×90％×10 000)	2 250 000
少数股东损益(250×10％×10 000)	250 000
未分配利润——年初	2 400 000
贷：提取盈余公积	250 000
未分配利润——年末	4 650 000

(5) 合并工作底稿中与内部商品交易相关的抵销分录。

借：营业收入(400×2×10 000)	8 000 000
贷：营业成本[1.5×10 000×400+300×10 000×(2−1.5)]	7 500 000
存货[100×(2−1.5)×10 000]	500 000

(6) 合并工作底稿中与内部存货跌价相关的抵销分录。

从个别角度而言,该批存货成本为 200 万元(100×2),可变现净值为 180 万元(100×1.8),应计提存货跌价准备为 20 万元(200－180);从集团角度而言,该批存货成本为 150 万元(100×1.5),可变现净值为 180 万元(100×1.8),未发生减值。综上可知,个别角度比集团角度多计提了 20 万元的存货跌价准备,在合并工作底稿中应予以抵销。

  借:存货   200 000
    贷:资产减值损失   200 000

6.(1) 购买日取得顺德公司 80% 股权的相关会计分录。

  借:长期股权投资   348 000 000
    贷:银行存款   348 000 000

(2) 购买日合并工作底稿中与顺德公司资产相关的调整分录。

  借:存货[(700－500)×10 000]   2 000 000
    固定资产[(7 300－4 500)×10 000]   28 000 000
    贷:资本公积   30 000 000

(3) 购买日合并财务报表中应确认的商誉＝34 800－(40 000＋200＋2 800)×80%
        ＝400(万元)

少数股东权益＝(40 000＋200＋2 800)×20%＝8 600(万元)

(4) 购买日长期股权投资与子公司所有者权益抵销的分录。

  借:股本   120 000 000
    资本公积[(6 000＋200＋2 800)×10 000]   90 000 000
    盈余公积   40 000 000
    其他综合收益   10 000 000
    未分配利润   170 000 000
    商誉   4 000 000
    贷:长期股权投资   348 000 000
      少数股东权益   86 000 000

(5) 2023 年年末,与合并资产负债表和合并利润表相关的调整分录和抵销分录。

调整顺德公司资产的评估增值:

  借:存货[(700－500)×10 000]   2 000 000
    固定资产[(7 300－3 500)×10 000]   28 000 000
    贷:资本公积   30 000 000

  借:管理费用(2 800÷10×10 000)   2 800 000
    贷:固定资产——累计折旧   2 800 000

  借:营业成本(200×70%×10 000)   1 400 000
    贷:存货   1 400 000

2023 年年末,长期股权投资由成本法调整为权益法:

调整后顺德公司的净利润＝8 000－280－140＝7 580(万元)

借：长期股权投资(7 580×80%×10 000)   60 640 000
  贷：投资收益   60 640 000

借：长期股权投资(400×80%×10 000)   3 200 000
  贷：其他综合收益   3 200 000

2023年年末，长期股权投资与子公司所有者权益抵销：
年末未分配利润＝17 000＋8 000－280－140－800＝23 780(万元)
少数股东权益＝(12 000＋9 000＋4 800＋1 400＋23 780)×20%＝10 196(万元)

借：股本   120 000 000
  资本公积   90 000 000
  盈余公积[(4 000＋800)×10 000]   48 000 000
  其他综合收益[(1 000＋400)×10 000]   14 000 000
  未分配利润   237 800 000
  商誉   4 000 000
  贷：长期股权投资[(34 800＋6 064＋320)×10 000]   411 840 000
    少数股东权益   101 960 000

2023年年末，母公司投资收益与子公司股利分配抵销：

借：投资收益(7 580×80%×10 000)   60 640 000
  少数股东损益(7 580×20%×10 000)   15 160 000
  未分配利润——年初   170 000 000
  贷：本期提取盈余公积   8 000 000
    未分配利润——年末   237 800 000

7. (1) 2020年年末，合并工作底稿中与内部交易固定资产相关的抵销分录。

借：营业收入   600 000
  贷：营业成本   400 000
    固定资产——原价   200 000

(2) 2021年年末，合并工作底稿中与内部交易固定资产相关的抵销分录。
抵销原价中包含的未实现内部交易损益：

借：未分配利润——年初   200 000
  贷：固定资产——原价   200 000

抵销2021年多计提的折旧金额：
2021年多计提的折旧＝200 000÷5＝40 000(元)

借：固定资产——累计折旧   40 000
  贷：管理费用   40 000

(3) 2022年年末，合并工作底稿中与内部交易固定资产相关的抵销分录。
抵销原价中包含的未实现内部交易损益：

借：未分配利润——年初   200 000
  贷：固定资产——原价   200 000

抵销2021年多计提的折旧金额：

借：固定资产——累计折旧　　　　　　　　　　　　　　　　　　　40 000
　　贷：未分配利润——年初　　　　　　　　　　　　　　　　　　　　　40 000

抵销2022年多计提的折旧金额：

借：固定资产——累计折旧　　　　　　　　　　　　　　　　　　　40 000
　　贷：管理费用　　　　　　　　　　　　　　　　　　　　　　　　　　　40 000

（4）2023年年末，合并工作底稿中与内部交易固定资产相关的抵销分录。

抵销原价中包含的未实现内部交易损益：

借：未分配利润——年初　　　　　　　　　　　　　　　　　　　200 000
　　贷：固定资产——原价　　　　　　　　　　　　　　　　　　　　　200 000

抵销2021年和2022年多计提的折旧金额：

借：固定资产——累计折旧　　　　　　　　　　　　　　　　　　　80 000
　　贷：未分配利润——年初　　　　　　　　　　　　　　　　　　　　　80 000

抵销2023年多计提的折旧金额：

借：固定资产——累计折旧　　　　　　　　　　　　　　　　　　　40 000
　　贷：管理费用　　　　　　　　　　　　　　　　　　　　　　　　　　　40 000

（5）2024年年末，合并工作底稿中与内部交易固定资产相关的抵销分录。

借：未分配利润——年初　　　　　　　　　　　　　　　　　　　　80 000
　　贷：资产处置损益[200 000÷5÷12×(12＋3)]　　　　　　　　　　　50 000
　　　　管理费用(200 000÷5÷12×9)　　　　　　　　　　　　　　　　30 000

8.（1）2021年年末，合并工作底稿中与内部交易存货相关的抵销分录。
抵销期末存货中包含的未实现内部交易损益：

借：营业收入　　　　　　　　　　　　　　　　　　　　　　　　　25 000
　　贷：营业成本　　　　　　　　　　　　　　　　　　　　　　　　　　20 000
　　　　存货　　　　　　　　　　　　　　　　　　　　　　　　　　　　　5 000

抵销2021年计提的存货跌价准备：

借：存货　　　　　　　　　　　　　　　　　　　　　　　　　　　　3 000
　　贷：资产减值损失　　　　　　　　　　　　　　　　　　　　　　　　　3 000

（2）2022年年末，合并工作底稿中与内部交易存货相关的抵销分录。
抵销期末存货中包含的未实现内部交易损益：

借：未分配利润——年初　　　　　　　　　　　　　　　　　　　　5 000
　　贷：存货　　　　　　　　　　　　　　　　　　　　　　　　　　　　　5 000

抵销2022年年初的存货跌价准备：

借：存货	3 000	
贷：未分配利润——年初		3 000

抵销2022年计提的存货跌价准备：

借：存货	2 000	
贷：资产减值损失		2 000

(3) 2023年年末，合并工作底稿中与内部交易存货相关的抵销分录。

抵销期末存货中包含的未实现内部交易损益：

借：未分配利润——年初	5 000	
贷：存货		5 000

抵销2023年年初的存货跌价准备：

借：存货	5 000	
贷：未分配利润——年初		5 000

抵销2023年转回的存货跌价准备：
无须在合并工作底稿中编制抵销分录。

(4) 2024年年末，合并工作底稿中与内部交易存货相关的抵销分录。

抵销期末存货中包含的未实现内部交易损益：

借：未分配利润——年初	5 000	
贷：存货		5 000

抵销2024年年初的存货跌价准备：

借：存货	5 000	
贷：未分配利润——年初		5 000

抵销2024年转回的存货跌价准备：

借：资产减值损失	1 500	
贷：存货		1 500

五、资料题

(1)的会计处理不正确。

    理由：兴茂公司和大兴公司合并前不存在关联方关系，因此属于非同一控制下的控股合并，应按支付对价的公允价值合计作为长期股权投资的初始入账成本。

借：长期股权投资	200 000 000	
贷：银行存款		200 000 000

(2)的会计处理不正确。

    理由：非同一控制下控股合并，合并成本大于所占有被购买方可辨认净资产公允价值份额的部分，应在合并资产负债表中体现为商誉。

商誉＝20 000－23 000×80％＝1 600(万元)

借：股本	60 000 000
资本公积	48 000 000
盈余公积	12 000 000
未分配利润	110 000 000
商誉	16 000 000
贷：长期股权投资	200 000 000
少数股东权益	46 000 000

(3)的会计处理不正确。

理由：在将长期股权投资由成本法调整为权益法时，应按兴茂公司在大兴公司2022年尚未分配利润中所享有的份额调整长期股权投资同时确认投资收益。财务人员丁艳的处理未考虑分配的现金股利3 000万元。

借：长期股权投资	27 200 000
贷：投资收益[(6 000－3 000)×80％×10 000]	24 000 000
其他综合收益	3 200 000

(4)的会计处理不正确。

借：股本	60 000 000
资本公积	48 000 000
其他综合收益	4 000 000
盈余公积[(1 200＋600)×10 000]	18 000 000
未分配利润[(11 000＋6 000－3 000－600)×10 000]	134 000 000
商誉	16 000 000
贷：长期股权投资(20 000＋2 720)	227 200 000
少数股东权益	52 800 000

(5)的会计处理正确。

(6)的会计处理不正确。

理由：首先，合并工作底稿中的抵销分录，应使用报表项目而不是会计账户。其次，至2023年12月31日，该批内部交易存货已对外销售60％，期末存货中包含的未实现内部交易损益为240万元[(2 000－1 400)×(1－60％)]。最后，从兴茂公司角度而言，剩余存货的成本为800万元[2 000×(1－60％)]，剩余存货的可变现净值为600万元，兴茂公司在个别会计处理中计提存货跌价准备200万元；从集团角度而言，剩余存货的成本为560万元[1 400×(1－60％)]，剩余存货的可变现净值为600万元，存货未发生减值。因此，需要将兴茂公司计提的存货跌价准备200万元抵销。

借：营业收入	20 000 000
贷：营业成本	17 600 000
存货	2 400 000
借：存货	2 000 000
贷：资产减值损失	2 000 000

(7)的会计处理不完整。

理由:内部债权债务计提的坏账准备未予以抵销。

借:应收账款 1 000 000
　　贷:信用减值损失 1 000 000

(8)的会计处理不正确。

理由:合并工作底稿中的抵销分录,应使用报表项目而不是会计账户。

借:营业收入 12 000 000
　　贷:营业成本 9 000 000
　　　　固定资产 3 000 000

借:固定资产 300 000
　　贷:管理费用 300 000

(9)的会计处理不正确。

理由:未抵销内部债权债务计提坏账准备的影响。

抵销期初内部债权债务的坏账准备:

借:应收账款 1 000 000
　　贷:未分配利润——年初 1 000 000

抵销本期转回的内部债权债务坏账准备:

借:信用减值损失 1 000 000
　　贷:应收账款 1 000 000